흙 속에 묻힌
선조들의 삶

흙 속에 묻힌 선조들의 삶

인쇄 | 2017년 03월 02일
발행 | 2017년 03월 06일

지은이 | 이상균
펴낸곳 | 흐름출판사
펴낸이 | 한명수
책임편집 | 이향란 박미란
디자인 | 김현수 이선정
등록 | 2002년 5월 17일 제466호
주소 | 전북 전주시 덕진구 정언신로 59
전화 | 063-287-1231
전송 | 063-287-1232
홈페이지 | www.heureum.com
이메일 | hr7179@hanmail.net

ⓒ 2017, 이상균

ISBN 979-11-5522-122-8 93910

값 18,000원

저작권법에 의해 한국 내에서 보호를 받는 저작물이므로
무단 전재 및 복제를 금합니다.

흙 속에 묻힌 선조들의 삶

이상균 지음

흐름

책을 내면서

고고학은 인류가 남긴 물질적 증거를 연구하여 인류사를 복원하는 학문이며, 이것은 주로 유적조사를 통하여 얻어진 자료가 많이 이용된다. 유적의 조사와 발굴은 항상 새로운 발견을 의미하고 지적인 호기심을 자극하여 즐거운 긴장감을 맛보게 한다. 유적조사의 현장에서 호미질을 하다가 유물이 걸리면 손끝에 전해 오는 짜릿한 그 느낌을 지금도 간직하고 있다.

그간 필자는 학생들에게 고고학과 관련된 내용을 강의하면서 늘 교재의 필요성을 느끼고 있었다. 고고학을 처음 접하는 학생들이 사용할 입문서의 기초적인 내용과 우리나라 고고학의 시기별 내용을 동시에 다룰 수 있는 교재가 필요하였다. 이에 본서는 필자가 학생들에게 강의한 내용을 중심으로 기술하였으며, 고고학 입문과 한국고고학의 개요에 대하여 기술하였다.

본서의 내용은 고고학 입문, 구석기시대, 신석기시대, 청동기시대, 원삼국시대로 나누어 기술하였다. 현재의 시기 구분으로는 청동기시대 다음으로 초기철기시대가 있다. 그러나 초기철기시대의 유물을 검토해 보면 철기가 보급되기는 하였지만, 한반도에서는 청동기의 제작기술이 최고조에 도달한 상태이며, 실질적으로 이 시기는 청동기문화 단계에 속한다고 볼 수 있다. 따라서 본서에서는 기존의 초기철기시대를 청동기시대 후기에 편년하여 구분하는 안을 수용하였다.

본서에서는 고고학의 용어나 유물의 명칭에 대해서는 아직까지 통일된 견해가 없기 때문에 되도록 한글과 한자어를 병기하였으며, 일반적으로 부르고 있는 용어를 선택하였다. 또한 고고학의 기초 교재로 활용하기 위해서 다양한 사례를 인용하거나 유적이나 유물의 도면과 사진을 많이 넣어 어려운 내용을 이해하는 데 도움이 되고자 하였다.

  아무쪼록 본서의 간행으로 인하여 학생들이 고고학에 대한 기초 지식을 충분히 습득하게 된다면 그것으로 만족할 따름이다. 끝으로 본서는 2013년에 필자가 전주대학교 출판부에서 간행한 『고고학탐구』의 내용을 수정하여 다시 쓴 것임을 밝혀 둔다. 아울러 졸문의 출판을 허락해 주신 흐름출판사의 한명수 대표에게 감사의 말씀을 전한다.

2017년 3월

온고을 천잠봉 아래 연구실에서
이 상 균

차례

책을 내면서 – 4

I. 고고학이란 어떤 학문인가?
1. 고고학이란?   10
2. 고고학의 연구 분야는 다양하다   21
3. 고고학의 연구는 어떻게 이루어지나?   31
4. 유적조사는 어떻게 이루어지는가?   44
5. 고고학과 자연과학의 만남   51

II. 구석기시대 사람들은 어떻게 살았을까?
1. 빙하와 자연환경에 대하여   60
2. 인류는 어떻게 진화하였나?   64
3. 석기는 어떤 종류가 있나?   67
4. 구석기시대 연구의 흐름   82
5. 시기는 어떻게 구분되는가?   84
6. 구석기시대에도 무덤이 있었나?   88
7. 구석기인의 생업과 예술   90

III. 신석기시대 사람들은 어떻게 살았을까?
1. 자연환경은 어떠하였나?   96
2. 신석기시대의 흐름   100
3. 시기는 어떻게 구분되는가?   102
4. 주거와 무덤, 그리고 생활의 흔적들   105
5. 토기와 석기, 그리고 생활 도구들   122

6. 수렵과 어로, 그리고 곡물 농경　　145
　　7. 신석기인의 예술과 신앙　　150
　　8. 한일 간의 교류는 통나무배로부터　　154

Ⅳ. 청동기시대 사람들은 어떻게 살았을까?
　　1. 청동기시대의 흐름　　158
　　2. 초기철기시대의 구분은 어렵다　　161
　　3. 주거와 무덤　　164
　　4. 금속기가 등장하다　　177
　　5. 기존의 생활 도구들　　196
　　6. 농사가 본격화되다　　210
　　7. 청동기인의 신앙과 예술　　214

Ⅴ. 원삼국시대 사람들은 어떻게 살았을까?
　　1. 원삼국시대의 흐름　　220
　　2. 철기는 어떻게 확산되었는가?　　223
　　3. 초기의 고구려　　225
　　4. 부여　　236
　　5. 낙랑　　241
　　6. 마한　　249
　　7. 진한과 변한　　272
　　8. 삼한의 농경, 그리고 음식과 조리　　292
　　9. 삼한의 신앙과 음악　　295
　　10. 외래 문물의 교류는 어떻게 이루어졌나?　　300

참고문헌 – 308
사진출처 – 311
찾아보기 – 312

I

고고학이란 어떤 학문인가?

1. 고고학이란?
2. 고고학의 연구 분야는 다양하다
3. 고고학의 연구는 어떻게 이루어지나?
4. 유적조사는 어떻게 이루어지는가?
5. 고고학과 자연과학의 만남

1. 고고학이란?

1) 고고학은 어떻게 정의되어지는가?

고고학考古學을 체계적으로 공부하지 않은 사람에게 "고고학은 어떠한 학문인가"라고 물으면, 원시시대의 것을 연구하는 학문, 혹은 먼 옛날의 유적遺蹟이나 유물遺物을 연구하는 학문이라는 답변을 듣게 되는 경우가 많다. 현재의 고고학적인 연구활동이 선사와 고대에 집중되어 있어서 일반인들에게는 오래된 시대만을 연구하는 것으로 비추어졌기 때문이다. 또한 고고학을 학문으로 여기기보다는 황금유물, 보물을 찾는 흥미 위주의 낭만적인 것으로 인식하는 경향도 있다. 그러나 고고학은 오랜 형성 과정을 통해서 19세기 초에 학문으로서 정립되었으며, 연구 방법에 있어서도 자연과학과의 공조를 통해서 발전을 거듭하고 있다.

이러한 고고학은 그 어원에 있어서 그리스어의 고대古代, 고물古物, archaeos과 학문logos의 복합어인 arkhaiologia에 유래하고 있다. 고고학은 르네상스시대 이후 그리스, 로마의 유구와 유물을 조사하고 연구하는 분야가 육성되기 시작하였으며, 당시의 고전 연구 속에서 성립된 학문이라 할 수 있다. 17세기에는 영어의 Archaeology로 번역되었으며, 동양권에서는 일본에서 1877년경 고고학이란 명칭으로 번역하여 사용하였다.

고고학의 정의에 대해서 영국의 호고스Hogarth,D.G는 "인류 과거의 물질적 유물을 취급하는 과학"이라 하였고, 프랑스의 레냐크Reinach,S는 "조형되거나 공작된 유물에 의해 과거를 해명하는 학문"이라 정의를 내리고 있다. 동양에 고고학이란 명칭을 도입한 일본의 하마다浜田耕作는 "과거 인류의 물질적 유물을 연구하는 학문"이라 하였다. 우리나라의 고고학을 개척한 김원용金元龍은 "인류가 생활의 증거로 남긴 일체의 유적, 유물을 발굴, 수집, 관찰하여 그것을 통해서 인류의 역사, 문화, 생활 방법 등을 연구, 복원, 해석하는 학문"이라고 정의하고 있다.

　이와 같이 고고학은 문헌 기록에 의하지 않고 과거의 인류 활동을 물질적 자료를 기초로 하여 인류의 역사를 밝히려는 학문이다. 즉 고고학은 문헌이 없는 유구遺構, 유물에서 인간 활동에 관한 지식, 정보를 어떻게 끌이내어 연구하는가 하는 학문인 것이다. 물론 어려운 작업이기는 하지만, 물질적인 자료로부터 당시 사회의 문화와 정신적인 측면까지도 밝혀내야 한다.

2) 고고학의 범위와 대상은 어디까지인가?

　고고학의 연구 범위와 대상은 인류가 거주한 모든 지역과 그 흔적을 다루기 때문에 매우 복잡하고 다양하다. 연구 범위는 인류가 거주한 시기와 공간에 적용되고 있다. 연대상으로 보면, 인류가 지구상에 나타나서 현재까지의 전 기간에 해당한다. 인류의 출현이 500만 년 전으로 인식되고 있으니, 고고학의 연구 범위는 장기간에 걸쳐 있다고 볼 수 있다. 고고학의 연구 범위는 원칙적으로 현재까지이나 우리나라에서의 연구 범위 하한은 대개 1950년대 한국전쟁까지를 다루고 있다. 한국전쟁 시의 주둔지, 전투지, 폭격 및 학살 장소 등 전쟁과 관련된 유구와 유물이 고고학적인 조사 대상에 해당한다. 우리가 살고 있는 현재의 시기는 앞으로 50년, 100년 후의 고고학자들이 조사 대상에 포함시킬 수 있을 것이다.

　지역적으로는 인류가 과거에 거주했거나 활동한 전 지역 범위를 망라한다. 오늘날과 마찬가지로 인류가 생업을 영위함에 있어서 발길이 미치지 않은 곳이 없듯이, 과거에 우리의 선조들의 발길이 닿은 평지, 구릉 지역, 산속 등 모든 곳이 고고학의 연구 범위에 해당한다. 지구의 환경에 따라서 인간의 이동과 거주가 이루어지기 때문에 해저, 호수, 사막 지역의 남아 있는 인류의 흔적들을 조사하고 연구하기도 한다. 근래에는 눈부신 과학의 발달로 인하여 인간에 의한 우주 탐사, 남·북극의 탐험, 우주를 떠다니는 통신위성 등의 과학적 산물도 미래에는 고고학의 연구 범위에 포함될 것이다.

고고자료는 유구와 유물이지만, 자연 유물로 총칭되는 조개껍질, 동·식물 유체, 암석편, 화산재, 탄화식물 등도 인류와 관련지어지는 것들이다. 고고학에서 규명하는 인류사의 대부분은 인류와 자연환경의 상호관계가 중요한 의미를 가지므로, 인류에게 적극적으로 이용되지 않고 단편적으로 활용된 자연 유물에도 관심을 가져야 할 때이다.

고고학의 연구 대상은 인류가 생업을 영위함에 있어서 생성된 유구遺構와 유물遺物 모두를 포함한다. 금동관이나 금은 장신구 등 화려한 유물은 물론이고, 별로 값어치가 없어 보이는 토기나 석기편 등도 고고학자에게는 귀중한 연구 대상인 것이다. 인류에 의해서 남겨진 물질적 자료는 유구와 유물로 구분되고 있으며, 이를 총칭하여 유적遺蹟이라 부르고 있다. 유구는 일반적으로 움직일 수 없는 부동산적인 것을 지칭한다. 인류에 의해서 축조된 건조물, 패총, 인류가 남긴 발자국 등 고착되어서 이동이 불가능하거나 곤란한 것이며, 가옥, 성, 분묘, 마을, 논밭, 저수시설, 도로, 항만, 암벽회화 등이 이에 해당한다. 이에 비해 유물은 움직일 수 있는 동산적인 것이며, 토기, 석기, 무기, 제사구 등 각종 도구와 동·식물의 잔존물, 그 배설물 등 용이하게 위치가 변경이 가능한 것을 말한다. 이외에도 석기를 제작할 때 생기는 무수한

〈사진1-1〉 창녕 비봉리패총 분석

격지[剝片]나 쓰레기장에서 발견되는 동·식물 유체, 음식물 잔해, 인간이 무의식적으로 남긴 발자국 등 인류와 관계되는 모든 자연유물도 고고학의 자료로 활용되고 있다.

한 예로, 창녕 비봉리패총에서는 신석기인들의 대변이 화석화되어 발견되었다.〈사진1-1〉이를 분석糞石이라고 하는데, 당시 사람들의 식생활을 복원할 수 있으며, 대변 속에 회충알, 촌충알 등 기생충의 여부를 파악하여 신석기인들의 병리 상태를 점검할 수 있는 좋은 정보를 얻을 수 있다. 따라서 분석도 훌륭한 연구자료가 될 수 있으며, 유물로서의 중요한 가치를 가지고 있다.

3) 역사시대에도 고고학은 필요하다

역사학의 문헌은 역사의 자료로서 이용하기 쉽다. 그러나 문헌이 존재하는 시기는 문자가 발명된 이후의 시기에 한정되며, 우리나라의 경우는 대개 원삼국시대原三國時代까지는 문헌의 연구가 제한적이다. 지구상에서 인류의 출현은 500만 년 전으로 연구되고 있으며, 인류 초기 단계에서 문자 발명까지의 사이는 오랜 기간 동안 문헌자료의 공백 기간이 있었다. 문헌이 없는 이 시기의 인류 역사를 밝히는데 물질적 자료에 의존할 수밖에 없으며, 고고학이 필요한 최대의 이유이기도 하다.

고고학의 주된 연구는 문헌자료가 없는 시대에만 해당되지 않는다. 문헌자료가 풍부한 역사시대에도 고고학이 아니면 밝힐 수 없는 것이 있다. 문헌에는 반드시 그 시대의 모든 것이 기록되어 있지 않다. 여러 현상 가운데 당시의 사람들이 기록할 필요가 있다고 인식되는 사항만을 선별하여 기록하기 때문이다. 따라서 극히 일상적이고 반복되는 당연한 일들은 기록되지 않으며, 고고학 자료에 의해서 보완이 가능하다.

이를테면 일반 서민들의 주거시설이나 고분 등은 기록에 남지 않으며, 고고학 조사에 의해서만 밝힐 수 있다. 또한 역사시대의 문헌은 주로 왕실이나 귀족 등 극히 제한된 계층의 신분을 대상으로 한 것이 많고, 역사적인 사건들을 위주로 기술하고 있다. 한 예로, 고려 중기에 왕명에 의해 국가적 사업으로 편찬된 『三國史記』는 고려 귀족 중심의 사회질서가 안정된 시기에 이전의 역사를 고려왕조의 입장에서 정리하였다. 삼국사기를 저술하였던 김부식은 당시 대표적 문벌귀족이었고, 신라 출신 계통이었다. 따라서 삼국사기의 역사서를 편찬할 때, 신라의 입장에서 저술할 수밖에 없었으며, 고려의 통일 과정에 있어서도 왕건과 대립 구도를 이루었던 견훤, 궁예와 관련된 부분의 서술은 아무래도 낮추어 평가될 수밖에 없었다. 이러한 현상은 신라와 밀접한 관계에 있었던 가야사의 부분도 마찬가지이다. 가야의 경우는 기록이 별로 남아 있지 않지만 고고학적인 조사를 통하여 많은 기록의 부족한 부분을 메워 주고 있다. 지금은 가야사 연구에 있어서 고고자료를 활용하지 않으면 연구를 진행할 수 없을 정도로 유구와 유물의 자료가 축적되어 있다.

고고학은 문헌에 기록되어 있지 않은 사실을 밝히기도 하지만, 문헌의 신뢰성을 비판하는 역할을 할 수도 있다. 문헌은 인간에 의해 기록된 것이기 때문에 여기에는 편견, 왜곡 등의 여지가 있다. 한 예로, 익산 미륵사지석탑 해체 조사 과정 중에 1층 심주석에서 사리 구멍이 발견되었다. 내부에서는 금동제사리 외호와 내호, 유리제사리병, 금제사리봉안기金製舍利奉安記 등 680여 점의 유물이 출토되었으며, 특히 금제사리봉안기의 명문은 그간 우리가 알고 있었던 『三國遺事』의 문헌기록인 선화공주 설화의 내용을 뒤엎는 내용이어서 주목을 끌었다.〈사진1-2〉 명문 중에는 좌평 사택적덕沙宅積德의 딸인 백제 왕후가 재물을 희사하고, 기해년己亥年(639년)에 미륵사를 창건해 사리를 봉안했다는 기록이 보이기 때문이다. 봉안기에 따르면, 백제 왕후는 신라 진평왕의 딸 선화공주가 아니라는 사실이 밝혀졌으며, 서동요로 대표되는 무왕과 선화공주 설화는 후대에 가공되었을 가능성이 제기되었다. 따라서 우리는 문헌의 기록을 그대로 수용하여서는 안 되며, 고고학적 조사는 기존 문헌의 신뢰성을 인정하거나 비판하는 중요한 역할을 하기도 한다.

〈사진1-2〉 익산 미륵사지석탑 사리봉안기

이와 같이 역사학은 문헌에 의해서 남겨진 기록을 가지고 과거의 역사를 연구하는 것이며, 고고학은 인간에 의해서 만들어진 문헌 이외의 물질적 자료를 가지고 역사를 연구한다. 이 양자는 문헌과 물질적 자료라는 취급하는 자료의 연구 방법이 다르지만 인류가 과거에 행했던 인간 활동의 여러 가지 국면을 기록한 흔적이기 때문에 종합적으로 연구하지 않으면 안 된다. 여기에서 물질적인 자료는 유적조사를 통해서 얻어지며, 이 유구, 유물의 해석을 통해서 인류사의 문화 변천을 밝히고 있다.

4) 고고학 연구의 어려운 점은?

인류가 남긴 활동 흔적 중에 부패하지 않고, 현대에까지 남는 경우는 극히 제한적이어서 자료가 매우 빈곤하다. 고고학자는 이러한 영세한 자료로 과거 인류의 모든 활동을 복원해야 한다. 고고자료는 유기물질에 의해서 형성된 것이 많기 때문에, 시일의 경과와 함께 잔존하는 것은 토기나 석기, 철기, 유리, 옥 등의 썩지 않는 유물만이 출토된다. 따라서 상당수의 자료들은 인류가 제작하여 사용되었음에도 불구하고 출토 자료가 한정되어 연구하는 데에 어려움이 있다.

문헌자료는 정보를 축적하고, 전달하기 위해서 쓰인 것이기 때문에 역사의 정보원情報源으로 이용되기 쉽다. 문헌의 내용은 이미 집필자에 의해서 개념의 형태로 정리되고 언어로 표현되어 있다. 그러나 고고학 자료는 아무런 정리를 거치지 않은 인간 활동의 생생한 흔적이다. 고고학자는 생생한 흔적을 개념적槪念的으로 인식하고, 말로 표현하는 것부터 시작해야 한다. 유물에 대해 관찰자가 어떠한 관점에서 연구하는가에 따라 제각기 다르기 때문에 연구 방법이 무한대이며, 상상력이 많이 가미되어야 한다.

또한 인류의 사상적, 정신적인 문제를 어떻게 복원할 것인가 하는 물질자료의 한계에 부딪히기도 한다. 충북 청원 두루봉에서 발굴된 동굴유적 중 하나인 흥수굴에서 어린아이 뼈 2개체분과 동물 화석, 그리고 주먹도끼, 여러 면석기 등 석기 제작소가 발견되었다. 여기에서는 5세 정도의 어린아이 인골이 조사된 바 있으며, 이때 인골 주변의 흙을 채취하여 화분분석花粉分析을 실시하였다. 분석 결과, 인골의 가슴 부위에서 집중적으로 들국화류의 꽃가루가 다량으로 검출되었다. 구석기시대에도 죽음을 애도하며 장례 의식이 진행되었음을 알 수 있었으며, 우리가 알 수 없었던 당시의 사상적, 정신적 문제를 어느 정도 복원할 수 있는 단서가 되기도 하였다.

이와 같이 고고학에서는 부패되어 한정된 자료만을 가지고 연구하거나, 정리가 안 된 인간 활동의 흔적을 개념적으로 인식하거나, 물질자료의 한계에 부딪혀 연구의 어려움을 겪기도 하는데, 이러한 현상이 고고학의 연구를 어렵게 하는 요인이 되고 있다.

5) 고고학은 어떻게 발달되어 왔나?

인류에 의해 만들어진 미술품이나 유물은 그리스, 로마시대부터 관심의 대상이 되었지만, 학문으로 인정된 것은 14~16세기에 개화한 르네상스시대부터이다. 이 시기에는 고전 고대의 문화와 예술에 대한 관심이 높아지고, 이러한 호고주의好古主義는 유럽 전역에 확산되었다. 그 관심은 고전 연구에 있어서 문헌과는 달리, 그리스, 로마의 유구와 유물이 조사되고 연구되기 시작하였던 것이다. 학자들이 그리스, 로마 등지에서 고전, 미술적인 유물을 발견, 수집, 기록하는 형태로 진행되었으며, 유물을 수집하는 것이 당시 사회에서 유행이 되었다. 유럽 각지에서 출토된 유물은 애호가들에 의해 수집되기도 하였으며, 국왕이나 귀족들의 컬렉션으로 박물관이나 별장 등에 수장되기도 하였다.

18세기에는 이탈리아의 폼페이, 그리스의 아크로폴리스와 같은 유적이 조사되었다. 이 시기의 유적조사는 주로 고대의 예술품을 얻는 데 목적이 있었기 때문에, 체계적인 조사가 아니라 거의 도굴하는 수준이었다. 또한 이전에 유행하였던 골동품 수집은 점차적으로 쇠퇴하기 시작하여, 별장 등에 장식하여 왔던 유물들이 골동품상을 통하여 베니스, 파리, 마드리드, 뮌헨, 프라하 등 유럽 각지에 팔려 나가게 된다. 이러한 시대에 독일의 윙켈만 Winckelmann,J.J은 그리스, 로마의 조각을 비교 연구하고, 제작 수법, 제작기술에 의해 형식 구분, 연대 결정을 통하여 고전고고학古典考古學과 미술사관을 확립시켰으며, 학문적 수준을 한 단계 끌어올렸다. 윙켈만은 본격적으로 고고학의 연구법을 실천한 연구자이며, 오늘날 고전고고학의 아버지로 불리고 있다.

한편, 19세기 초반에는 고대보다 더 거슬러 올라가는 인류의 문화사를 규명하려는 경향이 보였으며, 선사고고학先史考古學으로 정립되어 갔다. 1836년 톰센Thomsen,C.J은 석기, 청동기, 철기의 3시대법을 제창하여 유럽의 고고학계에 지대한 영향을 미치기도 하였다. 19세기 중반에는 유럽 열강들의 식민지 진출이 본격화되어 각지에서 유물을 수집하여 본국으로 약탈해 오는 시기였으며, 또한 영국에서는 고고학회가 창설되어 근대고고학이 성립되었다. 19세기 후반 이후에는 많은 연구자들이 등장하여 고고학 연구가 점차 체계적으로 정립되기 시작하였다. 독일의 슐리만Schliemann,H은 트로이의 실재를 증명하고자 4번에 걸쳐서 트로이유적을 발굴하였다. 또한 이 유적조사에서는 층위적인 발굴이 진행되었고, 체계적인 고고학 조사가 이루어졌다는 점에서 의의가 있다.

고고학의 가장 기초적인 연구 방법인 형식학적 방법型式學的方法이 정립된 것도 이 시기이다. 스웨덴의 몬테리우스Montelius,G.O.A는 북유럽의 청동기시대 유물을 연구하면서 유물의 분류分類와 편년編年에 있어서 형식학적 방법을 사용하였으며, 1903년에 『고대문화의 제문제』라는 저서에서 형식학적 방법의 이론을 완성시켰다. 이 방법은 당시 다윈Darwin,C이 주장한 진화론進化論의 영향을 받았으며, 인류가 만든 유물의 변천 과정에 종자의 진화 과정을 인용하였다.

6) 고고학의 시기 구분은?

고고학에 있어서 3시대법은 18세기에 여러 학자들에 의해 주장되었지만, 이를 유물 분류에 처음으로 적용한 연구자는 덴마크 국립왕실박물관의 톰센Thomsen,C.J이었다. 3시대법은 재질에 따라 석기石器, 청동기靑銅器, 철기鐵器의 순서로 도구를 사용한 것으로 인류 역사의 문화 발전을 구분한 것이다. 톰센의 3시대법의 특징은 재질에 의한 유물 분류이며, 이 복잡한 유물에 질서 체계를 부여한 것이다. 고고학 연구에 있어서 유물의 적절한 분류를 처음으로 시도하였다. 3시대법을 유물 분류의 기초에 이용하여 인류사의 편년編年과 시대 구분時代區分에 활용하고자 하였다. 톰센은 박물관의 전시실에 석기, 청동기, 철기의 3실을 명확히 분리하여 전시하였다. 1836년에는 이 3시대법에 의해 전시한 내용을 국립왕실박물관의 가이드북에 소개하여 출판하였으며, 이후 3시대법은 19세기 말 유럽 전역에 통용되었다. 이 3시대법은 20세기 전반까지 전 세계의 고고학에 지대한 영향을 끼쳤으며, 편년과 문화 단계 설정에 많은 도움을 주었다.

톰센에 의해 제창된 3시대법은 유럽 각지에서 유물의 분류와 고고학적 조사에서 유용하게 활용되었다. 그러나 프랑스 북부 지역의 손무천변에서 인공적인 석기가 발견되어 석기시대가 장기간에 걸쳐 형성되었다고 판단하였다. 이에 따라 영국의 러복Lubbock,J은 3시대법의 최고 시기인 석기시대를 구석기시대舊石器時代와 신석기시대新石器時代로 구분하였다. 1909년에는 프랑스의 모르간Morgan,J.D이 구석기와 신석기의 중간에 중석기시대中石器時代의 구분을 추가하여 3시대법은 점차로 세분화되었다. 이러한 20세기 전반의 구석기舊石器, 중석기中石器, 신석기新石器, 청동기靑銅器, 철기시대鐵器時代의 5기 구분은 유럽 지역에서 널리 통용되었으며, 유럽뿐만이 아니라 인류사의 일반적인 발전 단계로 인식되었다. 그러나 5기 구분은 20세기 중반 이후에는 방사성탄소연대측정법放射性炭素年代測定法이 보편화되고, 전 세계적인 측면에서 문화가 다양하게 설명되면서 적용할 수 없게 되었다.

예를 들면, 청동기의 존속 시기는 세계적으로 각기 다르다. 청동기의 주조술은 약 5,000년 전에 이집트, 서남아시아에서 시작되었으며, 약 4,000년 전에는 유럽, 3,500년 전에는 우랄산맥을 넘어 시베리아로 전파되었으며, 약 3,000년 전경에는 중국 동북부를 거쳐서 우리나라에 유입되었다. 이와 같이 청동기의 사용은 세계적으로 공통된 것이 아니고, 청동기의 사용 시기가 긴 서남아시아 지역, 곧바로 철기시대로 들어가는 지역, 일본과 같이 청동기와 철기가 함께 사용되는 지역이 있어, 지역에 따라서 각양각색이다.

또한 유럽에서의 신석기시대는 농경의 개시인데, 동아시아에서는 토기와 간석기[磨製石器]가 특징이며, 미국에서는 청동기가 충분히 발달하지 않았으므로 청동기시대 구분은 불합리하다. 또한 미국은 지역이 넓어 문화의 발전 단계가 유럽과는 다르게 석기石期, 고기古期, 형성기形成期, 고전기古典期, 후고전기後古典期로 시기 구분이 이루어졌다. 아프리카에서는 인류의 문화가 발전되어 가는 동안 금속의 등장보다는 석기의 사용이 주류를 이루고 있어, 전기석기前期石器, 중기석기中期石器, 후기석기後期石器의 시기 구분을 하고 있다. 중국에서는 구석기와 신석기시대에 이어서 상주시대商周時代, 진한시대秦漢時代 등으로 표현되어 선사시대 이후에는 왕조를 중심으로 설명하고 있다. 일본의 경우는 토기 제작 이전의 구석기시대 개념으로 센도끼先土器, 신석기 토기의 특징인 새끼줄 문양을 굴려서 토기를 제작하였다는 의미로 죠몬繩文, 청동기시대와 철기시대를 포괄한 야요이弥生, 고총고분의 등장 시기인 고훈古墳시대로 구분하고 있다. 우리나라에서는 일반적으로 구석기, 신석기, 청동기, 초기철기, 원삼국시대로 구분하고 있으며, 연구자에 따라서 초기철기와 원삼국시대를 합쳐서 철기시대로 구분하기도 한다.〈표1-1〉

〈표1-1〉 고고학의 시기 구분

톰센	유럽	미국	아프리카	중국	일본	한국
石器	舊石器	石期	前期石器	舊石器	先土器	舊石器
靑銅器	中石器	古期	第1中間期	新石器	繩文	新石器
鐵器	新石器	形成期	中期石器	商周時代	彌生	靑銅器
	靑銅器	古典期	第2中間期	秦漢時代	古墳	初期鐵器
	鐵器	後古典期	後期石器			原三國

이러한 예에서 보듯이 유럽을 중심으로 통용되었던 5기 구분은 전 세계에 적용해 버리면 문제가 될 수밖에 없으며, 유럽의 5기 구분에 완전히 일치시킬 수 없다. 출토된 유구와 유물을 가지고 시기 구분을 함에 있어서 적용되는 지역과 시기가 각각 다르기 때문에, 고고학상 전 세계의 통일된 시기 구분은 성립할 수 없다. 다만 각 지역의 특성에 맞는 시기 구분을 설정하여 대비시키는 방법을 적용해야 할 것이다.

2. 고고학의 연구 분야는 다양하다

1) 선사고고학

고고학의 연구 영역은 다양하게 세분화되고 있다. 크게는 선사고고학先史考古學, 역사고고학歷史考古學, 주제고고학主題考古學으로 대별된다. 이중에 문헌의 기록이 없는 시대를 다루는 영역이 선사고고학이다. 중국과 같이 문헌 기록이 시작되는 지역과 시기는 각기 다르게 나타나지만, 현재 우리나라에서는 구석기, 신석기, 청동기, 초기철기, 원삼국시대가 선사고고학의 범주에 해당한다. 대개 시기상으로는 AD300년경 이전까지를 선사고고학의 범주로 보고 있다.

구석기시대舊石器時代는 500만 년 전까지 거슬러 올라가며, 오늘날 멸종된 동·식물이 공반共伴하면서 인류의 생활이 수렵과 채집으로 영위된 시기를 말한다. 이 시기는 인류의 생업이 길게 영위된 시기이며, 자연환경에 충분히 적응하지 못하였기 때문에 이 연구를 위해서는 고환경의 복원, 고생물학 등 자연과학 분야와의 공동 연구가 필요한 시점이다. 또한 인류의 진화 발전에 대한 연구, 인류가 남긴 석기의 연구도 중요한 테마가 되고 있으며, 특히 석기의 분류와 비교, 제작기술, 석기 조합 등의 연구는 세밀한 연구가 진행되고 있다.

신석기시대新石器時代는 지구온난화 현상과 문화의 발전 속도가 빠르게 진행되어 각 지역마다 독자적인 문화가 발달하게 된다. 토기의 발명, 간석기의 제작, 활과 화살촉의 등장, 농경과 목축의 발달, 패총의 형성 등 문화와 사회의 구성이 복잡해지며, 연구의 내용도 다양해진다.

금속기가 출현하는 청동기시대青銅器時代에는 벼농사가 시작되면서 빈부차에 의한 계급사회가 형성되고, 소국가에 의한 연맹왕국이 성립된다. 유물에 있어서는 금속기가 등장함에 따라 농구류, 무기류가 급증하였고, 빈번히 일어나는 전쟁에 대비하여 마을을 둘러싼 환호環濠가 만들어졌다. 청동기시대 후기에는 비로소 청동에 대신하여 철기가 유입되기 시작한다. 철기의 수용은 소국가의 흥망성쇠를 가름하는 중요한 잣대가 되고 있으며, 강대국으로 기반을 다지는 계기가 되었다.

원삼국시대原三國時代는 주조술의 발달과 함께 철기가 본격적으로 생산되었다. 평양을 중심으로 한 낙랑 지역에서 한의 문물이 삼한 지역에 적극적으로 수입되었다. 이 시기에는 우경牛耕의 발달과 함께 등요登窯가 사용되어 중국의 회도기법에 의한 도질토기陶質土器가 생산되었으며, 우리나라에 문헌기록이 없기 때문에 중국 측에 남아 있는 『三國志 魏書 東夷傳』이 참고가 되고 있다. 또한 삼국 중에 고구려, 백제와 같이, 그 시작은 기원전에 해당하지만 고대국가로의 면모를 갖춘 시기는 300년 이후로 보고 있기 때문에, 그 이전은 크게 원삼국시대의 범주에 속한다고 볼 수 있다.

2) 역사고고학

역사고고학은 문헌의 기록이 존재하는 시대의 고고학을 일컫는다. 역사시대는 주로 문헌에 의해서 연구가 진행되고 있어서 고고학의 대상으로 주목받지 못한 감이 있다. 근래에는 유적조사의 성과에 힘입어 문헌기록의 공백을 메우기 위한 노력과 그 중요성이 인식되고 있다. 이러한 인식은 비단 우리나라뿐만이 아니고 세계적인 현상이라 할 수 있다.

우리나라의 경우는 일제시대부터 진행되어 온, 삼국시대의 왕궁, 사찰, 고분 등의 유적조사가 역사고고학의 대세를 이루어 왔다. 해방 이후에는 역사학자들에 의한 조사가 꾸준히 이어졌으며, 근래에는 국토 개발에 의한 문화재 조사의 증가에 의해 역사시대 분야의 고고자료가 증가하게 되었다. 이러한 역사시대 유적조사의 진전에 따라 최근에는 삼국시대가 세분되어 각기 고구려고고학, 백제고고학, 신라고고학이란 명칭과 아울러 가야고고학, 발해고고학 등의 용어도 생겨나 점차 세분화되고 있는 양상이다. 특히 남한에서의 백제와 신라, 가야의 고고학적 조사와 연구는 눈부신 발전을 이루고 있으며, 고대사의 연구에 있어서 고고학적 성과를 도입하지 않으면 연구를 진행할 수 없을 정도가 되었다.

유럽에서는 중세고고학中世考古學, 근세고고학近世考古學으로 분류하기도 한다. 중세고고학의 예를 보면, 유럽의 경우는 사원, 교회, 봉건영주 등에 의해 권력이 분산되고, 전란이 빈번했기 때문에 문헌기록이 별로 남아 있지 않다. 따라서 교회, 묘지, 성채 등의 중세 유적에 대한 조사와 연구가 활발히 진행되고 있다. 근세고고학은 가장 최근 역사고고학의 분야이다. 한 예로 유럽에서는 산업혁명과 관련한 공장이나 당시에 사용한 도구, 기계장치의 복원 등이 다루어지고 있다. 미국에서는 북미 대륙 최초의 이민선인 메이플라워호가 도착한 보스턴 남쪽의 플라이머스에서 이민촌을 발굴해서 가옥을 복원하고 야외 박물관을 만들어 전시한 예를 들 수 있다. 일본에서는 도시의 재개발에 의한 에도시대江戶時代의 각종 유적이 조사되고 있으며, 에도고고학이란 명칭이 사용되고 있다. 우리나라에서는 고려고고학, 조선고고학의 명칭은 사용하고 있지 않지만, 문헌사와 병행하여 조사와 연구가 진행되고 있다.

역사고고학의 한 분야로 고전고고학古典考古學과 종교고고학宗敎考古學의 범주가 있다. 고전고고학은 유럽에서 그리스, 로마시대의 유구와 유물을 조사하고 연구하는 분야이다. 주로 유럽의 고대에 대한 부분의 연구이며, 우리나라에는 적용하기 어렵지만, 시기상으로는 삼국시대에 해당하는 영역으로 보면 좋을 듯하다. 종교고고학은 유럽에서는 성서고고학聖書考古學, 일본에서는 불교고고학佛敎考古學으로 불리기도 한다. 구약에서 신약성서에 이르는 팔레스타나 주변 지역에 나오는 도시, 교회 등이 조사되고 있으며, 이스라엘을 중심으로 연구가 성행하고 있다. 불교고고학은 동양 각국에서 행해지는 가람의 배치, 사찰 건축, 불탑, 불도구의 연구가 중심을 이룬다. 우리나라의 경우, 불교고고학이란 용어는 사용하지 않지만 신라나 백제 지역의 사찰유적에서 많은 유적이 조사되고 있다.

3) 주제고고학의 영역은 다양하다

① 환경고고학

고고학 연구에 있어서 환경은 중요한 영역이기도 하다. 인류의 역사에 있어서 문화의 발달은 자연환경과 밀접한 관련을 가진다. 오늘날 대규모적인 자연환경의 파괴가 이루어지듯이, 과거에도 정도의 차이는 있지만 자연환경의 변화, 파괴, 개변改變이 이루어졌다. 그러나 오늘날과 같이 대규모적인 것이 아니었으며, 자연과의 공생이 이루어지는 관계가 지속되었다. 환경고고학環境考古學에서 다루어지는 주요 연구는 인류가 환경에 대해 어떻게 적응하며 자연을 개발하였는가, 인류에 의해 자연환경이 어떻게 개변되었는가 하는 연구이다. 따라서 생물학, 지질학 등의 자연과학적 분석법을 이용해 자연환경과 인간의 상호관계를 밝히는 중요한 주제라고 할 수 있다.

환경고고학의 영역은 한 유적에서의 생태문제, 환경 변화, 동·식물의 유체 분석, 토양분석, 수종분석, 화분분석 등이 포함되며, 각 수림대의 변화에 의한 동·식물의 이동, 화산 폭발에 의한 자연재해도 당시의 환경을 연구하는 데 있어서 중요한 연구 분야이다.

② 식물고고학

식물고고학植物考古學은 유적이나 그 주변에서 출토된 식물 유체를 동정同定하고 분석하여 식생植生을 복원하거나 식물의 이용 상황을 복원하는 분야이다. 인류의 식물 이용 수준에 대한 규명은 중요하다고 할 수 있으나, 인류가 식물을 어떻게 이용하고 관리하였는가는 불분명한 점이 많다. 예를 들어, 벼와 보리 등의 곡물 연구는 많은 관심을 가지고 연구가 진행되었으나, 감자나 근경류根莖類 등 야생식물의 재배는 관심 대상에서 제외되어 온 감이 있어, 이러한 분야에도 관심을 가져야 한다.

현재 유적에서의 식물고고학 연구는 주변 지역의 식생을 복원하기 위하여 보울링하는 방법이 적용되고 있으며, 식물 이용 상황을 연구하기 위해서는 화분분석이나 수전水田의 플랜트 오팔plant opal 분석이 행해지기도 한다. 유구 내에서의 조사도 활발하게 진행되고 있으며, 특히 주거지 내의 화덕자리에서는 검출된 식물질을 연구하기도 한다. 화덕자리의 흙을 채취해서 조사하면 탄화미, 각종 곡물, 어류 유체 등이 검출되기도 하며, 또한 화덕자리에 대한 동·식물의 지방산분석脂肪酸分析을 시도하기도 한다.

③ 동물고고학

동굴 유적이나 해안가의 패총 유적, 저습지 유적 등에서는 당시의 식생활에 사용된 동물 유체가 발견된다. 특히 쓰레기장으로 일컬어지는 패총에서는 다양한 조개껍질과 함께 어류, 포유류, 조류, 해수류를 포함한 각종 동물 뼈가 출토되고 있어 당시 식생활을 포함한 생업의 많은 정보를 제공한다. 또한 뼈나 녹각, 이빨, 조개껍질에 의한 각종 어로구나 장신구도 출토되고 있어 그 제작 기법, 사용 기술, 도구의 지역성 등의 연구도 활성화시킬 수가 있다.

동물고고학動物考古學은 이러한 동물 유체를 분석함으로써 유적 주변의 자연환경 복원, 동물의 포획 시기와 방법, 식료로서 이용 상황, 식량자원의 구성, 칼로리 계측 등을 알 수 있다. 이로 인하여 인류의 경제활동, 환경 이용, 식료 개발의 역사, 당시의 영양 상황을 복원할 수 있는 계기가 되고 있다.

동굴 유적이나 패총에서 동물 유체를 확보하기 위해서는 샘플을 채취하여 분류를 시도하며, 동물 유체의 종에 대한 동정분석同定分析을 실시한다. 동물 유체의 연구를 위해서는 동물의 골각표본에 의한 동정同定과 정량화定量化 작업이 필요하다. 따라서 골각에 대한 기초 지식이 필요하며, 동정을 위해서는 현생 동물 유체의 표본이 이용되기도 한다. 모든 동물 유체의 각 부위는 종별에 따라 규모, 형태가 제각기 다르기 때문에 출토된 동물 유체의 일정 부위만을 가지고도 어떤 종류의 어느 부위인지를 알 수 있다. 또한 조개껍질의 성장선분석을 통해서 어느 계절에 포획되었는지, 포유류의 턱뼈를 통해서 연령을 추정할 수 있고, 이러한 동물 유체의 많은 정보량은 인간 생업활동의 복원을 가능하게 한다.

④ 민족고고학

민족고고학民族考古學은 전통문화를 보유하고 있는 소규모 민족 집단을 조사해서 과거의 여러 가지 인간 활동 패턴을 복원할 때, 비교 자료, 모델, 가설 검토의 기초를 만들어내는 분야이다. 현존하는 원주민 마을의 주거 배치나, 공동 장소, 묘지 등을 비교하고, 식생활과 생업의 양상을 파악하여 선사시대의 생활상을 복원하는 자료로 활용하기도 한다. 이전에는 야외고고학의 훈련을 받은 인류학자가 주로 조사하였으나, 근래에는 고고학자가 직접 참여하여 조사하는 경향이 높아지고 있다.

한 예로 오스트레일리아 북부의 앤버라족을 1년간 관찰한 미한Meehan,B은 식량의 조달과 음식의 영양 섭취 상황을 분석하였다. 그 결과, 앤버라족은 조개류 채집에 의한 칼로리량이 전 식료의 10%에도 미치지 못하지만, 쉽게 입수 가능하고 신선한 음식물로 선호되어 조개 채집의 활동을 중시하고 있음이 확인되었다.

⑤ 실험고고학

실험고고학實驗考古學은 고고자료의 기능과 용도 등을 추정하기 위하여, 유구나 유물을 직접 제작하여 과거와 동일한 조건으로 실험해 보는 분야이다. 실제로 유구나 유물을 제작하여 실험해 봄으로써 제작 방법, 시간 소요, 노력의 정도 등을 추정해 볼 수 있다. 이러한 실험은 고고학 자료의 모든 분야에서 유효하며, 과거 인류의 기술과 지식체계를 알 수 있는 계기가 된다. 실험고고학의 사용흔분석의 일환으로 러시아의 연구자 세메노프Semenov,S.A는 현미경을 이용한 석기의 사용흔使用痕을 분석함으로써 석기의 제작 방법은 물론, 사용 용도를 유추해 내는 연구를 진행시킨 바 있다.

예를 들어 돌도끼[石斧]의 사용흔을 알기 위해 유적에서 출토된 돌도끼를 같은 형태로 만들어 직접 실험해 보는 방안도 생각해 볼 수 있다. 돌도끼를 제작하여 나무를 벌채하거나, 밭 경작을 해 보거나 해서 돌도끼의 마찰흔을 현미경으로 분석하는 방법이다. 그리고 실제로 유적에서 출토된 돌토끼의 마찰흔과 비교하면, 유적에서 출토된 돌도끼의 사용 용도를 추정할 수 있게 되는 것이다. 또한 선사, 고대의 주거를 복원하여 일부러 화재를 일으켜 방치한 후에, 발굴조사를 시도하고 내부의 양상과 퇴적된 모습을 확인하기 위한 실험도 진행되고 있다.

⑥ 수중고고학

수중고고학水中考古學은 지반의 침하, 해수면의 상승에 의해서 바다나 호수, 하천 등 물속에서 발견되는 유적에 한하여 수중조사를 하는 분야이다. 물속에서 조사를 해야 하는 불리한 조건이지만, 지상의 발굴에서는 얻을 수

〈사진1-3〉 태안 마도선 인양 모습

없는 귀중한 자료를 얻을 수 있다. 근래에 잠수기술과 수중카메라, 해저용 측량기 등 수중 장비의 발달에 의해서 수중고고학이 점차 활기를 띠고 있다. 또한 해수면 변동에 의해, 수중에 잠긴 연안沿岸의 해저 유적도 수중고고학의 대상이 되고 있다. 현재의 기온보다 낮았던 시기의 유적들은 지금의 해수면보다도 아래쪽에 위치해 있을 가능성이 높기 때문에 연안 지역이나 갯벌 지역도 유적조사의 중요한 지역이다. 수심이 낮은 연안 지역의 경우는 간단한 방수벽을 만들어 내부의 물을 빼고 유적을 일시적으로 육지화시켜 조사하는 방법도 있다.

우리나라의 경우는 목포해양유물전시관의 수중발굴팀에 의해, 신안 무역선, 완도 평선 침몰선, 군산 십이동파 해역, 태안 마도의 도자기 운송 침몰선 등이 수중조사되었다.〈사진1-3〉 해양유물전시관에는 목재유물 보존처리소가 있어, 침몰선의 보존 처리, 기타 목재 유물의 보존 처리에도 만전을 기하고 있다.

⑦ 수전고고학

수전고고학水田考古學은 청동기시대 이후 일반화된 벼농사와 농경 관련 흔적들을 연구하는 분야이다. 수전 토양, 수전의 입지와 구획 단위, 수전과 관련된 시설, 목제 농경구 등의 조사를 통하여 벼농사와 관련된 연구가 진행되고 있다. 특히 수전유구의 흔적은 유적의 토양을 채취해서 현미경을 통한 플랜트 오팔plant opal의 분석을 통해 찾을 수 있다. 유리질 규소체의 플랜트 오팔은 고유의 형태와 크기를 가지며, 벼과에 속하는 플랜트 오팔은 부채꼴 모양의 형태를 보인다. 따라서 부채꼴 모양의 벼의 규소체가 검출되면 벼농사가 이루어진 것으로 단정하는 것이다.

우리나라에서 청동기시대 수전고고학의 성과는 춘천 천전리, 보령 관창리, 논산 마전리, 부여 구봉리, 대구 동천동, 울산 무거동 옥현, 울산 야음동, 밀양 금천리, 함안 도항리유적이 벼농사가 이루어진 유적으로 알려지고 있으며, 이와 아울러 수로와 수문, 저수시설도 확인되고 있다.

⑧ 마을고고학

유적조사에 있어서 비교적 많이 조사되는 유구 중에 하나는 주거지이며, 이 집합 단위를 취락聚落이라 한다. 마을고고학은 고고자료의 공간적인 분포를 통하여 고대 행위의 유형을 복원하고자 하는 공간고고학과 유사한 개념이다. 마을고고학에서는 인간과 관련된 마을 내의 생활 연구, 친족 구조, 사회 조직 등 공간적인 분포에 관한 연구를 진행하고 있다. 마을 내의 구조와 공간, 기능 분석, 각 구조의 배치 상태를 통하여 계층과 분업, 친족 등의 연구, 마을의 발전 과정이 연구되기도 한다. 또한 마을 내 구성원의 사회적, 문화적, 정치적 문제까지도 폭 넓게 다루어지고 있다. 근래에는 각 시대별로 대규모 마을의 고고학적 조사 성과가 축적됨에 따라 이 분야의 연구가 활발히 진행되고 있다.

⑨ 컴퓨터고고학

고고학 연구에 있어서 컴퓨터의 이용은 날로 급증하고 있으며, 이제 컴퓨터 없이는 조사와 연구가 진행될 수 없을 정도가 되었다. 발굴조사의 현장에서 유구의 측량, 유물의 실측에 컴퓨터가 이용되기도 하며, 출토된 많은 양의 고고자료를 정리, 등록, 분류하는 과정에서도 각종 통계처리를 이용한 정리 분석이 유용하게 이루어지고 있다. 이 밖에도 3D를 이용한 유구의 해체와 복원, 문화재의 가상현실 복원, 컴퓨터 시뮬레이션 분석 등이 이루어지고 있다.

한 예로 미륵사지석탑은 미륵사 창건 당시에 조영된 것으로 목탑을 석탑으로 번안한 우리나라 최고, 최대의 석탑으로 본래는 9층이나 6층만 남아 있었다. 붕괴의 위기에 처한 것을 1915년 일본인들이 콘크리트로 보강하였으며, 2002년 이후 3D를 활용한 해체 조사가 진행되어 2017년까지 복원할 예정이다.

⑩ 생체분자고고학

생체분자고고학生體分子考古學은 생물학과 고고학 분야의 학자들이 고대 인류를 연구하고자 협력하여 탄생하였다. 유적에서 새롭게 찾은 유기물질의 작은 세포를 분석하고, 고대 DNA의 미세한 부분을 검출하여 그 정체를 심층적으로 밝혀내는 분야이다. 분자고고학의 첫 시도는 20세기 초기에 있었으며, 지금은 고대 동물의 분자 추적, 인류의 DNA 분석, 박테리아 분석 등 최첨단 과학을 이용하여 인류 및 고대 동물의 비밀을 밝혀내고 있다.

특히 과거 인류의 흔적은 지워지지 않는 DNA, 미토콘드리아에 전시되고 있으며, 이것들을 해독하여 인류의 비밀을 파헤치고 있다. 연구의 한 예로, 미토콘드리아 DNA 서열이 밝혀짐에 따라, 네안데르탈인에 관한 연구가 진전되었는데, 지금은 네안데르탈인 게놈에 대한 전체적인 분석이 이루어지고 있고, 이 분석은 50여 종의 멸종 동물에 대해서도 진행되었다.

근래에는 DNA보다 생명력이 긴 분자들이 발견되고 있으며, 그 분자들은 인류의 생활상을 생생하게 파악할 수 있게 해 주고 있다. 석기에 묻어 있는 혈액단백질, 몸에서 흘러나온 사체지방, 공이에서 발견된 녹말 입자 등은 DNA 연구에서 지나쳐 버린 상당한 정보를 제공하여 고고학 연구에 새로운 방향을 제시해 주고 있다.

3. 고고학의 연구는 어떻게 이루어지나?

1) 형식학적 방법
① 속성과 형식

인류에 의해서 만들어진 유구와 유물은 다종다양하다. 유구와 유물을 생산할 때는 그 목적이나 요구의 많은 부분은 개인적인 경향보다는 사회적인 경향이 크다. 즉 어떤 유물을 제작할 때 재료의 입수 방법이라든가, 가공 방법의 선택 등은 그 사회의 절차와 규범 하에서 만들어진다. 이러한 고고자료들은 주의 깊게 관찰하면 유물의 재질, 제작법, 형태 등 여러 가지 특징이 존재하는데, 그러한 특징을 속성屬性, attribute이라 한다. 이 속성을 기초로 연구자가 유구, 유물을 적절하게 분류한 단위를 형식型式, type이라 부르며, 고고학적 분류단위의 기본을 이루고 있다. 고고자료의 여러 가지 속성을 통해서 형식이라는 분류단위를 만들어 가는 작업과 방법을 형식학型式學, typology이라 한다.

형식을 구성하는 요소인 속성은 다양하지만 크게 시간적 속성, 공간적 속성, 사회·문화적 속성 3가지로 나눌 수 있다. 시간적 속성은 시간의 경과와 함께 변화하기 쉬운 속성이다. 예를 들어 토기의 기형과 문양은 석기나 주거지, 분묘 등의 유구와 유물에 비해서 변화하기 쉬운 속성이다. 따라서 시간의 순서에 의해서 변화하기 쉬운 토기의 기형이나 문양을 가지고 시기 구분의 지표로 이용하고 있다. 각 시대별로 토기의 연구가 가장 활발하게 이루어지는 것도 바로 이러한 연유이다.

공간적 속성은 공간적으로 한정된 지역에만 존재하는 속성을 말한다. 예를 들어, 원삼국시대에서 백제 초기에 걸쳐서 형성된 묘제인 장고분長鼓墳은 전남 일원의 특정 공간에만 존재하는 속성이며,〈사진1-4〉일본에서는 전방후원분前方後圓墳으로 불리는 이 고분이 서일본 지역에서 많이 분포하고 있다. 따

〈사진1-4〉 함평 신덕고분

라서 양 지역의 고분에서 출토되는 유물 등으로 보아 문화와 인간 집단의 범위, 이동, 교섭 등이 고고학적으로 연구되고 있다.

사회·문화적 속성은 시간적, 공간적 속성에 비해 파악하기 어렵다. 남녀에 의한 노동 구분, 친족 조직, 사회 조직 등은 사회적 행위를 매개로 생겨난 것인데, 그렇다면 그것을 구성하는 모든 속성 중에는 사회적인 특징을 반영할 만한 것들이 존재했을 것이다. 파악하기 어려운 각 시대의 정신적인 문제를 다루는 사회·문화적 속성의 이러한 문제는 앞으로 중점적으로 연구되어야 하는 분야이다.

② 형식학적 방법

유구와 유물은 인류가 생업 활동을 통해 남기는 것인데, 이러한 생업 활동은 그들에게 놓인 사회적인 모든 관계 속에서 만들어진다. 현대 생활에 있어서도 사회와 일상생활에 필요한 것들이 만들어지는 경우와 같다. 이러한 유구와 유물은 반드시 시간적인 순서와 공간적인 범위를 가진다. 고고학 연구자들은 고고학적인 자료를 가지고 이러한 시간적, 공간적 범위를 추정하는 단서를 잡으려고 노력한다. 그 단서를 찾으려는 중요한 방법 중의 하나가 형식학적 방법型式學的 方法이다.

유구, 유물은 그 시대에 대해 쉽게 입을 열지 않는다. 고고학자는 발굴해 낸 유물에 대해 말을 걸어 대화하는 심정으로 고민과 추정을 무수히 반복하여 유물의 성격을 밝혀야 한다. 근래에는 토기편 하나만 가지고도 어느 시대의 것인지 알 수 있으며, 동물 뼈 한 조각만 가지고도 종류, 성별, 사망 원인까지도 추정할 수 있게 되었다. 이와 같이 형식학적 방법은 유물을 정확하게 형식으로 분류해서 그것이 어떠한 순서로 변천해 가는가를 밝힘으로써 유물의 시간적인 전후관계, 연대학의 체계, 즉 고고학에 있어서 편년체계編年體系를 만들려고 한 것이다. 고고학에서의 편년체계는 인류의 역사를 밝히는 데 있어서 골격의 역할을 한다.

고고학에 있어서 중요한 연구 방법 중의 하나인 형식학적 방법은 스웨덴의 연구자 힐데브란드Hildebrand에 의해 주장되었으며, 이를 체계적으로 정리하여 기초를 완성시킨 연구자는 그의 동료인 고고학자 몬테리우스Montelius, G.O.A, 1843~1921이다. 몬테리우스는 북유럽, 그리스, 이탈리아 등의 청동기 시대 유물에 대하여 편년 연구를 진행하였으며, 1903년에 고고학 연구의 기초가 되는 형식학적 방법의 이론을 완성하였다. 몬테리우스의 형식학적 방법은 19세기 중반 다윈Darwin,C이 주장한 진화론進化論에서 종자種子와 같이 하나의 형식이 다른 형식으로부터 진화해 가는 과정의 영향을 받아, 유구, 유물도 그것을 만들었던 시기의 기술적, 사회적 조건에 제약되며, 일정한 발전 법칙에 따라서 변화하는 것으로 이해하였다. 진화론은 유물의 변천 과정을 설명하는데 직접 인용하여, 초기의 고고학자들에게 많은 영향을 주었다.

일례로 몬테리우스는 철도 객차의 예를 들었다. 1825년 영국에서 철도가 개통했을 때, 초기의 객차는 거의 역마차와 같은 것이었다.〈도면1-1-a〉 지붕에는 짐칸이 있고, 앞과 뒤에는 의자, 중앙에는 문, 창문은 차체의 윤곽과 같은 곡선으로 되어 있다. 차체의 몸체는 역마차 특유의 모습을 하고 있다. 그 다음은 3칸의 객실이 딸린 객차가 등장하였다.〈도면1-1-b〉 3칸의 객실은 역마차

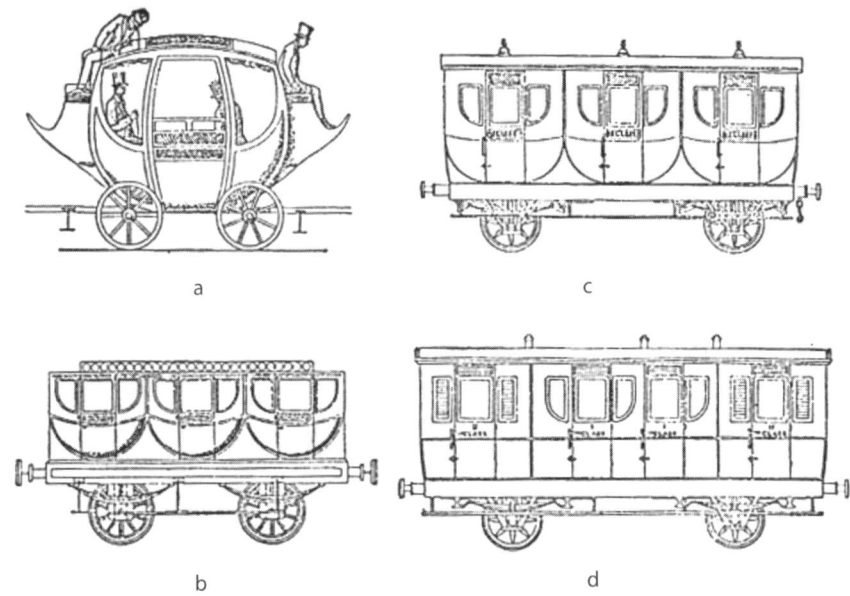

〈도면1-1〉 영국 철도 객차의 조열

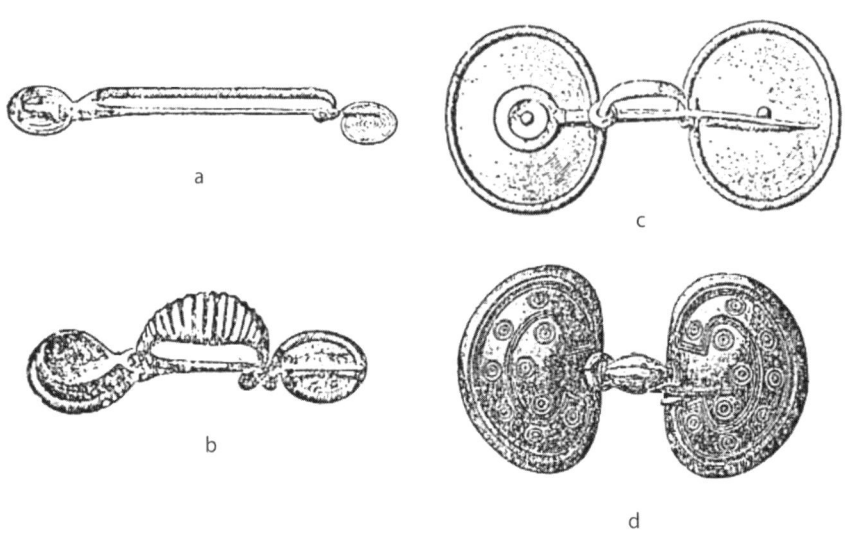

〈도면1-2〉 북유럽 머리핀의 조열

의 모습이며, 차체가 부풀어 오르고 지붕의 짐칸이 남아 있다. 이러한 역마차의 잔영은 스웨덴의 1등 객차에도 보이고 있다.〈도면1-1-c〉 부풀어 오른 차체, 지붕의 짐칸이 없어졌지만, 문이나 창문은 전과 같은 모습을 유지하고 있다. 같은 시기의 1등과 보통 객차의 혼합 차량에는 역마차의 흔적은 거의 보이지 않는다.〈도면1-1-d〉 몬테리우스는 이처럼 근대산업의 제품에 있어서도 계보를 거슬러 올라갈 수 있는데, 기술이 발달하지 않고 여러 가지 선택이 용이하지 않았던 옛날 시대의 것도 계통적인 변화가 있는 것으로 생각하였다.

또한 청동기시대 북유럽의 머리핀에 대해서도 바늘 부분과 활 모양 형태의 조합된 양상을 관찰하였다. 활 모양 양단은 바늘을 나선형으로 감아 원판상으로 만들고〈도면1-2-a〉, 다음은 활 모양 형태가 짧아지고 나선형 부위가 커지면서 외연으로 꼬아진 선이 들어간다.〈도면1-2-b〉 이후 활 모양 형태의 양단은 렌즈상의 대형 원판의 형태가 되며〈도면1-2-c〉, 장식화가 진행되면서 형태도 원판이 아닌 타원상으로 변화한다.〈도면1-2-d〉 몬테리우스는 이러한 관찰을 이탈리아와 북유럽의 금속제 도끼, 청동제 단검, 장검, 청동제 용기 등 각종 유물에 적용하였으며, 형태, 장식, 문양, 제작 기법 등을 비교 검토하여 그 계보를 완성시켰다.

③ 인류의 역사를 복원하다

고고학의 편년을 설정하기 위해서는 유물의 속성을 파악하여 형식학적 분류에 근거해서 연속적인 형식으로 정리하여야 한다. 인간이 제작한 모든 유물은 잘 관찰하면 만들어진 순서를 파악할 수 있다. 분류한 고고학상의 형식은 층위학, 연대법 등의 근거를 기초로 해서 그 연속의 신구 방향新舊方向을 결정한다. 이렇게 설정된 지역적인 편년은 한 지역에서 인접 지역으로 형식 상호간의 공존관계를 확대해 감으로 인해 고고학적 편년체계編年體系가 만들어지고, 유구와 유물은 비로소 시간적 위치가 주어지게 되는 것이다. 최종적으로는 세계 각지의 편년체계 상호간을 연결시켜 전 세계에 걸친 편년체계를 만드는 것이 목적이나, 현재에 있어 대륙 간의 편년의 대비는 충분히 이루어지지 않고 있다.

고고학은 인류의 출현 시기부터 현재에 이르기까지 인류사를 복원하는 한 영역을 담당하고 있다. 인류사의 복원을 위한 역사의 연구는 주로 문헌기록을 다루고 있지만, 선사시대의 역사는 고고학적인 방법에 의해서만이 가능하다. 또한 문헌기록이 충분한 시대에도 문헌 이외의 유구와 유물의 연구는 고고학에 의해서 연구되고 있다. 따라서 인류사를 복원하기 위해서는 물질적인 증거를 기반으로 한 고고학과 문헌기록을 기반으로 한 문헌사학이 동시에 활용되어야 한다. 이 두 영역은 물질적 증거와 문헌기록이라는 다른 성질이지만, 인류가 과거에 행동했던 다양한 활동들을 기록한 흔적들이기 때문에 인류사의 복원은 이 두 영역을 종합하여 연구하여야 한다.

2) 층위학적 방법

① 지층의 순서는 카렌다와 같다

사람들이 거주하던 문화층은 생활면이 몇 층이나 겹쳐 유물이 포함되는 퇴적층을 이루게 되며, 퇴적은 시간적인 순서로 이루어지기 때문에 그 지층의 순서는 카렌다와 같다고 할 수 있다. 퇴적된 층은 후대에 교란되지 않는 한, 상층은 하층보다 빠른 시기이며, 같은 층 안에 공존하는 것은 동일한 연대에 속하는 원칙이 성립되는 것이다.

지층의 층위에 대한 연구는 고고학의 방법론에 있어서 형식학적 방법과 함께 기본적인 방법으로 인식되고 있다. 지질학자 라이엘Lyell에 의해 확립된 누중累重의 법칙을 고고학에서 도입하여 층위적 발굴을 시도하고 있는데, 이러한 층위의 연구는 다각도에서 진행되고 있다. 유적에서 중복된 유구의 지층을 통해 선후관계를 파악하기도 하며, 유구의 퇴적이 어떻게 이루어졌는가도 층위학적 방법層位學的方法을 통해서 알 수 있다. 고분의 경우, 봉분의 판축기법版築技法, 도굴 진행의 흔적도 확인되며, 화산재의 분출에 의한 퇴적으로 연대를 결정하기도 한다. 몇 해 전 한 일본의 고고학자에 의해 구석기의 연대 조작 사건이 세간을 놀라게 한 적이 있다. 일본 구석기시대의 연대를 더욱더 올려 보려는 의도에서 시작되었는데, 이는 사전에 제작해 놓은 석기를 낮은 쪽의 지층에 묻어 두어 시기를 높여 보려는 것이었다.

이와 같이 고고학의 연구 방법에 있어서 층위학적 파악은 연대의 높낮이를 가늠하는 중요한 연구 방법이라 할 수 있다. 층위학적 방법은 단독으로 이루어지기보다는 형식학적 방법과 병용하여 연구하는 것이 보다 정확한 편년과 연대를 얻을 수 있다.

② 유적에서의 층위도 중요하다

발굴조사에서 기록해야 할 중요한 사항 중에 하나는 층위의 확인과 기록이다. 층위는 조사의 진전에 따라 다양하게 발견되며, 지층에서 유구나 유물이 포함된 층위를 문화층文化層, 혹은 유물포함층遺物包含層이라 부른다. 문화층은 인류의 활동에 의해서 생성된 층위를 말하며, 한 유적에서 몇 개의 문화층이 발견되기도 한다. 이때 각 문화층에 어떠한 고고자료가 포함되어 있는가를 조사하여 발굴 자료를 층위라는 시간적인 경과 속에 위치될 수 있도록 하여야 한다.

층위의 조사는 유적 주변, 문화층, 유구의 퇴적층, 고분이나 성의 판축법, 유구 내의 토층, 유구의 중복 및 교란층 등 다양하게 이루어진다. 유적의 주변에서는 지층을 보울링하여 샘플을 조사하는 방법이 이루어진다. 지층의 순서에 의해서 화분분석, 수종분석의 데이터를 가지고 환경을 복원하는 자료로 활용하기도 하며, 주로 식물고고학의 차원에서 이루어진다. 이와 유사한 방법은 구석기시대의 유적조사에서도 많이 활용되고 있다. 전남 화순 도산유적의 예를 보면, 6개의 층위가 확인되었다. 이중 4개의 층위에서 구석기가 출토되었으며, 각 층위마다 석기의 양상이 다르다. 제1유물층에서는 몸돌, 격지, 망치, 찍개류, 여러면석기, 밀개, 긁개, 제2유물층에서는 주먹도끼, 주먹찌르개, 주먹대패, 제3유물층에서는 주먹찌르개, 찍개, 제4유물층은 돌날몸돌, 격지가 출토되었다. 이 층위에 의한 석기의 출토는 마지막 간빙기 이후 최근 지층에 이르기까지 주먹도끼군에서 돌날석기군으로 발전해 가는 시간적인 순서를 층위에 의해서 확인할 수 있다. 각 층위별 석기의 조성과 제작기법 등이 파악되면, 시기별 석기의 편년을 그려낼 수 있다.

층위조사는 유구 내의 화덕자리, 기둥구멍, 저장구멍 등의 유구에서도 이루어지며, 고분이나 토성, 제방의 판축에 있어서도 층위의 조사가 필요하다. 고분의 경우는 층위를 통해서 도굴의 흔적 유무를 파악할 수도 있으며, 유구의 중복에 의한 고분의 선후관계도 알 수 있다. 김제 벽골제의 경우는 제방의 판축에 있어서 중간중간에 낙엽이나 나뭇가지를 깔아 견고성을 더한 부엽공법敷葉工法이 채택되고 있음이 조사되었다. 이러한 부엽공법은 서울 풍납토성, 부여의 나성에서도 확인되며, 특히 일본 오사카에 있는 사야마이케 狹山池에서도 보이고 있어, 고대의 성과 제방 축조에 있어서 판축기법이 동아시아적인 차원에서 이루어졌음을 알 수 있다.〈사진1-5〉

〈사진1-5〉 일본 사야마이케 제방 토층 전시

③ 화산재 층위로 연대를 파악하다

화산재는 화산의 폭발로 인하여 화구에서 분출되는 쇄설물이며, 대개 입자의 직경이 2mm 이하를 화산재라 부르고 있다. 화산재는 단시간에 광범위한 지역에 퇴적하여 지층을 형성하게 되며, 이 화산재 층위의 두께를 측정하여 화산의 진원지를 파악할 수 있다. 또한 화산재는 층위마다 광물의 조성이나 성질에 있어서 특징이 있으며, 이는 층위학상 연대를 결정하는 데 있어서 중요한 단서가 되고 있다. 화산재 내에는 분출의 연대를 알 수 있는 유기물이나 광물의 시료가 포함되어 있으며, 퇴적된 층위의 상하관계를 분석함으로써 지형의 발달, 기후, 식생, 토양 등의 환경 변천, 해수면 변동, 지각변동 등 다방면의 자연환경 연구에 도움이 되고 있다. 특히 고고학에서는 유적의 연대를 결정하거나 고고학 자료의 세부 편년에 유용하게 활용되고 있다.

우리나라에서 화산재층이 퇴적된 화산으로는 백두산 천지, 한라산 백록담, 울릉도 성인봉이 있다. 이중 10세기 중반 두 차례에 걸쳐 폭발한 것으로 기록된 백두산은 많은 양의 화산재를 분출하였으며, 발해 멸망의 원인이 된 것으로도 보고 있다. 이 백두산의 화산재는 일본 홋카이도北海道나 도호쿠東北지방에서도 확인되고 있어, 일본 역사고고학의 층위 연구에 중요한 단서를 제공하기도 한다. 한 예로 신석기시대에 일본 규슈 남단의 기카이鬼界 칼데라가 분화하여 퇴적된 아카호야 화산재(약 6,400년 전)가 있다. 이 화산재는 규슈 전역은 물론 서일본에까지 도달했고, 우리나라의 제주도와 남해안 지역에서도 확인되고 있다. 이 화산재의 분출 연대와 출토 토기의 관계가 죠몬토기繩文土器의 형식대비에 중요한 역할을 하고 있다. 이 시기는 죠몬토기 조기에서 전기로 이행하는 시기이며, 우리나라 융기문토기隆起文土器의 비교 자료로도 유용하게 활용되고 있다.

3) 이화학적 방법

유구, 유물에는 여러 가지 특징이 존재하며, 이 특징을 적절하게 분류한 형식학적 방법을 이용하거나, 층위학적 방법을 이용하여 편년체계編年體系를 확립할 수 있다. 이러한 편년체계를 확립하기 위해서는 이화학적 방법理化學的方法도 필수적이다. 고도로 발달된 자연과학법을 고고학에 적용하여 절대연대를 부여하는 것인데, 방사성탄소연대법, 피션트랙법, 포타슘-아르곤측정법, 열발광측정법, 연륜연대법, 고지자기법, 지질편년법, 흑요석수화층법, 화석규조분석, 탄소와 질소의 동위체비법, 지방산분석 등이 고고학 연구에 적용되고 있다.

특히 방사성탄소연대법은 고고학의 연대 결정을 하는 데 있어서 카렌다에 의해 이미 알고 있는 자료를 측정한 결과 연대가 일치하였으며, 이러한 측정 결과가 고고학의 편년체계 도움에 큰 영향을 미치고 있다.

① 방사성탄소연대법

고고학의 연대 측정에 있어서 가장 많이 사용되는 것이 방사성탄소연대법放射性炭素年代法, ^{14}Cdating이며, 이 방법은 1950년대 미국 시카고대학의 리비 Libby,W.F 교수에 의해서 개발되었다. 리비는 역사시대의 연대가 판명된 자료를 측정하여 이미 알려진 자료의 연대와 부합함을 증명하였으며, 또한 구석기시대의 라스코벽화가 있는 동굴의 목탄 시료를 가지고 15,516±900BP의 연대를 측정하여 고고학 자료의 연대 측정에 직접 응용하였다. 이화학연대에 붙는 BP는 Before Physics의 약칭이며, 1950년을 기준으로 그보다 몇 년 전인가를 표시하는 것이다.

이 방사성탄소연대법의 원리를 보면 탄소(C)에는 원자량이 12, 13, 14가 존재하는데, 이중에 ^{14}C는 방사선을 방출하면서 규칙적으로 붕괴한다. 생존의 동·식물유체의 ^{14}C 함유율과 공기 중의 ^{14}C 함유율은 일정하나, 죽으면 그때부터 공기 중의 탄소 보급이 정지되고, 그 순간부터 ^{14}C가 감소한다. 감소하는 속도가 5730±40BP년이 지나면 ^{14}C 함유율이 절반이 되는 비율을 계산해서 연대를 결정하는 방법이다. 적용되는 유물은 유적에서 출토된 목탄, 통나무배, 조개껍질, 식물 유체, 동물 유체 등의 유기물질이다. 이 방법은 후기구석기 이래, 고고학 편년의 절대연대 측정에 유용하게 이용되고 있다.

② 피션트랙법

피션트랙법Fission track dating은 암석의 연대 측정에 이용되며, 고고학에서는 암석, 석기 및 토기 태토胎土 내의 석립石粒의 연대 측정에 응용할 수 있다. 광물이나 자연 유리질에는 우라늄 질량수 238과 235의 두 종류가 있으며, 이중에 우라늄 238은 시간이 경과되면 알파선을 방출하며 붕괴하나, 일부의 원자는 분열에 의해 손상을 입게 된다. 그 손상의 흔적을 피션 트랙이라 하는데, 광물 중의 우라늄 원자량과 그중에서 분열을 일으킨 우라늄 양을 대비시켜 연대를 측정하는 방법이다. 주로 지질학, 고생물학에서 많이 이용되며, 적용 연대는 10만 년 이상에서 수천만 년 전까지를 측정할 수 있다.

③ 포타슘-아르곤법

포타슘-아르곤법Postassium-Argon dating은 지질학에서 많이 사용되며, 암석에 함유된 포타슘의 방사성 붕괴를 이용한 연대 측정법이다. 아프리카 올드바이Olduvai gorge유적의 원인猿人과 석기의 측정에 처음 적용되었으며, 유물의 연대는 175만 년 전으로 밝혀졌다. 이 방법은 포타슘이 풍부한 현무암, 흑요석, 장석, 운모, 화산재 등의 암석, 광물의 측정에 용이하며, 100만 년 이상의 연대를 구하는 데 적합하다. 주로 지질학에서 많이 이용되고 있으나, 고고학에서의 적용은 구석기시대의 연대를 제시하는 데 이용되고 있다. 우리나라에서는 구석기시대 연천 전곡리유적 유물 포함층의 아래에 있는 현무암을 측정한 바가 있다.

④ 고지자기법

고지자기법古地磁器法, Paleomagnetic dating은 소토燒土의 최종 소성연대를 잔류자기殘留磁器에서 물리적으로 정하는 방법이다. 그 원리를 보면, 도요지, 화덕자리 등의 소토는 잔류자기를 띠고 있고, 이 잔류자기의 방향은 가마의 최종 가열 시의 지자기地磁器 방향과 일치한다. 게다가 소성연대를 알 수 있는 소토의 잔류자기를 측정해서 지자기의 방향과 연대의 대비 데이터를 넓은 연대 범위에 걸쳐서 축적하게 되면 과거의 지자기가 연대와 함께 어떻게 방향을 변화시켰는가를 표준곡선으로 나타낼 수 있다. 이미 완성된 표준곡선에 대응하는 연대를 파악하여 대비하면 최종 소성연대를 알 수 있게 된다.

필자가 조사한 진안 용담댐 수몰지구의 월계리 2호 와요지에서 잔류자기 측정을 하였다.〈사진1-6〉 월계리 와요지는 와요 형태, 기와의 문양과 제작 기법, 출토된 토기에 있어서 백제시대 말기의 것으로 연구되었으며, 잔류자기 측정에서도 이와 유사한 7세기 후반을 전후한 시기로 측정되었다.

〈사진1-6〉 진안 월계리 와요지 고지자기 조사

⑤ 연륜연대법

연륜연대법年輪年代法, Dendrochronology은 천문학자인 더글라스 Dougglass,A.E에 의해 개발되었으며, 나무의 성장에 의해 나타나는 나이테의 니비 변동 변화에 착안하여 연대 측정에 응용하였다. 나이테의 너비 변화를 해를 따라 거슬러 올라가면 생육 환경이 공통적인 일정한 지역 내에서는 수종마다 고유의 공통적 패턴을 그릴 수 있다. 현재부터 과거에 이르기까지 나이테의 변화를 연결시켜, 유적에서 출토된 통나무의 나이테를 대비시키면 연대를 알 수 있다. 이 방법은 복잡한 조건을 필요로 하지 않고 오차가 적은 고정밀도의 연대 측정을 할 수 있으며, 고고학을 포함하여 미술사, 건축사, 지형학 등의 연구 분야에 널리 응용되고 있다.

4. 유적조사는 어떻게 이루어지는가?

1) 지표조사

인류가 남긴 물질적 증거를 연구하여 인류사를 밝히는 데에는 주로 발굴조사를 통하여 얻어진 자료가 많이 이용된다. 필자가 자주 질문을 받는 것 중에 하나는 "흙 속에 묻혀 있는 유적을 어떻게 찾아내는가" 하는 것이다. 현재 우리나라에서 유적을 조사하기 위해서는 3단계의 절차가 필요하다.

유적을 찾아내기 위해서는 반드시 1단계의 지표조사地表調査를 거쳐야 한다. 발굴조사를 진행하기 이전에 일정 지역에 존재하는 고고학적 유적을 육안으로 조사하고, 유물 분포의 위치와 범위를 지도상에 기입하는 단계를 말한다. 근래에는 경운기나 트랙터 등을 이용하여 평지나 구릉 지역을 경작하기 때문에, 유적이 있으면 윗부분이 파괴되어 지상에 노출되는 경우가 많다. 따라서 지표면을 조사함으로써 유구나 유물이 노출되어 있는지를 육안으로 확인하는 조사가 필요한 것이다. 유적의 대부분은 이 지표조사 과정에서 확인되고 있으며, 그 조사의 데이터는 유적의 입지, 지형의 특색, 현지의 지번, 유적의 종류와 시대, 출토 유물의 성격, 유적의 범위 등이 제시되어야 한다. 지금은 우리나라에서도 각 시군 단위로 문화재 분포 지도가 작성되어 배포되고 있으며, 각 지자체의 기본 연구자료나 각종 공사 시에 유적 파괴에 대처하는 예비 자료로 활용되고 있다.

2단계는 시굴조사試掘調査인데, 발굴조사에 앞서 대상 지역의 일부를 시험적으로 파서 유적의 개략적인 성격과 범위, 발굴의 구역 설정, 발굴 방법, 소요 예산, 작업 일수 등 정확한 계획을 수립하는데 필요한 단계이다.〈사진1-7〉발굴조사가 필요한 지역은 지표조사를 통해서 유적의 범위가 확인되면 유적의 성격 추정을 위해서 시굴조사가 진행된다. 시굴조사 단계에서 보다 구체적인 유적의 현상을 파악하고, 유적의 성격에 따라서 발굴조사 진행의 준비를

〈사진1-7〉 진안 월계리 와요지 시굴조사

보다 효율적으로 할 수 있기 때문이다. 시굴조사는 문화재청의 승인 하에 이루어지며, 유적의 성격과 규모 등이 밝혀지면 곧바로 발굴조사로 이어진다.

2) 발굴조사

① 발굴조사는 어떻게 하는가?

지표조사와 시굴조사가 완료되면, 본격적으로 3단계의 발굴조사發掘調査가 시작된다. 지하에 매장되어 있는 유구와 유물을 계획된 방법에 의해 조사하여 고고자료의 수집과 정보를 얻어낼 수 있는 가장 중요한 단계이다. 지하에 매장되어 있는 유구, 유물은 발굴 당시에는 정리된 개념이 아니기 때문에 추후에 분석과 연구를 위해서는 정확하고 충분한 조사가 이루어져야 한다. 따라서 발굴조사를 통해서 유구나 유물의 출토 상태와 위치, 공반유물, 유구 간의 조합관계, 층위 문제 등 고고자료의 모든 정보를 파악하고, 여기에 대한 도면 실측과 사진 촬영 등을 충실하게 기록하여야 한다. 아울러 발굴조사는 유적을 파괴하는 행위이고, 다시는 조사 이전의 상태로 되돌릴 수 없기 때문에 유적이 지니는 역사적, 학술적 가치에 대한 책임을 자각해야 한다.

발굴조사는 유구의 확인면에서부터 완굴完掘하기까지의 과정을 거쳐야 하며, 단순히 발굴뿐만이 아니라 여기에 수반되는 토층 관찰, 유구의 기록, 사진 촬영, 유물 수습에 이르기까지 생각보다 복잡하고 다양한 방법이 동원된다. 발굴조사는 대개 테스트 피트test pit에서 트렌치trench, 평면발굴의 순서로 진행된다. 테스트 피트는 유구의 유무를 확인하는 데 있어서 의심나는 부분을 군데군데 파 보는 일종의 시굴조사의 형태이다. 트렌치는 일반적으로 시굴조사에서 이용되고 있으며, 폭 1~2m 정도에 목적에 상응한 길이를 파서 유구나 유물을 확인한다. 평면발굴은 유적의 전체 면적에 대하여 일정 단위의 방안 형태로 구획하여 조사하는 방법이다. 이러한 발굴조사법은 크게 방격법方格法과 사분법四分法이 있다. 방격법은 바둑판과 같은 형태로 조사하며, 일반적으로 이용되는 조사 방법이다. 방형의 피트를 만드는 그리드를 설치하여 조사하는 방법으로 마을 유적, 건물지, 사지寺址 등 넓은 지역을 조사할 때 이용된다. 사분법은 주로 고분의 봉토封土를 조사할 때에 이용된다. 봉토의 정상부를 기준으로 사등분하여 퇴적 양상을 파악하고 내부의 매장주체부 등을 확인하는 데 효과적인 조사이다.〈사진1-8〉

발굴조사는 조사 가능한 모든 범위를 전면적으로 조사하는 것이 가장 좋은 방법이지만, 유적의 유구와 그 성격, 목적에 따라서 가장 효율적인 방법이 선택되기도 한다. 예를 들어, 패총의 층위를 중시할 때에는 트렌치 발굴이 필요하고, 주거지의 밀집지역인 마을과 같은 경우는 평면발굴이 필요하다. 또한 발굴조사에 있어서 토층의 관찰은 중요한 의미를 가진다. 흙의 색깔, 점성 유무, 견고함의 여부 등 흙의 성질에 의해서 유구를 확인할 수 있으며, 그 변화의 추이를 정확히 알고 있어야 한다. 인위적으로 파헤쳐진 흙은 자연의 퇴적 상황에서 변화되어 토층이 본래의 색조와 다르게 나타나기 때문이다.

〈사진1-8〉 해남 만의총 조사

고고자료가 지하에 매장되어 있는 한, 이 토층의 차이를 발견하고, 흙의 변화를 추적하여 인간 행위의 흔적을 찾을 수 있다. 또한 육안상으로 토층을 구분하기에는 한계가 있으므로 토색장土色帳을 이용하면 쉽게 색조를 구분할 수 있다.

② 주거지 조사는 어떻게 하는가?

발굴조사는 경작토나 교란층을 제거하고, 본땅의 유구면에서부터 조사가 시작된다. 이때에 경작토에서 유물이 유구 내의 유물과 관련되거나 접합이 되는 경우도 있으므로 유물의 수습은 충분히 이루어져야 한다. 유구의 발굴은 그 종류가 다양하지만 주거지의 발굴을 예로 수순을 보면, 먼저 평면에서 그 윤곽을 정확하게 파악하여야 한다. 우선 평면에서 원형, 타원형, 방형, 장방형 등의 형태와 주거지의 성격을 알 수 있으며, 혹은 주거 이외의 유구인가가, 유구의 중복 문제도 어느 정도 판명되기 때문이다.

〈사진1-9〉 전주 송천동유적 주거지 조사

　유구의 평면이 판명되면, 그 부분을 선을 긋거나 석회를 사용하여 표시를 한다. 주거 내의 복토층覆土層도 퇴적 상태를 보기 위하여 4분할 十자상의 벨트를 설치하여 바닥면에 이르기까지 남겨 두고, 퇴적의 양상을 관찰하는 층위를 조사한다.〈사진1-9〉 이때에는 주거 내의 토층이 어떻게 퇴적되고 있는가를 조사할 수 있다. 주거 내의 조사는 유물이 출토되면 마지막 바닥면을 정리할 때까지 남겨서 유구 전체와의 관계를 볼 수 있도록 한다. 바닥면까지 조사가 진행된 후에는 기둥구멍이나 저장구멍 등을 확인하여야 하며, 혹은 화덕자리 등의 유구도 검출될 수도 있다. 특히, 저장구멍이나 그 안에서 출토된 토기의 경우에는 내부에 식물질이 들어 있을 가능성이 있기 때문에 채취하여 내용물을 확인할 수 있도록 해야 한다. 주거 내의 시설들을 조사할 때에는 토기, 석기, 철기, 탄화물 등의 유물과 주거 내의 유구들과 관련성 여부를 주의 깊게 관찰하여야 하며, 출토된 유물은 최종적으로 실측과 사진, 레벨 등의 기록을 마친 후 수습하여야 한다. 주거 내에서의 조사가 마무리되고, 유물의 수습이 끝난 후에는 주거 전체의 평면도나 단면도의 작성, 유구

각 부위의 레벨 측정 등이 필요하다. 유구나 유물의 실측은 1/20~1/5 정도의 축적으로 이루어지며, 주거지는 1/20로 실측하는 것이 일반적이다.

③ 발굴자료는 어떻게 정리하는가?

발굴조사 후 유물의 정리 기간은 대개 발굴조사의 기간과 동일한 일정이 소요된다. 자료의 정리는 출토 유물의 세척에서부터 등록, 유물 접합과 복원, 유물 실측과 촬영, 보고서 편집과 작성 등의 순서로 보고서가 나오기까지의 일련의 작업이다. 발굴조사가 종료된 후에는 크게 유구와 유물에 대한 기록물과 유적에서 수습한 각종 유물로 분류된다. 조사에서 출토된 기록은 발굴 전체 측량도, 유구 평면도, 층위 단면도, 유구와 유물의 출토 사진, 유물대장, 조사일지 등 다양하며, 추후에 분석, 연구를 위해서 꼼꼼히 정리되어야 한다.

유적에서 출토된 유물은 대개 매장된 상태에서 진흙이 부착되어 있기 때문에 물 세척이 필요하다. 물 세척 시에는 유물의 상태에 따라서 주의가 요구된다. 세척이 완료된 유물은 출토기록을 약자로 표기하는데, 유물 부위의 중요하지 않은 부분에 작은 글씨로 기입하고 그 부분을 매니큐어나 락카 등으로 코팅한다. 이로 인하여 각 유물은 고고자료로 등록이 완료되며, 다른 출토 기록을 가진 자료와 함께 분류가 용이하게 된다.

대개 출토된 유물은 파손된 상태로 수습되는데, 정리작업 과정에서 접합과 복원작업이 이루어진다. 단순한 단편 자료를 본래의 모습으로 복원하여 연구자료, 박물관 전시자료 등으로 활용될 수 있도록 가치를 높인다. 또한 접합하는 과정에서 유물의 제작 과정과 유적 내에서의 폐기 과정 등을 알 수도 있으며, 당시 사람들의 행동양식을 밝힐 수도 있다.

유물의 접합과 복원작업이 이루어지면 유물의 실측도가 작성되어야 한다. 유물의 전체상을 도면화함에 따라 규모와 형태적 특징을 알 수 있게 된다. 또한 유물 내에 시문된 각종 문양도 실측하여야 하며, 복잡한 문양은 탁본에 의해 처리되는 경우도 있다. 이 과정에서 비로소 유물의 정확한 관찰이 이루어지며, 이는 곧 자료의 정확한 분석으로 연결되어 연구의 기초에 밑거름이 되고 있다. 유물의 실측도는 축소하여 트레이싱 페이퍼에 작성하고, 유구의 경우에는 스케일이나 방위 표시 등도 기재하여야 한다.

정리작업이 마무리되면, 최종적으로 보고서 작업이 필요하다. 발굴조사는 유적이 파괴됨을 전제로 진행하는 것이기 때문에 이에 대한 내용은 충실히 보고서에 기재되어야 한다. 보고서는 발굴의 경과, 과정 등의 내용을 객관적이고, 공평한 내용이 되도록 기술되어야 한다. 이로써 발굴 내용은 일반에게 공개가 되고, 발굴자료가 고고학적 사실로서 공식화된다. 보고서의 내용은 유적의 입지와 환경, 조사 경위, 조사 개요, 유구와 유물의 조사 내용, 분석, 조사 성과 등이 기재된다. 보고서에는 실제로 유적조사에 참여할 수 없기 때문에 측량도, 실측도, 사진, 탁본 등을 이용하여 사진과 도면을 제시하여야 한다. 이 최종적인 보고서를 가지고 관련된 연구자들이 주변의 유사 유적과 비교하거나 분석하여 연구자료로 활용할 수 있으므로, 보고서의 작성은 그만큼 중요한 의미를 가진다.

5. 고고학과 자연과학의 만남

1) 식생활을 분석하다
① 지방산분석

지방산분석脂肪酸分析은 고고학 자료에 남아 있는 지방산에서 당시에 포획, 가공, 처리했던 생물의 종류를 추정하여 고대의 환경이나 식생활을 분석하는 방법이다. 동·식물의 몸체를 구성하고 있는 성분 중에 지방은 미량이기는 하지만, 땅속에서 오랜 기간 동안 변하지 않고 잔존한다. 유적에서 출토된 석기나 골각기에 남아 있는 지방산에서 당시 포획 대상의 종류를 알 수 있으며, 무덤이나 화덕자리 등 유구의 기능, 용도 해명에도 획기적인 성과를 올리고 있다. 진안 갈머리유적의 신석기시대 적석유구積石遺構 53기 중에 기능 추정을 위해 3기의 유구에 대하여 지방산분석이 이루어졌다. 분석 결과, 도토리 껍질의 식물성 성분이 확인되었고, 14호 적석유구의 토기 내부에 부착된 탄화물은 동물일 가능성이 높은 식료로 판명되었다.

② 탄소·질소안정동위체법

탄소·질소안정동위체법炭素·窒素安定同位體法은 고인골古人骨의 탄소와 질소의 동위체에 의한 식생활을 분석하는 방법이다. 고인골의 조직 중에 축적된 탄소와 질소는 생전에 섭취한 식료를 통해서 축적된 것이다. 식료는 종류에 따라 이 원소의 안정동위체 비율이 다르기 때문에 조직 중의 탄소와 질소의 동위체 비율로 섭취된 식료의 양적인 조합을 알 수 있다. 즉 선사인들이 섭취, 소화한 식료를 통해서 신체 조직에 고정, 축적된 탄소와 질소의 안정동위체 비율을 가지고 그 유래된 식품을 찾아내 식생활을 복원하는 방법이다. 이 방법으로 지금까지 고고학에서 기대할 수 없었던 단백질이나 에너지의 섭취량을 정량화할 수 있게 되었다.

2) 환경을 복원하다

① 화석규조분석

화석규조분석化石硅藻分析은 고지형이나 고환경의 복원에 이용되고 있다. 화석규조는 담수에서 해수에 이르는 거의 모든 수역에서 서식하는 0.01~0.1mm 정도의 아주 미소한 생물인데, 그 세포는 규산을 포함하고 있기 때문에 퇴적된 흙 속에 잔존한다. 이 화석규조가 담수 지역 혹은 해수 지역인가, 아니면 중복되는 곳에 서식하는 종種인가를 분석함으로써 어디까지 해안선이 들어왔는가를 밝힐 수 있어, 당시의 지형과 환경을 밝히는 데 이용된다. 이러한 논리는 유공충류有孔蟲類 분석에도 적용할 수 있다. 유공충류는 각 해역, 기수역에 넓게 분포하는 원생생물로 원형질을 보호하는 각질이 있다. 이 각질은 화석으로서 퇴적물에 보존되어 잔존하기 때문에 시준화석示準化石으로 이용된다.

② 산소동위체비법

산소동위체비법酸素同位體比法은 과거의 해수온을 알 수 있는 방법으로 화석의 조개껍질이나 유공충류의 각질을 만드는 탄산칼슘을 사용한 산소동위체비법이 이용된다. 물을 구성하는 원소인 일종의 산소동위원소를 다양한 시료를 대상으로 측정하여 고대에서 현재에 이르기까지 해수 온도의 변동을 측정할 수 있다. 이 방법은 산소의 동위체인 ^{18}O와 ^{16}O의 존재비가 각질이 형성되었던 시기의 수온을 반영하고 있어, 저온일수록 무거운 ^{18}O가 많은 점을 이용한 것이다. 즉 조개껍질의 탄산칼슘 중 ^{18}O, ^{16}O의 비율과 물의 ^{18}O, ^{16}O의 비율을 측정하면, 이 탄산칼슘이 형성되었을 때의 온도를 알 수 있다. 시료는 조개껍질 이외에도 동물 유체, 어류, 치아 등의 자연 유물로도 측정이 가능하며, 산소나 수소의 동위원소도 동시에 측정할 수 있다.

③ 화분분석

화분분석花粉分析은 유적이나 그 주변의 퇴적물 중에 남아 있는 수목이나 풀에서 꽃가루를 분석하는 방법으로 선사시대에서 현대에 이르기까지 식생 변천, 기후 변화, 농경 복원 등을 추정할 수 있다. 아울러 지층의 층위에 따른 화분분석으로 인하여 연대 결정과 환경을 복원하고 있다. 화분은 외부에 노출되더라도 견딜 수 있도록 스포로폴레닌이라는 강한 내성의 물질로 되어 있다. 화분의 분석은 이 특성을 이용하여 강한 산이나 알카리성 물질로 화분 이외의 입자를 제거하여 화분을 분리할 수 있다. 이 분석법은 실험이 비교적 간단하며, 현미경의 발달과 셀룰로이스를 제거하는 처리법이 고안되어 급속한 진전이 이루어졌다. 근래에는 벼의 화분을 분석함으로써 벼농사의 기원을 밝히는 연구에도 응용되고 있다.

3) 산지를 추정하다

① 형광X선분석법

형광X선분석법螢光X線分析法은 형광X선의 방사를 이용하여 원산지를 분석하는 방법이다. 물질자료의 X선을 조사하면 거기에 포함되어 있는 원소에 따라 다른 파장의 형광X선이 나온다. 이 X선의 파장에서 원소의 종류를 알 수 있고, 강도에서 양을 알 수 있다. 원산지별로 석재의 원소 조성을 분석한 데이터와 유적지에서 출토된 자료를 대조함으로써 산지를 동정할 수 있다. 우리나라 신석기시대 유적 출토의 산지 추정 측정 결과, 동삼동, 범방패총에서 출토된 흑요석 34점은 모두 일본 규슈九州 지역의 흑요석으로 판명되었다. 동삼동의 12점 중 고시다케腰岳가 9점으로 가장 많고, 하리오시마針尾島 산이 1점이다. 범방에서는 22점 중 고시다케 14점, 요도히메淀姫와 우시노다케牛の岳產 6점, 하리오시마 1점으로 측정되어, 남해안의 흑요석 교류는 일본 규슈의 여러 지역에서 다양하게 전개되었음을 알 수 있다.

② 양성자유도X선발광분석법

흑요석제 석기의 정확한 산지 해석을 위해서는 가급적 주성분 원소에서 방사성 동위원소에 이르기까지의 자료가 체계적으로 획득되어야 한다. 광범위하게 사용되는 휴대용 XRF가 시료 표면에 X선을 조사하는 반면, 양성자유도X선발광분석기PIXE는 양성자 빔을 조사하여 시료의 특정 X선을 발생시켜 분석하는 방법이다. 시료의 비파괴분석이며, 이론적으로는 Na에서 U에 이르기까지의 폭넓은 원소들에 대한 정량이 가능하다. 이외에도 시료에 중성자를 조사하여 불안정한 핵을 만들고 그것이 붕괴하는 과정을 통해 원소 함량을 측정하는 중성자방사화분석기NAA를 이용한 방법도 있다.

③ 미량원소분석법

미량원소분석법微量元素分析法은 철기 속에 포함되어 있는 미량 원소를 분석하여 제철의 공정이나 원료 산지에 대한 추정, 철기의 유통 경로 등을 추정하는 방법이다. 철기는 유적에서 일반적으로 출토되는 유물이며, 철기 유물 속에는 알루미늄, 나트륨, 망간, 티탄, 바나듐, 비소 등의 미량 원소가 함유되어 있다. 이 미량 원소의 함유량은 철기에 따라 각각 다르게 나타나기 때문에 이 양을 분석하는 것이다. 고고학에서는 석기나 토기 분석에 이용되었으나 점차 청동기, 철기로 확대되었다. 현재는 미량원소분석법으로 약 50종의 원소를 측정했지만, 유효하게 사용할 수 있는 원소의 수는 10여 종 밖에 되지 않는다.

④ 납동위원소비법

납동위원소비법鑛同位元素比法은 청동기 제품에 포함되어 있는 4종의 납 동위원소 양의 비율을 측정하여 원료의 산지를 추정하는 방법이다. 선사와 고대에 있어서는 청동기의 생산에 필요한 원료의 수입과 교환 등의 요소가 필요하며, 언제, 어디에서 원료를 수입하였는가의 산지 추정을 밝히는 작업은 중요하다. 유적에서 출토되는 청동기 제품의 녹에 포함되어 있는 납에는 무게가 서로 다른 질량수 204, 206, 207, 208의 4종의 안정적인 동위원소를 가지며, 이 중에 204는 지구 생성 시부터 존재한 가장 안정적인 납 동위원소이다. 방사성 붕괴에 의해 형성된 납은 처음부터 존재한 납(204Pb)과 혼합하여 방연광方鉛鑛을 형성한다. 이때 방연광은 일정한 납 동위원소 비를 나타내므로, 이를 분석하면 산지를 추정할 수 있다.

4) 연령과 포획 계절을 추정하다

① 연령을 추정하다

패총에서 출토된 동물 유체에 대해서 이화학적인 분석 방법을 이용하여 자료를 해석, 분석하고 있는 추세이다. 동물의 사망 시기는 수렵이 행해진 계절이기 때문에 이것을 밝히지 않으면 수렵, 어로의 계절성을 논할 수가 없다. 이러한 문제점을 해결하기 위해서 유적 출토 동물 유체의 연령과 사망 시기의 사정查定이 필요하다.

포유동물의 연령은 턱뼈인 상악골과 하악골이 남아 있는 경우는 비교적 정확히 알 수 있다. 포유류 동물은 유치와 영구치가 있어, 이것을 연령의 기준으로 삼을 수 있다. 이빨의 맹출萌出과 교환이 신뢰성 높은 연령 지표가 되며, 맹출 후에는 교모咬耗의 진행 상태, 충치 등 병리적 현상도 연구되고 있다. 그리고 사지골의 골단연골의 골화骨化, 두개골의 유착 상태, 이빨의 층판에 의한 연령 추정 등 많은 방법이 이용되고 있다.〈사진1-10〉

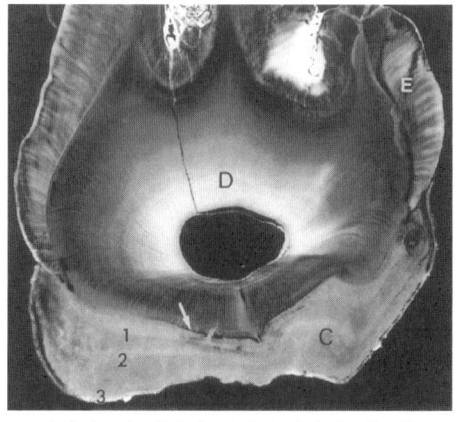

〈사진1-10〉 멧돼지 이빨의 연령 추정(3세)

사슴의 경우는 각좌골의 형태와 크기를 이용해서 연령 판정을 할 수가 있다. 그러나 이와 같은 연령 추정은 절대연령으로서는 정확성에 한계를 지닌다. 보다 정확한 절대연령을 사정하기 위해서는 주기적으로 형성된 성장선을 이용하는 것이 효과적이다. 여기에 가장 적합한 것은 이매패二枚貝의 조개껍질, 어류의 비늘이나 척추뼈, 포유동물의 이빨이 이용된다.

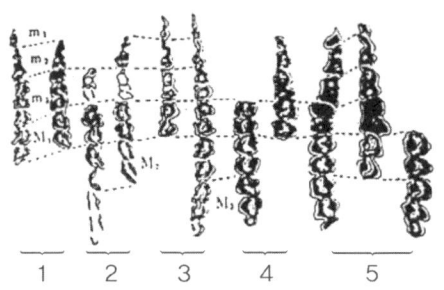

〈도면1-3〉 사슴 이빨 맹출과 마모도

1. M_1 맹출 이후, M_2 맹출하지 않은 상태
2. M_3 맹출 도중
3. M_3 맹출 거의 완료
4. M_3 맹출 완료 후, 마모 진행
5. 마모가 진행되어 에나멜질 없어짐

사슴과 멧돼지는 제1후구치後臼齒가 6개월, 제2후구치가 18개월, 제3후구치가 30개월경에 나온다. 제3후구치가 다 맹출한 상태의 것을 성수成獸라 하며 이 시기에 성숙하게 된다. 제2후구치 도중에서 제3후구치 도중을 약수若獸, 제1후구치에서 제2후구치의 도중을 유수幼獸라 부른다. 성수로 보는 시기는 멧돼지와 사슴이 3세 정도, 개가 6개월, 쥐는 3개월 정도이며 작은 동물일수록 성숙이 빠르다. 3세 이상의 연령은 이빨이 전부 형성되기 때문에 이빨의 마모 상태로 대략의 연령을 추정하기도 한다.〈도면1-3〉

② 조개껍질의 성장선을 분석하다

조개껍질[貝殼]의 성장선분석成長線分析이 가능한 종류는 이매패의 조개껍질이 많으며, 그중에서도 많이 이용되는 종류는 바지락, 백합, 꼬막 등으로 우리나라 패총 유적에서도 일반적으로 출토되는 것들이다. 조개류의 성장선 연구는 수산학水産學에서 연령 추정에 사용하였으나 고고학에서도 채집 계절을 파악하기 위한 연구로 도입되었다.

조개껍질의 성장선은 육안의 파악이 어렵기 때문에 조개껍질을 절단하여 단면을 레프리카 작성한 다음 현미경으로 관찰해야 한다. 조개껍질은 하루에 하나의 성장선이 생겨나며, 하절기와 동절기에 성장하는 속도가 각각 다르다. 수온이 높은 여름에는 성장이 빠르고 성장선의 간격이 넓으나 겨울에는 그 간격이 좁아진다. 따라서 조개껍질 단면의 성장선에서 하절기와 동절기의 구별이 가능하며, 절단면에 보이는 성장선의 패턴에서 몇 번째의 여름과 겨울을 지냈는지 알 수가 있다. 그리고 조개껍질 단면의 가장 외측의 겨울을 나타내는 중심 부위에서 복연腹緣까지의 사이에 성장선의 수를 파악하면 그 조개가 언제 채집되었는지를 알 수 있다. 이 방법에 의해 채취 계절을 추정할 수 있으며 패총에서의 식량 구성, 생업활동 등의 복원 연구에 많은 정보를 제공한다.〈사진1-11〉

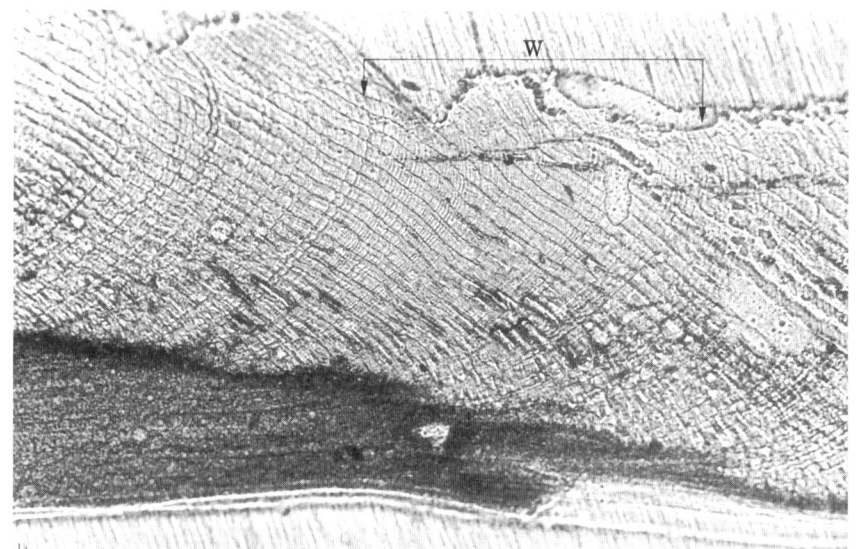

〈사진1-11〉 바지락의 성장선(w는 겨울)

II

구석기시대 사람들은 어떻게 살았을까?

1. 빙하와 자연환경에 대하여
2. 인류는 어떻게 진화하였나?
3. 석기는 어떤 종류가 있나?
4. 구석기시대 연구의 흐름
5. 시기는 어떻게 구분되는가?
6. 구석기시대에도 무덤이 있었나?
7. 구석기인의 생업과 예술

1. 빙하와 자연환경에 대하여

1) 빙하는 어떻게 진행되었나?

　우리나라는 산악지대가 많으며, 산록이나 낮은 구릉은 지질학적 구분으로 신생대新生代 제4기의 갱신세에 해당한다. 이 시기는 약 200만 년~10,000년 전이며, 제4기 층이나 동굴의 퇴적층에서 유적이 확인되고 있다. 지구의 온도는 신생대 제3기에 비해 많이 떨어졌으며, 추운 기후와 따뜻한 기후가 반복되었다. 빙하는 신생대 제 3기 말부터 진행되었으며, 그 주기가 여러 번 반복되었다. 빙하氷河나 간빙기間氷期의 기간은 짧게는 6~7만 년, 길게는 20~30만 년이 이어졌기 때문에 우리가 살고 있는 현 시점도 간빙기의 어느 시점일지도 모른다. 빙하의 반복에 의해 지형과 지질이 변하였고, 동·식물의 분포를 포함하여 생태계의 변화도 가져왔다.

　구석기시대舊石器時代 사람들은 이러한 혹독한 자연환경의 변화에 적응하며 생업生業에 종사해야 했으며, 오늘날 발견되는 유적의 환경과는 다른 조건이었다. 유럽의 알프스 지역을 기준으로 하면 지구는 춥고, 건조한 시기가 4번(귄쓰, 민델, 리스, 뷔름빙기)에 걸쳐 지속되었으며, 빙기와 간빙기가 반복되었다. 이중에서도 가장 추웠던 시기는 뷔름빙기의 22,000년 전으로 현재의 기온보다 7℃ 정도 낮아 지금과는 비교할 수 없을 정도로 추웠던 것으로 보인다. 빙하가 폭 넓게 자리한 이 시기에는 지구의 표면이 얼음으로 뒤덮인 지역이 많아 바다의 해수면海水面이 저하되었으며, 이로 인하여 우리나라 주변의 해수면도 지역에 따라서는 100~140m 정도로 낮았던 것으로 연구되고 있다. 이 시기의 우리나라 북부 고산지대에는 산간빙하가 발달하였으며, 황해는 분지로 노출되고, 동해는 호수화되었다. 따라서 우리나라의 주변은 해수면이 낮아져 서해와 중국과는 연결되어 있었고, 일본열도와도 거리가 가까워져 육교화陸橋化되었을 것으로 추정된다. 이를 통하여 우리나라와 일본열도

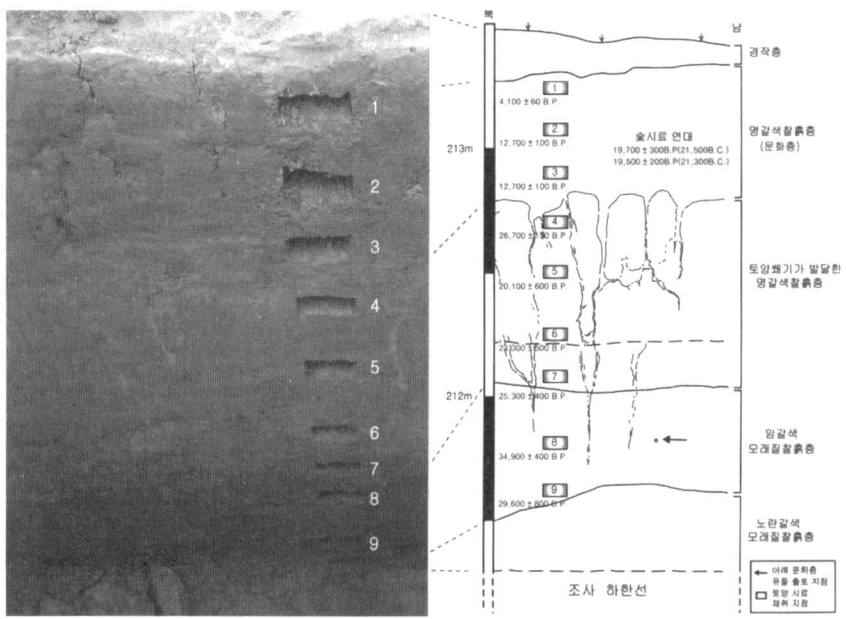

〈사진2-1〉 임실 가덕리 하가유적 얼음쐐기층

사이는 인간과 동물의 이동이 자유로웠을 것이다. 이와는 대조적으로 간빙기에는 따뜻한 날씨에 의해 빙하가 녹아 해수면이 상승되었다. 현재 한반도나 일본열도의 지형은 이 시기에 윤곽이 갖추어졌다.

우리나라가 빙하의 영향을 받은 흔적은 산비탈을 벗어난 구릉의 평지 쪽에 형성된 얼음쐐기층ice wedge에서 확인할 수 있다. 얼어붙은 땅은 건조기의 지표면같이 균열을 보이는데, 얼음이 녹는 해빙기에는 그 틈으로 수분이 침투하게 된다. 이 과정이 반복되면, 균열은 더욱 벌어지고 깊게 쐐기 모양을 형성하게 된다.〈사진2-1〉 이러한 얼음쐐기층은 우리나라 거의 전 지역에서 확인되고 있으며, 구석기 유적의 형성 시기를 가늠하는 데 중요한 역할을 하고 있다.

2) 구석기시대의 식물과 동물은?

신생대 제4기에 들어와 지구의 온도가 떨어지면서 삼림환경森林環境의 변화가 지속되었으며, 여기에 식물과 동물의 변화에도 많은 영향을 미치게 되었다. 대개 식물의 경우는 화분분석花粉分析을 통하여 기후 변화를 연구하며, 동물의 경우는 유적에 발견되는 뼈나 화석을 활용하고 있다. 동·식물의 특성에 따라서 변화하는 양상의 차이는 있지만, 기후의 변화에 잘 적응하는 종種도 있고, 적응하지 못하고 아예 절멸해 버리는 종도 있다.

현재의 수림대와는 달리, 빙하기에는 한대성 침엽수림針葉樹林이 주류를 이루었으며, 여기에 동물군도 맘모스, 동굴곰, 털코뿔이, 들소, 동굴하이에나 등이 서식하게 되었다. 함경북도 일대 장덕리의 토탄층土炭層에서 발견된 맘모스의 화석은 우리나라 북부지역이 한때는 영구 동토지대凍土地帶였음을 시사하고 있으며, 화분분석에서도 이 일대가 한랭하고 습한 초원지대였음을 알려 주고 있다. 약 17,000년 전 속초 영랑호 주변의 화분분석에서는 가문비나무속, 전나무속, 소나무속, 낙엽송 등의 아한대림亞寒帶林이 분포하고 있는 사실이 확인되었다. 경남 거창의 가조분지에서도 추운 기후에 사는 가문비나무와 자작나무의 비율이 높게 나타나고 있다.

날씨가 따뜻해진 간빙기에는 한대성 침엽수림이 점차로 패퇴하고, 아열대亞熱帶 조엽수림照葉樹林이 차지하게 되었으며, 동물군도 쌍코뿔이, 코끼리, 사자, 물소, 마카카 원숭이, 복작노루 등 아열대성 기후의 동물이 서식하였다.〈사진2-2〉 평양 검은모루와 청원 두루봉동굴에서는 열대 혹은 아열대기후에서 서식한 동물종이 포함되어 있다. 화분분석에 있어서는 중기 갱신세의 따뜻한 시기에 퇴적된 것으로 보이는 두루봉 2굴의 지층에서 소나무와 오리나무가 확인되었으며, 북한의 용곡 제1동굴에서 따뜻한 기후를 좋아하는 수삼나무, 솔송나무의 화분이 조사되었다.

이와 같이 우리나라에서는 빙하기와 간빙기의 반복에 따라서 동물군의 형성도 다르게 나타난다. 특히 유적에서 출토된 동물상動物相의 구성은 온대림

〈사진2-2〉 청원 처녀굴 출토 쌍코뿔이

溫帶林의 동물군이 주류이지만, 뷔름빙기 이전의 간빙기에는 아열대기후의 동물이 포함되어 있으며, 뷔름빙기에는 추운 기후에 서식하는 절멸종絶滅種이 포함되어 있다. 우리나라에서 조사된 구석기의 동굴유적에서는 각종 석기와 함께 이들 동물 화석들이 많이 출토되었다. 이들 동물군은 지금 우리나라에서 볼 수 없는 대형 동물이 많이 있어서 구석기시대 당시 기후 변동의 영향이 얼마나 크게 작용하였는지를 짐작할 수 있다.

2. 인류는 어떻게 진화하였나?

1) 전기구석기의 인류

인류의 탄생과 진화는 세계 각지에서 발견되고 있는 고인류 화석의 축적에 의한 연구 성과가 크다. 인간은 약 500만 년 전 고릴라, 침팬지, 오랑우탄의 유인원類人猿에서 갈라졌으며, 인간으로서 진화를 거듭하고 있다. 초기의 고인류古人類 화석은 아프리카에서 발견되고 있으며, 고인골古人骨의 특징에서 보면 약 500만 년 전 오스트랄로피테쿠스Australopithecus의 시기에 인류로 분화分化한 것으로 보고 있다. 유인원과 인간의 구별은 두 발로 서서 걷는 직립보행直立步行의 가능 여부로 판단하고 있다. 탄자니아 라에톨리 지역에서는 350만 년 전의 화석에서 직립보행의 흔적인 발자국이 발견되었으며, 이디오피아의 하다르와 아팔 지역에서는 318만 년 전의 아파렌시스Afarensis의 발자국 화석과 골반의 특징에서 직립보행의 흔적을 확인할 수 있었다. 두 발로 걸어 다니면서 손이 자유롭게 되자, 물건의 운반, 식물 채취, 동물의 수렵 등이 시작되었다.

도구를 만들기 시작한 시점은 동아프리카이며, 약 260만 년 전 호모하빌리스Homo habilis의 시기이다. 호모하빌리스는 지능이 이전보다 발달하였으며, 도구를 제작한 최초의 인류이다. 이들은 직립보행에 의해 손이 자유로워져 도구를 만들 수 있게 되었으며, 계획적으로 뗀석기[打製石器]를 만들기 시작하였다. 탄자니아의 올두바이유적에서는 자갈돌을 이용한 찍개[單面器]와 긁개[削器], 여러면석기[多角面圓球], 몸돌[石核] 등이 출토되었다. 이 시기의 올두바이Olduvai문화는 점차로 주먹도끼[握斧]를 만든 아슐리안Acheulean문화로 발전해 갔다.

그 뒤를 이어 약 170만 년 전에 호모에렉투스Homo erectus가 출현하였다. 직립보행이 보편화되었으며, 두뇌의 용적도 1,000cc 정도에 달해 이전보다

한층 진화가 진행되었다. 이 시기에는 전기구석기시대前期舊石器時代의 상징인 주먹도끼가 완성되기도 하였으며, 석기를 이용한 사냥기술이 발달하여 생활권을 넓혀 가기도 하였다. 또한 불을 다루어 난방을 시작하였으며, 맹수로부터 방어적인 효과도 얻을 수 있어서 초기의 인류에게 불은 생활의 활력에 더없는 조건이 되었다. 또한 음식을 익혀 먹음으로써 맛과 영양을 고루 얻을 수 있었으며, 두뇌의 발달을 촉진시켰다. 아울러 추운 지방으로 거주를 확대하여, 비로소 아프리카 이외의 유럽과 아시아 지역으로 진출할 수 있었다.

아시아에서는 전기구석기시대의 유적으로 근동 지역의 우베이디아Ubeydia 유적, 자바의 산기란Sangiran유적과 트리닐Trinil유적이 알려져 있다. 중국에서는 호모에렉투스의 화석이 곳곳에서 발견되었으나, 우리나라에서는 아직 출토 예가 없다. 중국에서는 약 100만 년 전의 유적으로 섬서성의 남전藍田, 하북성의 소장량小長梁과 동곡타東谷坨유적이 조사되었다.

2) 중기구석기의 인류

마지막 간빙기 이후 뷔름빙기에는 호모사피엔스Homo sapiens가 등장하였다. 이 시기는 12만 년 전에 해당하며, 우리나라에서 중기구석기시대中期舊石器時代가 시작되는 시점이다. 이 시기의 사람들은 호모에렉투스 단계에 비해 두뇌의 용적이 1,500cc 정도로 크게 발달하였다. 낮아진 눈썹의 융기부, 둥근 두개골, 작아진 치아 등은 이전의 네안데르탈인과는 구별되고 있다. 호모사피엔스 단계에는 현대인에 가깝게 진화되었으며, 문화 또한 발달된 모습을 보이고 있다. 우리나라의 구석기 유적인 평남 덕천리 승리산 동굴유적과 평양 역포구역 대현동 동굴유적에서 인골의 흔적이 확인되었다. 이 시기에 유럽에서는 2차 가공된 석기인 돌날[石刃]의 석기가 제작되기 시작하였으며, 우리나라에서도 돌날문화[石刃文化]의 영향을 받았다. 이러한 돌날문화는 후기구석기시대後期舊石器時代의 좀돌날문화[細石刃文化]로 계승되었다.

3) 후기구석기의 인류

현대인과 거의 동일한 신체로 진화된 사람은 호모사피엔스 사피엔스 Homo sapiens sapiens이며, 지능이 고도로 발달하였다. 이 시기는 약 4만 년 전에 해당하며, 중기구석기시대의 돌날문화를 받아들여 구석기 혁명이라 일컬어지는 돌날기법[石刃技法]과 좀돌날기법[細石刃技法]의 표준화된 석기의 작업 공정을 완성시켰다. 이 시기에는 석기의 발달에 힘입어 수렵, 채집에 종사하였으며, 유적의 수도 증가하였다. 우리나라 구석기 유적의 대부분은 후기구석기시대後期舊石器時代의 유적이며, 출토된 인골은 평남 덕천 승리산동굴, 평양 상원 용곡동굴, 평양 만달리동굴, 청원 흥수굴 등지에서 출토되었다. 특히 흥수굴에서 출토된 어린아이의 인골과 동굴벽화 등을 통하여 장례 의식을 엿볼 수 있으며, 예술적인 유물의 흔적이 발견되기도 한다.

현생인류現生人類의 기원은 아프리카의 한 지역 발생설과 다양한 지역에서 동시다발적으로 진화했을 것이라는 다 지역 발생설이 있으며, 이 기원에 대한 논쟁은 아직도 진행 중에 있다. 전자는 미토콘드리아 DNA의 연구에 기초하여 호모사피엔스가 아프리카의 단일 집단에서 분화 과정을 통하여 기원했다는 것이며, 기원의 시기는 5만 년 전후에 아프리카를 벗어났다는 것이다. 이에 비해 후자는 180만 년 전 호모에렉투스의 조상이 아프리카에서 유라시아 대륙 각지에 이주하여 각 지역에서 독립적으로 진화를 거듭하여 비슷한 시기에 호모사피엔스로 진화했다는 설이다.

3. 석기는 어떤 종류가 있나?

1) 석기는 어떻게 제작하였나?

석기 제작에 있어서 망치의 종류, 타격하는 힘의 세기, 타격 각도 등에 의해 돌이 깨지는 방향과 날의 날카로움이 다르게 나타난다. 석기를 제작하는 데 있어서 자연석의 몸돌[石核]core과 몸돌에서 떨어져 나간 격지[剝片]flake가 있다.〈사진2-3〉 격지는 석기를 만드는 과정에서 생기는 돌의 파편을 지칭하며, 격지가 떨어져 나올 때 힘을 받은 면을 타격면이라 한다. 이러한 파편들

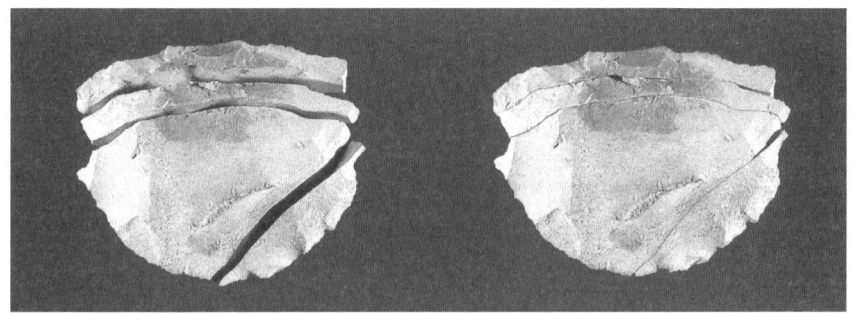

〈사진2-3〉 단양 수양개유적 몸돌과 격지

은 구석기시대의 석기 제작기술 복원에 있어서 중요한 자료가 된다. 석기 제작은 몸돌에 타격을 가했을 때 타격을 가한 부분 바로 아래에 방사상放射狀의 원추형圓錐形 모양의 흔적이 보인다는 점이다. 유적 현장에 무수히 많은 격지를 수습하여 잘 관찰하면 원추형의 방사상 형태의 타격점을 관찰할 수 있다. 타격 후 떼어진 석기는 동심원同心圓과 균열흔龜裂痕이 생기게 된다. 균열흔의 방향은 타격점을 향하고 있어 타격의 방향을 찾는데 기준이 되며, 동심원은 이에 직교直交하여 나타난다. 이러한 돌이 깨지는 원리를 잘 추적해 가면 석기 제작 방법을 확인할 수 있다.〈도면2-1〉 또한 이러한 석기의 제작 기법은 구석기시대의 시기 구분을 하는데 중요한 근거가 되고 있으며, 인류의 진

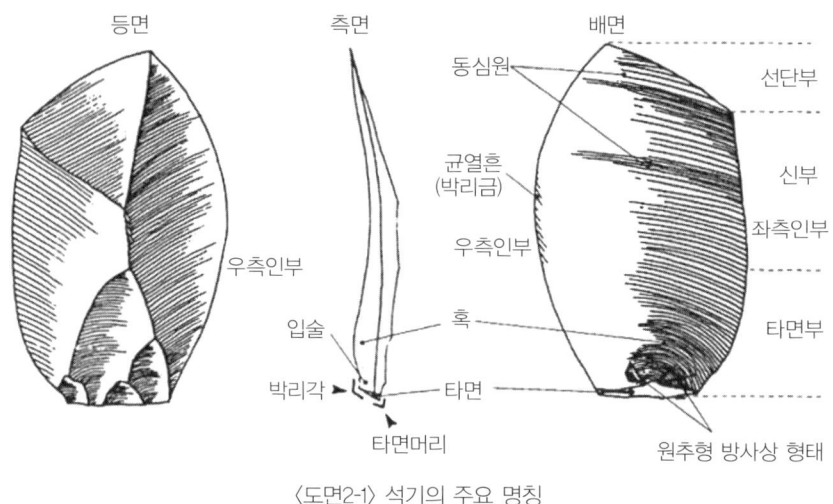

〈도면2-1〉 석기의 주요 명칭

화 정도와도 밀접한 관련을 가진다.

　전기구석기시대에는 자연석을 통째로 1차 가공하여 석기를 제작하였으며, 이를 몸돌석기[石核石器]라 부른다. 중기구석기시대 이후에는 이 몸돌[石核]에서 가공하여 떼어낸 격지[剝片]를 석기로 사용한다. 몸돌은 석기가 떨어져 나가고 남은 부위이기 때문에 석기로 활용되지 않지만, 석기의 제작기술과 관련하여 많은 정보를 간직하고 있다. 몸돌은 떼어낸 격지의 종류나 기법, 타격면 수에 따라 여러 형식으로 구분되며, 이를 분류하여 석기의 제작 방법을 연구할 수 있다. 후기구석기시대에는 돌날기법[石刃技法]의 일반화로 인하여 하나의 몸돌에서 많은 양의 석기를 얻을 수 있으며, 돌날도 예리한 날을 가질 수 있게 되었다. 또한 석기 제작의 표준화가 이루어져 동일한 석기를 다량으로 폭 넓은 지역에서 생산할 수 있게 되었다.

　석기를 제작하는 데 있어서는 다양한 기술이 적용되고 있으며, 크게 직접 타격과 간접 타격으로 구분할 수 있다. 직접 타격은 석기 제작을 위해 몸돌 자체를 타격하는 것이며, 여러 종류의 망치돌을 이용하여 직접 타격하기도 한다. 직접 타격은 구석기시대의 전 기간에 걸쳐 사용되었다. 직접 타격은 두 손을 이용하여 망치돌과 석재를 동시에 쥐고 떼어내는 수지타법手持打法, 모룻돌[臺石] 위에 석재를 올려놓고 타격을 가하면 양 방향에서 가격한 효과를 노린 양극타법兩極打法, 모룻돌에 몸돌을 부딪쳐서 석기를 만드는 대석타법臺石打法, 단순한 격지를 얻기 위해 모룻돌이나 큰 돌에 던져서 깨는 투척법投擲法 등이 있다.〈도면2-2〉 이에 반해 간접 타격은 돌, 나무, 녹각, 골각 등 중간 매개체인 망치나 쐐기를 이용하는 방법이다. 이러한 타격은 후기구석기시대에 돌날기법과 함께 사용되기 시작하였다. 떼어내고자 하는 부분에 쐐기를 대고 타격함으로써 불필요한 석재의 소비를 방지하고, 정확한 부위를 타격하여 원하는 형태의 석기를 만들 수 있다. 간접 타격은 몸돌을 모룻돌 위에 고정시켜서 타격하는 펀치타법, 손에 들고 타격하는 수지박리법手持剝離法, 손이나 가슴으로 압박하여 떼어내는 압박박리법壓迫剝離法(눌러떼기) 등이 있다. 이 압박박리법이 개발되어 좀돌날[細石刃]과 같은 매우 정교한 석기의 제작이 가능해졌다.

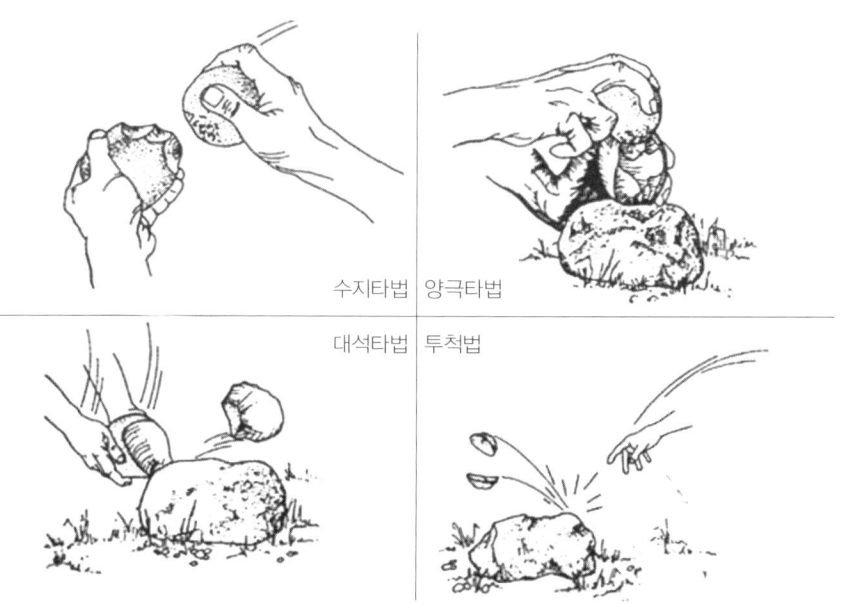

〈도면2-2〉 석기 제작법 (장용준, 2005 인용)

2) 자연석으로 석기를 만들다

구석기시대는 석기의 발달 정도에 따라서 전기, 중기, 후기 3기로로 구분되고 있다. 석기를 기준으로 인류의 발달 정도를 가늠하기 때문이다. 그러나 구석기는 형태나 용도가 뚜렷하지 않아 분류에 어려운 점이 있다. 구석기 전공자가 아니면 애매하여 쉽게 구분할 수 없는 것도 상당수 있다. 전기구석기시대의 석기는 형태가 정형화되어 있지 않은 것이 많으며, 용도에 있어서도 한 가지에 국한된 경우는 거의 없었을 것이다. 전기구석기시대의 석기는 자갈돌의 가장자리나 주변 전체를 돌아가면서 타격을 가하여 날카로운 날을 만든 비교적 큰 석기들이다. 하나의 자갈돌에서 하나의 석기가 완성되며, 거칠게 다듬어진 1차 가공된 석기들이다. 뗀석기[打製石器]는 약 260만 년 전 호모하빌리스Homo habilis 단계에 제작되었으며, 계획적인 석기 제작 기법을 가지고 만들었다. 초기의 석기는 자연석을 기반으로 한 1차 가공된 석기가 주류를 이루고 있다. 이 시기의 석기들은 주먹도끼[握斧]hand axe, 찍개[單面器]chopper, 주먹찌르개[尖頭器]pick, 가로날도끼[手斧]cleaver, 여러면석기[多角面圓球]polyhedral 등이 있다. 특히 주먹도끼는 인류가 만든 최초의 규격화된 석기이다.

① 모룻돌

모룻돌[臺石]anvil은 인류 최초의 도구이며, 가공되지 않고 몸돌[石核]의 형태를 그대로 이용하고 있다. 모룻돌은 석기를 제작하는데 받침돌로 사용되고 있으며, 윗면에 석기 제작을 위해 사용한 흔적이 많다. 크기는 대개 20~40cm 정도의 크기이며, 두껍고 편평한 자갈돌을 사용한다.〈사진2-4〉

② 찍개

찍개는 외날찍개[單面器]chopper와 양날찍개[兩面器]chopping tool로 구분된다. 외날찍개는 자연석을 이용하여 한쪽 면을 순서 있게 타격하여 날을 만

〈사진2-4〉 단양 수양개유적 모룻돌

든 석기이며,〈사진2-5〉 양날찍개는 자연석의 마주 보는 양쪽 면을 엇갈리게 떼어내어 날을 만든 석기이다. 이 석기의 둘레 전체를 조정하면 주먹도끼[握斧]가 된다. 찍개는 인류가 만든 최초의 석기라 할 수 있으며, 전기구석기부터 후기구석기시대에 이르기까지 전 세계적으로 사용되었다. 자갈돌로 만든 찍개는 우리나라의 모든 지역에서 보편적으로 확인되고 있으

〈사진2-5〉 양평 병산리유적 찍개

며, 크기는 대개 10cm 전후의 주먹보다 약간 큰 정도이다. 날의 형태는 세부적으로 직선, 오목, 볼록날로 나누어지며, 목제를 가공하거나 동물 해체 시에 부위별로 잘라내는 데에 사용한다. 우리나라의 출토 유적은 연천 전곡리, 파주 금파리, 양평 병산리, 공주 석장리, 단양 금굴, 단양 수양개, 제천 창내, 순천 죽내리, 진주 내촌리유적 등이 있다.

③ 주먹도끼

　주먹도끼[握斧]hand axe는 양측 변이 대칭을 이루는 삼각형, 혹은 타원형을 이루고 있으며, 가장자리 전체에 예리한 날이 형성되어 있는 대형 석기이다. 전기구석기시대의 대표적인 석기로 유럽과 중국, 러시아 등 동아시아 지역에 넓게 퍼져 있으며, 일본에서는 확인할 수 없는 대륙계 석기이다. 주먹도끼는 찍개와 함께 가장 오랜 기간에 걸쳐 사용된 석기이다. 우리나라의 주먹도끼는 자연면이 남아 있고, 일반적으로 끝이 뾰족한 타원형을 이룬다. 주먹도끼는 끝부분이 뾰족하여 도끼의 용도 이외에도 다양한 기능으로 사용되었다. 사용흔의 분석에 의하면, 수렵, 동물의 해체, 나무나 가죽, 뼈의 가공 등 찍고, 자르는 데에 주로 사용하였다. 도끼의 규모는 대개 15~20cm 정도이다. 주먹도끼의 출토 유적은 한탄강, 임진강 유역에 집중적으로 출토되고 있으며, 연천 전곡리, 원당리, 파주 금파리, 주월리, 단양 금굴 등이 있다.〈사진 2-6〉

〈사진2-6〉 연천 전곡리유적 주먹도끼　　〈사진2-7〉 연천 원당리유적 주먹자르개

④ 주먹자르개

　주먹자르개[橫刃石斧]cleaver는 대팻날과 비슷한 형태이며, 가로날도끼로 불

리기도 한다. 주먹도끼와는 달리 날이 축과 직교直交하는 방향의 단부에 형성되며, 자르는 날이 날카롭다. 잔손질은 하지 않으며, 날 이외의 몸통과 아랫부분은 양면떼기로 손질한다. 용도는 나무를 가공하거나 사냥한 동물을 해체할 때 사용한다. 이 석기는 전기구석기시대의 대표적인 석기이며, 연천 전곡리, 연천 원당리, 파주 금파리, 단양 금굴 등에서 출토되었다.〈사진2-7〉

⑤ 주먹찌르개

주먹찌르개[尖頭器]pick는 둥근 자연석을 가공하여 끝부분을 뾰족하게 만든다. 주먹도끼와 유사한 형태이나, 끝부분으로 갈수록 폭이 좁아진다. 수렵이나 식물 채취 시에 사용하며, 찌르거나 구멍을 내는 용도로도 사용한다. 전 세계의 전기구석기에서 중기구석기시대에 주로 출토되고 있다. 후기구석기시대에도 보이고 있으나 소형화, 정형화된다. 연천 전곡리, 파주 주월리, 동해 구호동유적 등에서 출토되었다.〈사진2-8〉

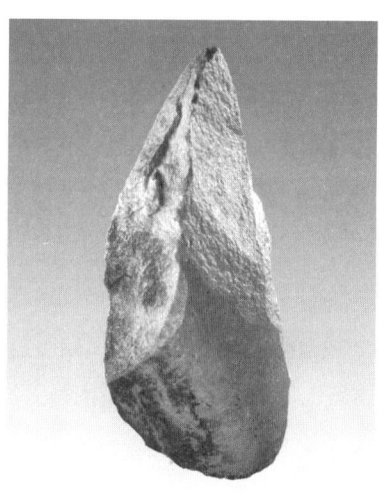

〈사진2-8〉 파주 주월리유적 주먹찌르개

⑥ 여러면석기

여러면석기[多角面圓球]polyhedral는 차돌의 전면을 둥글게 깨낸 것이며, 크기는 작은 것은 직경 5cm 정도, 큰 것은 13cm 정도에 이른다. 이 석기는 전 세계의 구석기시대 모든 시기의 유적에서 출토되고 있다. 용도에 대해서는 망

〈사진2-9〉 청주 봉명동유적 여러면석기

구석기시대 사람들은 어떻게 살았을까? 73

치, 사냥돌, 식물질의 분쇄구 등으로 보는 경향이 있으나, 아직 정확한 결론을 얻을 수 없다. 다만 형태에 있어서 몸돌을 돌아가면서 평탄하게 조정하여 충격의 효과가 있는 여러 면을 형성하였기 때문에 돌팔매용 사냥돌의 성격이 강하다. 출토 유적은 양구 상무룡리, 단양 금굴, 청주 봉명동유적 등이 있다.〈사진2-9〉

3) 격지로 석기를 만들다

중기구석기시대 이후에는 자연석에서 의도적으로 떼어낸 격지[剝片]로 만든 긁개[削器]side-scraper, 톱니날석기[鋸齒狀石器]denticulate, 소형 찌르개 등이 등장하며, 석기의 크기가 작아지고 날을 정연하게 다듬고 있다. 후기구석기시대에는 석기의 새로운 제작법인 돌날기법[石刃技法]이 보편화되면서 여기에 사용되는 석기의 재질도 다양해졌다.

석재의 선택에 있어서는 제작의 용이성, 제작 목적에 맞는 소재 생산 여부, 편이성이 고려되고 있으며, 석질이 좋은 것만을 고집하지 않고 용도에 맞게 재료가 선택되었다. 후기구석기시대가 되면 석영, 규암, 이암, 흑요석, 유문암, 응회암, 셰일, 역암, 수정 등의 재질이 선택되어지며, 전체적으로 석영계 석재보다는 돌날기법을 사용하기 위한 균질한 계통의 석재가 이용되어진다. 또한 후기구석기시대에는 찌르개, 새기개, 밀개, 자르개와 같은 조립식 개념의 석기가 제작되었다. 찌르개와 같은 석기는 날이 예리해지면서 살상력이 증대되었고, 사냥의 정확성을 높이는 계기가 되었다. 게다가 석기가 가벼워지고 수리하는 데에도 용이하였다.

격지로 만든 석기는 정형화되며, 크기도 작아진다. 압박박리법[壓迫剝離法]과 같은 새로운 석기가 제작되었으며, 하나의 자연석에서 대량생산이 가능한 2차 가공된 석기가 만들어졌다. 이러한 석기는 슴베찌르개[剝片尖頭器]tanged point, 뚜르개[石錐]awl, 새기개[彫器]burin, 톱니날석기[鋸齒狀石器]denticulate,

긁개[削器]side-scraper, 밀개[搔器]end-scraper, 돌날[石刃]blade, 좀돌날[細石刃] micro blade 등이 있다. 후기의 유적은 그 수가 급격히 증가하여 강과 지류 유역의 구릉에서는 어김없이 구석기 유적이 발견되고 있다.

이와 같이 뗀석기[打製石器]의 발달은 대형화에서 소형화, 다기능화에서 전문화, 부정형화에서 정형화로 발달하는 양상이다. 석기의 크기는 점차 작아지면서 석기의 제작은 전문적인 기능을 가진 다양한 종류의 석기가 제작된다. 또한 후기로 갈수록 점차로 정형화되는 모습을 볼 수 있으며, 출토양이 많지는 않지만 간석기[磨製石器]도 사용되고 있다.

① 망치돌

망치돌hammer stone은 모룻돌과 마찬가지로 인류 최초의 도구이며, 대개 성인의 주먹 크기 정도이다. 중기구석기시대 이전에는 석영계 암석을 이용하며, 후기에는 사암을 이용한 것이 많다. 형태는 원반형, 방형, 장방형 등 다양하며, 망치돌의 크기에 따라 격지의 크기도 달라진다. 주로 석기를 제작하는 타격용으로 사용되고 있으며, 대개 큰 조각을 떼어낼 때 이용한다. 망치돌은 모서리나 측면에 갈린 흔적이나 찍힌 흔적이 남아 있는 경우가 있어, 석기 제작 이외에 식물 가공에도 활용된 것으로 보인다. 후기구석기시대가 되면 망치돌의 대용으로 뿔이나 골각이 사용되기도 하는데, 작은 격지를 떼어내기에 적합하다. 망치돌은 파주 금파리, 진주 집현, 순천 월평, 밀양 고례리유적 등에서 출토되었다.

② 새기개

새기개[彫器]burin는 격지나 돌날의 모서리 부분에 조각칼과 같은 가늘고 긴 날을 만든 것이다. 전기구석기시대에 만들어지지만 후기구석기시대의 돌날기법의 영향을 받으며, 점차 소형화되고 정형화된다. 새기개는 특유의 면을 지니고 있어 분류가 비교적 용이하며, 제작 형식은 12가지 정도로 다양하다. 새기개면의 각도는 일정하지 않고, 형상에 따라 직각날, 중앙날, 경사진날이 있다. 용도는 뼈나 나무에 깊게 홈을 파서 잘라내거나 섬세하게 가공할 때 사용된다. 새기개의 출토 유적은 공주 석장리, 대전 노은동, 밀양 고례리, 단양 수양개, 제천 창내, 장흥 신북, 진주 집현, 해운대 중동 등이다.〈사진2-10〉

〈사진2-10〉 대전 노은동유적 새기개

③ 긁개

긁개[削器]side-scraper는 몸돌의 측면 가장자리를 잔손질하여 예리한 날을 만든 것으로 구석기시대에 많이 사용되는 석기이다. 긁개는 출토되는 석기 중에 가장 많이 발견되고 있으며, 중기구석기시대부터 만들어져 후기구석기시대까지 사용되었다. 용도는 목재나 가죽을 긁어내거나 얇게 잘라내는 가공구로 추정된다. 긁개의 출토 유적은 공주 석장리, 단양 수양개, 진주 집현, 순천 월평, 해운대 중동, 좌동유적 등이다.〈사진2-11〉

〈사진2-11〉 순천 월평유적 긁개

④ 밀개

밀개[搔器]end-scraper는 격지나 돌날의 끝부분을 잔손질하여 활 모양으로 날을 만든 석기이며, 주로 후기구석기시대에 사용되고 있다. 밀개의 가공은 주로 배면에서 등면 쪽으로 조정하는 경우가 많고, 날은 긁개에 비해 정교하고 가파른 편이다. 형태는 원형, 부채꼴형[扇形], 장방형, 호형[弧形] 등이 있으며, 이중 부채꼴형과 장방형이 많다. 이것은 자루에 결합이 용이하도록 하기 위한 방편으로 보인다. 밀개는 긁개와 마찬가지로 후기구석기시대 돌날기법의 영향을 받아 소형화, 정형화되는 석기이며, 17가지의 형식이 확인되고 있다. 용도는 사냥에서 잡아 온 동물의 가죽을 해체하거나 가죽의 가공에 적합하다. 제천 창내나 진안 진그늘유적에서 출토한 규모가 10cm 이상의 밀개는 가죽의 가공이 용이하지만, 5cm 미만의 밀개는 비효율적일 수밖에 없다. 출토 유적은 제천 창내, 공주 석장리, 대전 노은동, 진주 집현, 금평, 진안 진그늘, 순천 월평, 장흥 신북유적 등이다.

⑤ 돌날

돌날[石刃]blade은 양측이 평행한 모양이며, 길이가 너비의 2배 이상의 길쭉한 형태이다. 이 석기는 유럽의 르발르와기법Levalloisian techniques과 유사한 돌날기법[石刃技法]에 의하여 만들어진다. 돌날기법은 비결정질 석재를 선별하여 떼어내고자 하는 크기로 몸돌을 조정한 후에, 일정한 간격으로 규격화된 돌날의 석기를 수십 개까지 얻을 수 있다. 몸돌에서 떨어질 때 양쪽에 날카로운 날이 만들어지기 때문에 별도로 다듬지 않아도 된다. 돌날기법은 이전의 불규칙한 격지 생산과는 달리, 계획적이고 표준화된 석기 제작 방법으로 대량생산이 가능해졌다. 유럽에서는 중기구석기시대에 제작되기 시작하지만, 우리나라에서는 후기구석기시대에 많이 사용되며, 이로 인하여 석기 생산의 효율성이 극대화되었다. 이러한 돌날기법은 시베리아 지역에서 영향을 받은 것으로 보인다. 돌날의 출토 유적은 양구 상무룡리, 단양 수양개, 제천 창내, 공주 석장리, 대전 용호동, 진안 진그늘, 순천 월평, 죽내리, 밀양 고례리, 해운대 중동유적 등이다.〈사진2-12〉

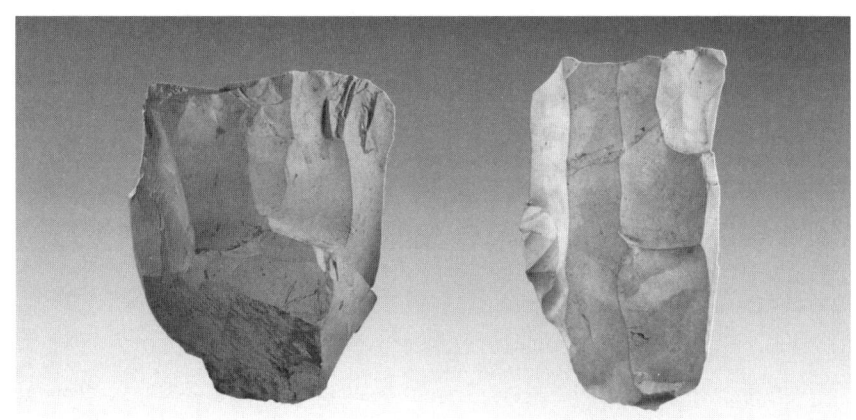

〈사진2-12〉 진안 진그늘유적 돌날몸돌

⑥ 좀돌날

좀돌날[細石刃]micro blade은 돌날이 소형화된 5cm 미만의 크기를 지칭한다. 규모가 작아서 단독으로 사용하기보다는 나무나 골각 등에 길게 홈을 파서 여러 개의 돌날을 장착하여 창이나 작살과 같은 용도로 사용한다. 날의 보수가 용이하며, 대형 동물을 포획하는 데도 사용하였다. 좀돌날은 후기구석기시대 중엽에 제작되기 시작하여 신석기시대 초기까지 사용된다.〈사진2-13〉 좀돌날의 제작 기법은 후기구석기시대를 특징짓는 기술이며, 뗀석기 박리기법剝離技法의 완성이라 할 수 있다.

좀돌날은 한반도, 일본, 중국, 몽고, 시베리아, 알래스카 등에 분포하며, 그 제작 기법은 10여 가지가 있는 것으로 알려져 있다. 기법의 종류는 일본지역의 유우베츠기법湧別技法으로 대표되는 수양개기법, 박편의 배면을 이용한 석장리기법, 배 모양 좀돌의 집현기법, 방형의 소재에 양측의 자연면을 이용한 하화계리기법, 돌날을 소재로 한 상무룡리기법, 원추형의 좀돌인 금성기법, 소형의 삼각형 좀돌인 장흥리기법 등이 알려져 있다. 이들 기법은 박리剝離하는 기술이 유사하지만 돌날기법은 직접 타격을 가한 것이고, 좀돌날기법은 간접 타격에 의해 석기를 제작하는 공정을 보이고 있다.

〈사진2-13〉 진안 진그늘유적 좀돌날

⑦ 슴베찌르개

슴베찌르개[剝片尖頭器]tanged point는 후기구석기시대의 대표적인 석기이며, 돌날의 두꺼운 부분을 슴베[莖部]로 만들고 얇은 쪽을 뾰족하게 가공하였다. 슴베 부분은 좁고 길게 만들어 자루를 장착할 수 있도록 하였고, 날 부분은 돌날기법[石刃技法]에 의해 생성된 예리한 날을 그대로 활용하였다. 길이는 5~10cm 정도이며, 창과 같은 용도로 사용하였다. 약 30,000년 전에 돌날기법과 함께 출현하였고, 중심 연대는 25,000년 전에 해당한다.

후기구석기시대에 본격적으로 등장한 찌르개는 최소의 노력으로 최대의 사냥감을 획득할 수 있었으며, 수렵에 투입되는 인원을 줄이고, 수렵의 시간도 단축되었다. 이 시기에는 수렵 대상의 동물, 연령별 사냥, 특정 종의 편중화 현상이 유적에서 확인되고 있다. 현재 구석기 유적에서 제일 많이 출토되는 동물은 사슴이며, 대형 동물의 부분별 출토와는 달리 거의 모든 부위가 출토된다. 이것은 사냥 후에 주거지까지 통째로 옮겨 와 소비하였음을 의미한다.

슴베찌르개의 출토 유적은 단양 수양개, 철원 장흥리, 남양주 호평동, 진안 진그늘, 대전 용호동, 용산동, 밀양 고례리, 순천 죽내리, 월평, 순창 금평, 임실 하가유적 등 전국적으로 많은 유적에서 출토되고 있다. 중국이나 러시아, 일본 등지에서보다 우리나라에서 출토가 많으며, 시기도 다른 지역보다 빨라서 슴베찌르개가 우리나라에서 만들어져 주변 지역으로 전파되었을 가능성이 높은 것으로 연구되고 있다.〈사진2-14〉

〈사진2-14〉 진안 진그늘유적 슴베찌르개

⑧ 뚜르개

뚜르개[石錐]awl는 석기의 한쪽 끝에 손질을 가하여 오목하게 조정하여 뾰족하게 만든 것이다. 사용된 소재는 균질한 석재가 많으며, 강도가 있는 석영으로 제작한 것도 있다. 용도는 가죽이나 나무, 뿔 등에 구멍을 뚫거나, 구멍을 확장할 때 사용한다. 이 석기는 홍천 하화

〈사진2-15〉 양구 상무룡리유적 뚜르개

계리, 양구 상무룡리, 공주 석장리, 남양주 호평동, 순천 월평, 밀양 고례리유적 등에서 출토되었다.〈사진2-15〉 고례리유적의 뚜르개는 시베리아의 말타유적의 것과 유사하며, 좀돌날로 만든 뚜르개는 홍천 하화계리, 남양주 호평동 유적에서 출토되고 있다.

4. 구석기시대 연구의 흐름

우리나라에서 구석기 유적의 존재 가능성은 1930년대 일본 연구자인 나오라直良信夫에 의해서였다. 나오라는 두만강변 동관진에 있는 후기 홍적세층에서 동물 뼈와 함께 구석기로 보이는 흑요석 2점을 발견하였다. 그러나 이 유적의 보고는 당시 우리나라에 구석기문화가 존재하지 않은 것으로 인식되어 왔기 때문에 묵살당하고 말았다. 이것은 다분히 식민주의적 경향을 반영하는 것이었으며, 일본열도에서 구석기 유적이 알려져 있지 않은 시기에 우리나라에서의 구석기 유적 발견은 인정할 수 없었을 것이다. 그러나 일본에서 구석기 유적은 1950년 아이자와相澤에 의해서 처음으로 발견되어 지금은 많은 유적이 조사되었다. 하지만 일본열도에서의 구석기 유적은 연대가 후기구석기시대를 넘지 못하고 있다.

우리나라에서 구석기 유적은 해방 이후 북한에서 1962년 함북 웅기 굴포리유적이 발견되어 학계에 보고되었으며, 남한에서는 1964년 공주 석장리 금강변에서 구석기가 발견되어 연차적인 조사가 이루어졌다. 특히 1978년 연천 전곡리유적의 발견은 세계 구석기 고고학의 판도를 바꾸어 놓을 정도로 중요한 유적으로 평가되었으며, 전곡리유적의 지속적인 조사 이후 구석기 연구 활성화의 계기가 되었다. 이후 구석기 연구자의 증가와 더불어 구석기 연구의 진전이 이루어지는 계기가 되었다.

1980년대에는 충주댐 수몰지구의 조사로 인하여 수양개 구석기 유적이 조사되었고, 아울러 충북 지역의 석회암 동굴을 중심으로 대대적인 구석기 유적이 조사되었다. 또한 전남 지역에서는 주암댐 수몰지구에서 구석기 유적이 조사되었으며, 이후 순천 죽내리, 월평유적 등이 중요 유적으로 알려져 있다.

현재에는 남한 지역에만 1,500여 곳 이상이 조사될 정도가 되었으며, 구석기 유적의 수는 계속 증가하고 있다. 시기에 있어서는 대략 중기구석기에서 후기구석기에 이르는 시기의 유적의 대부분을 차지하고 있다.

우리나라에서 시기 구분은 많은 한계가 있다. 구석기 관련 유적의 절대연대가 많지 않고, 신뢰도가 떨어지기 때문이다. 자연과학적인 연대 측정이 이루어지기는 하나 후기구석기시대에 국한되며, 신빙성 있는 편년체계가 확립되어 있지 않다. 층위를 연구하는 데 있어서 4기 지질학적인 연구와 이에 대한 당시의 자연환경의 연구가 본격화되어야 시기 구분과 관련한 편년이 가능할 것이다. 유럽이나 아프리카의 경우는 석기의 제작기술과 석기의 형태 변화를 기준으로 20~25만 년 전 이전까지를 전기구석기, 4만 년 전 이전까지를 중기구석기로 구분하고 있다. 우리나라에서도 유럽의 예에 따라 전기, 중기, 후기구석기로 구분하고 있지만 변화의 양상과 유적의 연대가 불분명하여 구분 연대의 기준이 연구자에 따라 각기 다르다. 특히 우리나라에서는 출토된 석기의 특징으로 미루어 보면 전기와 중기의 구분에 있어서 어려운 점이 많고, 연대 차이도 다르다. 현재 우리나라의 시기 구분은 전기구석기 500~12만 년 전, 중기구석기 12~4만 년 정도로 보는 견해가 많으며, 후기구석기는 약 4만 년 전 돌날[石刃]과 좀돌날[細石刃]의 제작 기법과 압박박리壓迫剝離(눌러떼기) 등의 기술이 등장하여 10,000년 전까지의 시기 설정에는 무리가 없다.

5. 시기는 어떻게 구분되는가?

1) 전기구석기

　전기구석기시대(500~12만 년 전)는 자연석으로 만든 1차 가공된 석기가 만들어지는 시기이다. 석기는 대부분 석영이나 규암 계통의 결정이 거친 석재가 사용되고 있으며, 규모에 있어서도 대형 석기가 주류를 이룬다. 이러한 석재는 우리나라의 어디에서나 쉽게 구할 수 있고, 견고한 날을 만들 수 있기 때문에 사용 빈도가 높았을 것이다.

　이 시기의 우리나라에서는 석영계를 이용한 주먹도끼[握斧], 주먹자르개[橫刃石斧], 주먹찌르개[尖頭器], 찍개[單面器], 가로날도끼[手斧], 여러면석기[多角面圓球], 몸돌[石核] 등이 존재하며, 특히 주먹도끼, 찍개, 가로날도끼, 몸돌석기가 주류를 이루었다. 주먹도끼는 1978년 연천 전곡리유적에서 발견된 이래, 남한 전역에서 발견되고 있으며, 형태와 제작의 방법은 다양한 편이다. 주먹도끼와 관련한 기존의 연구에서 미국의 고고학자 모비우스Movius는 구석기의 양대 문화권을 주창한 바 있다. 그 주장은 인도를 경계로 하여 유럽에는 주먹도끼, 동아시아에는 찍개만 존재하는 것으로 알려졌다. 이로 인하여 유럽에 비해 동아시아의 문화가 열등 지역으로 인식되기도 하였으나, 연천 전곡리유적에서 발견된 많은 양의 주먹도끼로 인하여 모비우스의 학설이 수정되기에 이르렀다.

　우리나라에서 오래된 유적으로는 상원 검은모루, 평양 용곡동굴, 단양 금굴, 공주 석장리 하부층, 연천 전곡리 하부층, 양양 도화리유적 등이 있으며, 이중에 상원 검은모루동굴은 가장 오래된 유적으로 평가되고 있다. 상원 검은모루동굴에서는 주먹도끼, 찍개, 주먹자르개 등의 석기와 큰곰, 동굴곰, 하이에나, 물소, 큰뿔사슴 등의 동물 화석이 출토되었다. 연대는 남한에서는 40만 년 전경으로 인식하고 있으나, 북한에서는 100만 년 전으로 추정하기도 한다.

　남한에서는 연천 전곡리유적이 대표적이다. 전곡리유적에서는 주먹도끼, 찍개, 주먹찌르개, 긁개, 여러면석기, 몸돌 등이 출토되었으며, 시기는 연구자마다 다양하나 대략 20만 년 전으로 보고 있다. 한탄강과 임진강 유역의 파주 금파리, 주월리, 가월리, 고양 원당유적도 이와 유사할 것으로 생각된다. 단양 금굴에서는 주먹도끼, 찍개, 여러면석기 등과 함께 동물 뼈가 발견되었으며, 연대에 있어서는 1층이 60만 년 전으로 보고되고 있다. 공주 석장리유적 2지구의 1~6층에서는 주먹도끼, 찍개, 주먹찌르개, 찌르개, 긁개가 출토되기도 하였다. 이외에도 전기구석기에 해당하는 유적은 철원 장흥리, 파주 가월리, 금파리, 연천 원당리, 양구 상무룡리, 제천 점말, 청원 두루봉동굴 등이 알려져 있다.

2) 중기구석기

　유럽에 있어서는 격지[剝片]로 만든 2차 가공의 석기가 만들어지지만 우리나라의 중기구석기시대(12~4만 년 전)에는 석영이나 규암 계통의 자연석으로 만든 석기가 계속해서 만들어진다. 긁개[削器], 톱니날석기[鋸齒狀石器], 홈날석기[凹刃石器] 등의 중소형 석기의 제작에도 이용되고 있다. 중기구석기의 마지막 단계에 이르러서 격지로 만든 돌날기법[石刃技法]에 의한 2차 가공된 석기가 나타난다. 층위에 있어서는 퇴적층 최상부 토양쐐기의 아래층이 중기구석기와 후기구석기문화가 공존하는 양상을 보여 주고 있지만 명확한 구분 층을 확인하기는 어렵다.

　이 시기의 유적으로 북한 지역의 웅기 굴포리 하위문화층에서는 주먹자르개, 찍개, 긁개, 찌르개 등이 출토되었다. 남한 지역의 공주 석장리 2지구의 7~9층에서는 주먹자르개, 긁개, 찌르개 등이 출토되었으며, 제천 명오리유적에서는 4~5만 년 전의 주먹도끼, 주먹자르개, 긁개, 찌르개, 톱니날석기 등이 출토된 바 있다. 전남 지역의 승주 우산리 곡천유적과 화순 사수리 대전 유적에서 중기구석기의 존재가 보고되었고, 순천 죽내리유적에서도 중기구석기까지 거슬러 올라갈 가능성이 제기되고 있다. 중기구석기문화층에서 출토된 석기는 주로 석영암을 이용해 1차 가공에 의한 석기 제작을 하였고 주먹도끼, 찍개, 긁개, 찌르개 등의 일반적인 도구가 많이 출토된다. 기타 유적으로는 양구 상무룡리, 연천 남계리, 청원 소로리, 청주 봉명동, 대전 용호동 등의 유적이 알려져 있다.

3) 후기구석기

후기구석기시대(4~1만 년 전)는 이전 시기의 몸돌[石核]을 중심으로 한 문화와는 확연히 다른 양상을 보이고 있다. 인류의 두뇌 발달과 함께 생업과 밀접한 관련이 있는 전문적인 석기의 제작의 박리기법剝離技法이 창안되었으며, 소형 석기들을 나무나 골각에 결합하여 사용하는 기술이 적용되었다. 석재에 있어서 반암, 혼펠스, 셰일, 유문암, 흑요석과 같은 양질의 석재로 정교한 석기를 제작하였다. 특히 셰일이나 흑요석은 후기구석기의 마지막 단계의 좀돌날 제작에 많이 사용되었다. 흑요석은 의정부 민락동, 남양주 호평동, 홍천 하화계리, 양구 상무룡리, 단양 수양개, 대구 월성동, 장흥 신북유적에서 출토 예가 있다.

후기구석기시대의 주요 유적으로는 북한에서 호모사피엔스의 인골이 출토된 평양 승리산동굴과 만달리동굴, 굴포리 상위문화층 등이 있다. 남한 지역에서는 홍천 하화계리, 양구 상무룡리, 공주 석장리, 단양 수양개, 남양주 호평동, 청원 소로리, 대전 용호동, 전주 송천동, 진안 진그늘, 임실 하가, 순천 월평, 죽내리, 장흥 신북, 화순 도산, 밀양 고례리, 진주 내촌리, 부산 중동 등 많은 유적들이 있다.

후기구석기시대는 돌날기법[石刃技法]에 의한 돌날문화[石刃文化]를 열었던 시기이며, 석기 제작의 2차 가공이 본격화되었다. 돌날을 이용하여 만든 다양한 석기를 활용하였으며, 또한 이 시기에 돌날보다 규모가 작은 길이 5cm 이하의 좀돌날[細石刃]이 제작되어 석기의 사용 용도가 더욱 다양화되었다. 이 시기에 전반적으로 사용된 석기는 돌날, 좀돌날, 긁개, 밀개이며, 생업에 있어서 사용 빈도가 높았음을 알 수 있다. 이 시기의 유적 중에서 좀돌이나 재생격지[再生剝片] 등이 흩어져 있는 석기 제작 장소로 추정되는 곳은 밀양 고례리, 단양 수양개, 진안 진그늘, 장흥 신북유적을 들 수 있으며, 이러한 유적은 야외 캠프의 성격을 띤다고 할 수 있다.

이와 같이 후기구석기시대는 돌날의 석기 발달과 석영 계통의 석재 대신에 균질한 석재가 이용되면서 돌날 계통의 석기와 소형 석기가 공존하게 된다. 찌르개를 중심으로 한 조합식 석기는 석기의 경량화, 수리 보수의 용이함을 갖추어 기존의 석기들보다 사용이 더욱 편리하게 되었다. 또한 돌날기법이나 좀돌날기법과 같이 정형적인 박리기술이 창안되어 하나의 몸돌에서 많은 석기를 얻어낼 수 있었다.

후기구석기시대의 마지막에는 지구온난화가 진행되었으며, 후빙기의 급격한 환경의 변화로 인하여 수림의 생태, 동·식물의 분포가 변하였다. 구석기시대가 막을 내리고 인류 역시 새로운 환경에 적응하게 되었다. 우리나라에서는 제주 고산리유적에서와 같이 화살촉, 토기의 출현과 함께 신석기시대의 서막을 알리게 되었다.

6. 구석기시대에도 무덤이 있었나?

인간은 지구상에 출현하면서부터 죽음을 인식하였고, 이러한 것은 고고학적인 흔적에서 엿볼 수 있으며, 유구와 유물로 발견되고 있다. 그러나 한반도에 있어서 선사시대의 경우 충분한 과학적 근거를 가지고 죽음관을 엿볼 수 있는 것은 청동기시대 이후이며, 구석기시대와 신석기시대에는 이와 연관지어 볼 수 있는 일부의 유구와 유물이 발견되었을 뿐이다. 그 이유를 굳이 든다면, 한반도의 구석기시대와 신석기시대는 수렵과 채집이 주를 이루는 생활이어서 아무래도 농경이 본격화되는 청동기시대 이후의 시기보다는 이동해 가며 생활을 영위해야만 했다. 따라서 집단묘集團墓보다는 단독적인 지상장법地上葬法이나 얕은 토광장법土壙葬法을 선호하였을 것이며, 또한 시기적으로 오랜 기간 매장되어 있었기에 인골이나 부장된 유기물질이 이미 토양화하여 무덤의 존재인 것을 확인하지 못한 경우도 많았을 것으로 판단된다. 그만큼 구석기시대와 신석기시대의 무덤은 발견될 확률이 타 시기에 비해 낮고, 고고학적 조사의 어려움도 있다고 할 수 있다.

구석기시대에도 죽음에 대한 의식이 존재했으나 그러한 유적이 쉽게 발견되지 않고 있다. 한반도에서는 북한 지역 평양 부근의 역포, 만달리에서 인골의 출토가 알려지고 있고, 남한의 석회암동굴인 청원 두루봉의 홍수굴에서는 완전한 인골이, 단양 구낭굴, 제천 점말유적에서도 인골이 발견되었다. 이것이 무덤의 성격을 띠는지는 파악할 길이 없으나 함께 수습된 유물의 성격에서 당시의 종교의식, 죽음관에 대한 의식을 엿볼 수 있다. 이 시기에 공주 석장리유적에서 개머리[犬頭]의 조각이, 제천 점말동굴에서 짐승의 얼굴, 두루봉동굴에서 사람 얼굴[人面]이 새겨진 유물이 있다는 보고는 그 명확한 근거가 제시된다면 원시신앙과도 결부되어 해석할 수 있겠고, 이러한 신앙은 죽음과도 연관성을 갖는 것으로 판단할 수 있을 것이다.

두루봉 흥수굴에서는 인골 2구가 출토되었으며, 그중에 1호 인골은 앙와신전장仰臥伸展葬의 상태로 완전하게 남아 있었다.〈사진2-16〉 1호. 인골은 5살 정도이며, 두개골 용량 1,200~1,300cc, 신장은 110~120㎝ 정도이다. 시기는 4만 년 전으로 추정된다. 동굴 조사 시에 인골 주변의 토양을 채취하여 화분분석花粉分析한 결과, 가슴 부위에서 들국화 종류의 꽃가루가 다량으로 검출되었다. 따라서 홍수 아이가 죽은 시점은 가을이며, 후기구석기시대에도 장례 의식이 있었다는 것을 알 수 있었다.

〈사진2-16〉 청원 두루봉 흥수굴 인골

7. 구석기인의 생업과 예술

1) 구석기인의 먹거리와 주거지

구석기시대의 사람들은 채집과 수렵을 위주로 생활하였기 때문에 이동하면서 식량을 확보하였으며, 이는 자연환경과도 밀접한 관련을 가진다. 방랑생활보다는 일정한 영역 내에서 몇 군데의 거처를 마련하고 식량 확보를 위해 주기적으로 순환 이동을 하였을 것으로 추정된다. 식량자원의 경우는 봄에 200여 종류, 여름에 50여 종류, 가을에 100여 종류를 획득할 수 있으며, 이에 비해 겨울에는 극히 적은 양이 채집된다. 이러한 현상은 구석기시대의 거의 전 시기에 걸쳐 큰 변화를 보이지 않는다. 그러나 후기구석기시대부터는 동물 자원의 비중이 점차 많아지게 된다. 동물자원은 영양가가 높고, 단백질의 섭취 효율이 크지만 식물 식료에 비해 안정적인 공급은 이루어지지 않았다.

생업의 수단에 있어서 음식은 안정적으로 확보할 수 있는 식물 식료가 주류를 이루었을 것으로 보인다. 특히 후기 구석기인들은 식물질을 분쇄하기 위한 어금니가 발달하여 턱이 넓적하게 진화하였다. 수렵에 의해서 부족한 단백질을 섭취하였으며, 불의 사용으로 인하여 고기를 익혀 먹음으로써 이전

〈사진2-17〉 제천 점말동굴 골각기

보다 더욱 풍부한 영양 섭취가 이루어졌다. 단양의 구낭굴에서는 사슴 뼈가 다량으로 출토되어 집단적으로 사냥이 이루어졌으며, 이들 사슴 중에는 성수成獸보다는 어린 약수弱獸가 주류를 이루고 있어, 당시의 후기 구석기인들은 어린 사슴을 선택적으로 사냥하였음을 알 수 있다. 유적이나 동굴에서 출토된 동물의 뼈는 생업의 연구에 중요한 단서를 제공하고 있다. 동물 뼈에 남아 있는 해체흔, 파손 부위, 뼈의 출현 빈도 등을 통해 사냥감의 배분 양상을 추정하기도 하며, 여기에 동물 뼈와 석기와의 공반, 조합관계를 분석하기도 한다. 동물의 뼈를 사용한 골각기骨角器는 구석기시대에도 만들어졌으며, 우리나라에서 발견된 동물 화석과 골각기가 출토된 유적은 평양 용곡동굴, 만달동굴, 청원 두루봉동굴, 제천 점말동굴이 있다. 이들 유적에서 나온 골각기는 날카롭게 다듬은 것들이다.〈사진2-17〉

유적조사의 성과에서 보면, 구석기시대 사람들은 동굴이나 바위 그늘[巖蔭]에서 거주하거나 강가의 구릉에 캠프시설과 같은 움막을 짓고 생활을 영위하였다. 동굴유적은 그 자체가 주거로서의 성격이 강하며, 우리나라에서

〈사진2-18〉 청원 두루봉동굴 주거지

는 평양 용곡동굴, 역포 대현동굴, 덕천 승리산동굴, 평양 만달동굴, 청원 두루봉동굴, 단양 금굴, 제천 점말동굴, 영월 금굴, 쌍굴 등이 조사되었다.〈사진2-18〉 구석기시대의 주거 흔적은 다른 시기에 비해 얕게 파고 지상에 기둥을 세운 경우가 많아 발견되기가 용이하지 않다. 주기적인 이동생활을 하였기 때문에 텐트와 같이 간단히 설치하고 해체하여 이동할 수 있는 구조였을 것이다. 현재 우리나라에서 조사된 구석기시대의 주거 유적은 공주 석장리, 제원 창내, 동해 노봉, 화순 대전유적 등이 있다. 또한 화덕자리가 있는 거주지의 성격을 띠고 있는 유적은 단양 수양개, 밀양 고례리, 진안 진그늘, 순천 월평, 장흥 신북, 부산 중동 등이 있으며, 야외 캠프의 성격을 띠는 유적까지 합하면 그 수는 훨씬 많을 것이다.

2) 구석기시대에도 예술과 의례 행위가 있었나?

우리나라에서 발견된 예술품 중에는 동굴벽화나 암벽에 새겨진 예술품은 없으며, 뼈나 돌에 새겨진 몇 예가 알려져 있다. 제천 점말 용굴 IV층에서 발견된 털코뿔이 앞팔 뼈에 두 눈과 입이 있는 얼굴 형상의 그림이 새겨져 있으며, 중기구석기시대의 것으로 보고 있다. 청원 두루봉 9굴에서 출토된 얼굴 형상의 예술품은 사슴의 다리뼈이며, 두 눈과 입이 표현되어 있다.〈사진2-19〉 두루봉 2굴에서 출토된 얼굴 형상의 예술품은 사슴의 팔뼈를 이용하였으며, 역시 두 눈과 입이 표현되어 있다. 상원 용곡 제1호 동굴 4문화층에서는 2.5cm 정도 길이의 사람 얼굴을 표현한 뼈로 만든 예술품이 발견되었다. 이 유물은 둥글게 갈아 만든 면에 27개의 점을 연결한 얼굴의 윤곽, 구멍을 파서 만

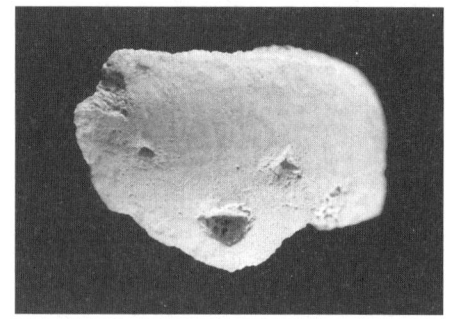

〈사진2-19〉 청원 두루봉동굴 출토 얼굴 형상

든 두 눈과 코, 그리고 24개의 점선으로 입을 표현하였다. 이러한 얼굴 형상의 예술품은 머리를 숭배하는 의식과도 결부시켜 볼 수 있다. 이외에 두루봉 새굴에서는 큰꽃사슴의 두 뿔을 동일하게 다듬어 장신구로 활용한 흔적이 엿보인다. 아마도 두 장신구를 연결하여 목에 걸었던 것으로 추정된다. 또한 단양 수양개유적 IV층에서는 소의 정강이뼈에 등과 배, 지느러미가 있는 물고기를 형상화한 예술품이 발견되었다.

의례 행위와 관련해서는 장례 의식과 곰 숭배 의식을 엿볼 수 있다. 장례 의식은 중기구석기시대에 보편화되는 경향을 보인다. 우리나라에서는 청원 두루봉 홍수굴에서 발견된 홍수아이의 예가 있다. 편평한 석회암을 바닥에 깔고 그 위에 흙을 뿌린 다음 시신을 안치하였다. 주변의 토양을 분석한 결과 가슴 부위에서 들국화의 꽃가루가 다량으로 검출된 것으로 보아 죽음을 애도한 흔적으로 파악되고 있다. 두루봉의 처녀굴에서는 동굴곰을 의도적으로 배열한 흔적이 조사되었다. 큰꽃사슴의 뿔을 한가운데 놓고 동굴곰 1개체 분을 굴 벽쪽의 동향으로 배열하였다. 동굴곰의 머리뼈는 쪼갠 흔적이 없는 것으로 보아 의식을 위한 재물로 바친 것으로 추정된다.〈사진2-20〉

〈사진2-20〉 청원 두루봉동굴 동굴곰 출토 모습

III

신석기시대 사람들은 어떻게 살았을까?

1. 자연환경은 어떠하였나?
2. 신석기시대의 흐름
3. 시기는 어떻게 구분되는가?
4. 주거와 무덤, 그리고 생활의 흔적들
5. 토기와 석기, 그리고 생활 도구들
6. 수렵과 어로, 그리고 곡물 농경
7. 신석기인의 예술과 신앙
8. 한일 간의 교류는 통나무배로부터

1. 자연환경은 어떠하였나?

1) 기후와 식생은 어떻게 변화하였나?

뷔름빙기가 끝나는 신생대 제4기의 마지막 부분을 후빙기後氷期라 부르고 있으며, 시기는 약 10,000년 전으로 추정되고 있다. 후빙기에는 기후가 점차적으로 온난해지고, 이에 따라 해수면도 상승하면서 오늘날과 같은 기후환경을 이루게 되었다. 신석기시대가 시작되는 후빙기에는 지구 온도의 상승과 더불어 해수면의 변동, 강수량과 식생의 변화가 일어나 구석기인들에 비해 생활하기 좋은 환경으로 변화하였다. 후빙기의 기후와 식생의 변화는 퇴적층에서 채취한 화분분석花粉分析이나 유기물의 탄소동위원소 비율 등의 시료를 조사하여 확인하고 있으며, 유적에서 출토된 동·식물 자료에서 기후 변화를 추적해 볼 수 있다. 또한 기후의 변화를 파악하는데 유공충有孔蟲과 화석규조化石硅藻의 분석이 이용되기도 한다.

약 20,000년 전을 정점으로 지구의 온도가 상승하기 시작하여 10,000년 전 후빙기를 지나고, 그 이후 6,000년 전까지는 점차 따뜻해지면서 안정된 기후를 보였다. 6,000년 전에는 현재 기온보다 3℃ 정도까지 상승하여 온난한 시기가 지속되었다. 유적에서 출토된 자연 유물에 있어서도 따뜻한 기후였음을 알 수 있는 자료가 확보되었다. 이 시기는 신석기시대의 조기早期, 전기前期에 해당하며, 해수면의 상승과 더불어 식생의 변화도 현저하게 나타나고 있다. 이후 지구의 기온이 조금씩 하강하기 시작하여 신석기시대 후기後期의 4,000년 전경에는 지금보다는 약간 한랭하고, 불안정한 기후가 지속되었던 것으로 보인다.

한반도에 있어서 식생植生 변화는 기후 변화와 밀접한 관련이 있다. 후빙기 이후 신석기시대에 기후의 변화가 이루어졌으며, 해수면의 변동과 함께 수림대의 이동을 가져왔다. 이와 함께 식물상, 동물상의 변화도 도래하게 되었다.

신석기시대에는 고목, 저목 등 수백 종의 수목을 비롯하여 풀, 이끼 종류까지 풍부한 삼림森林을 이루고 있었으며, 기온의 변화에 의해서 식생의 변화가 이루어지고 있다. 한반도에 있어서 10,000년 전 이전의 식생은 추운 기후였음이 영랑호와 용곡동굴 퇴적층의 자료에서 확인되었다. 영랑호 퇴적층에서는 추운 지역에서 자생하는 풀과 겉씨식물들이 주로 나왔고, 평양 용곡동굴 퇴적층에서도 15,000~10,000년 전 퇴적 지층에서 겉씨식물과 소나무, 명아주과가 기본을 이루는 추운 기후의 식생이 보이고 있다. 10,000~8,000년 전에는 중부지방이 낙엽광엽수림落葉廣葉樹林 지역을 이루고 있으며, 북부지방은 침엽수림針葉樹林이 주류를 이루고 있다. 이후 6,000년 전까지는 기온 상승이 지속되었으며, 식생에 있어서도 남부지방은 참나무, 버드나무, 호두나무, 개암나무, 느릅나무 등 상록조엽수림常綠照葉樹林을 이루고, 낙엽광엽수림은 북부지방에까지 확대되었다. 그 이후 4,000년 전에 남해안에서는 참나무, 오리나무, 밤나무, 개암나무, 느릅나무, 느티나무 등이 자생하였던 것으로 보이며, 다른 지역에서는 점차로 낙엽광엽림과 침엽수 혼합림으로 바뀌는 양상을 보인다.

이러한 식생의 변화와 함께 한반도의 삼림 속에서 동·식물의 번성이 이루어졌으며, 신석기인들도 이에 대응하여 수렵, 채집 등을 위해서 새로운 도구를 개발하는 등 풍성한 생업을 영위하였다. 신석기시대에 삼림에서 채집되는 식물은 과실류果實類, 견과류堅果類, 근경류根莖類 등 다양하다. 봄에는 산채나 나물 종류, 여름에는 과실류, 가을에는 풍부한 열매류, 근경류, 견과류를 집중적으로 채집하였다. 특히 겨울에는 식량 획득이 어려운 시기여서 가을에 채집한 각종 근경류나 견과류를 저장하거나 보존하기도 하였다.

2) 해수면의 변동은 어떠했는가?

기후의 변화에 따라서 동시에 해수면의 변동도 이루어진다. 해수면의 변동은 여러 요인이 있겠지만 가장 영향을 받는 것은 빙하이다. 지구의 온도가 내려가면 빙하 지역이 더욱 확산되어 해수면이 하강하게 되고, 지구의 온도가 올라가면 빙하가 녹아내려 해수면이 상승하게 된다. 이러한 해수면의 고저 변화는 당시 해안가에 거주하면서 어로, 조개 채집에 종사하였던 신석기인들의 생업에도 큰 변화를 가져오게 되었다.

뷔름빙기에 가장 추웠던 약 20,000년 전을 전후한 시기에는 해수면이 현재보다 100~140m 정도가 낮았던 것으로 보고되고 있다. 그러나 안정된 기후로 변화한 10,000년 전의 후빙기에는 해수면이 계속 상승하여 현재의 해수면보다 같거나 약간 높았던 것으로 조사되었다. 이후 6,000년 전 정도에는 기온 상승이 피크를 이루어 해수면도 현재보다 2~5m 높았던 것으로 확인되었으며, 해안의 저지대는 해수면에 잠기었다. 5,000~4,500년 전에는 기온이 점차 내려가고 그간에 내해內海 지역이었던 곳이 육지화되었다. 신석기시대 후기에 해당하는 이 시기에는 해수가 빠진 저지대에 벼농사에 알맞은 충적평야가 형성되었다. 옥천 대천리 주거지에서 쌀이 출토된 것으로 보아 이 시기에 이미 한반도에서도 벼농사가 시작되었다.

해수면의 변동은 후빙기에 들어 현저한 변화를 이루고 있으며, 그 변동은 유공충有孔蟲, 규조분석硅藻分析 등 미세 화석 연구를 통해서도 비중 있게 진행되고 있다. 그러나 우리나라에서는 연구자마다 제각기 주장하는 바가 다르게 나타나기도 하며, 동해안, 남해안, 서해안의 지역에 따라서도 연구자의 견해가 일치하지 않는다. 그 예를 소개하면, 오건환은 감포-울산 간에 1~3m의 해진, 윤웅구는 6,000BP 남해안에서 2~3m의 해수면 상승, 이동영은 5,000BP 포항-울산 간에 3~5m의 해진현상, 황상일은 서해안 일산 지역에서 4,000년 전 3~4m의 해수면 상승이 있었던 것으로 보고하고 있다.

이로 미루어 보면, 약 6,000년 전경에는 대규모로 해수면 상승이 진행되어 우리나라 해안선 주변의 평야부는 바닷물이 진입하여 내해內海를 형성하였다. 당시에는 평야가 적고, 바다에서 가까운 내륙의 산자락에까지 해수면이 근접하였던 것이다. 이 내해에는 조개, 해초, 어류 등이 서식할 수 있는 좋은 어장의 조건이 되었으며, 동시에 어업이 활발하게 진행되었다. 또한 내륙으로 해안선이 많아지기 때문에 파도의 영향이 적게 미치고 생활환경도 좋았던 것으로 보인다.

서해안의 경우는 많은 부속 도서島嶼와 리아스식해안으로 이루어져 있으며, 6,000년 전에는 현재의 해수면보다 최고 5m 정도 높았던 것으로 보고되고 있다. 6,000년 전 이전의 신석기시대 초창기草創期, 조기早期 단계의 인천 영종도, 용유도, 삼목도 등 도서 지역의 신석기 유적은 해안선이었을 가능성이 있으며, 지구온난화에 의해서 점차적으로 도서 지역이 생겨난 것으로 추정된다. 서해안에서 대부분 후기에 해당하는 신석기시대 유적이 주류를 이루는 것도 이러한 연유에서일 것이다.

2. 신석기시대의 흐름

우리나라에서 신석기시대는 토기의 출현부터 청동기 사용 이전까지 수렵, 채집, 어로, 곡물 농경에 의한 생업을 영위하는 시기를 지칭하고 있다. 신석기시대는 간석기[磨製石器]를 특징으로 하며, 기술적으로는 토기의 발명, 경제적으로는 농경과 목축이 시작된 시기이다.

신석기시대 토기의 발명은 인류의 혁명으로 불리는 사건이었다. 토기의 용도는 취사, 저장, 가공, 제사, 제염, 옹관, 운반에 이르기까지 실로 다양하게 활용되고 있다. 토기가 제작되어지는 배경은 식물상의 변화와 깊은 관련이 있다. 지구온난화로 인하여 한반도에 낙엽수림이 도래하면서 채집 식물의 종류가 많아지게 되었다. 도토리, 상수리, 밤, 호두 등 견과류가 일상적으로 채집되었으며, 감자, 얼레지, 토란, 대마 등의 야생 감자와 식물 뿌리를 가공하거나 저장의 필요성이 제기되었다. 견과류나 감자류에는 전분의 함유량이 많다. 감자, 토란, 도토리 등의 전분 중에는 인간이 소화시키기에는 어려운 생베타전분生β澱粉이 함유되어 있다. 열이나 물로 그 결정을 파괴하여 알파α전분으로 변용시켜야 먹을 수 있게 되는 것이다. 베타β전분을 알파전분으로 변용시키려면 가열처리를 해야 하고, 그러기 위해서는 반드시 토기가 필요하다. 토기에 불을 지펴서 전분의 알파화가 용이하게 되었고, 구석기시대의 한정된 음식과는 달리 넓은 범위의 식용식물 이용이 가능하게 되었다. 구석기시대는 기껏해야 바베큐 정도가 가능했지만, 신석기시대에는 여러 종류의 견과류나 감자류를 넣어 맛있고 뜨거운 스프를 먹을 수 있게 되었다.

또한 화살과 화살촉이 등장함으로써 구석기시대의 동물상에 대신하여 사슴, 멧돼지, 토끼, 너구리 중·소형 동물을 포획할 수 있게 되었다. 이러한 수렵 방식은 자연환경의 변화에 따른 동물상의 이동과 관련이 깊다고 볼 수 있다. 신석기시대에는 사슴, 멧돼지 등 동작이 비교적 빠른 동물을 사냥하는 데 화살은 필수적인 것이었으며, 아울러 하늘을 나는 새들의 포획도 가능해져 수렵 대상의 범위가 한층 더 광범위해졌다.

삼림에서의 안정된 식량원 공급, 채집과 포획을 위한 도구의 창조 등으로 생활이 안정되고 비로소 정주생활定住生活이 시작되었다. 식료 공급이 안정되면서 정주생활의 시작과 함께 조직적인 채집, 수렵이 발달하였고, 자연적으로 정주와 더불어 생활이 윤택해지면서 인구도 증가하게 되었다. 더욱이 신석기시대의 후반기에는 보리, 조, 수수 등 곡물 농경이 시작됨에 따라 돌도끼[石斧], 숫돌[砥石] 등의 간석기가 본격적으로 제작되기도 한다. 이 시기에 개, 돼지, 멧돼지 등을 사육하는 목축도 이루어지고 있다.

구석기시대와는 달리 무덤도 비교적 다양하게 만들어진다. 토광묘, 동굴묘, 옹관묘 등이 발견되고 있으며, 매장은 앙와신전장仰臥伸展葬이 주류를 이루고 있다. 무덤에는 단독으로 묻히는 단독장, 2인 이상 묻히는 합장도 있다. 부장품의 양상에서 본다면 신분 지위의 고하가 있었고, 진주 상촌리유적의 예에서 본다면 화장火葬하는 풍습도 있었던 것으로 보인다.

신석기시대에는 기후가 온난해지고 점차 해수면이 상승하면서 해안과 강어귀에는 많은 플랑크톤이 생성되며, 조개의 서식에 적합한 생태 조건이 만들어진다. 이러한 기후와 환경의 변화에 의해 점차 우리나라에서도 해안을 중심으로 패총貝塚이 형성된다. 특히 해류의 통로인 쓰시마對馬島를 포함한 한반도 남해안과 서북 규슈西北九州에는 난류의 영향으로 대형 어류가 북상했고, 당시의 신석기인들은 어로의 종사에도 힘을 기울여 바다의 자원이 많이 이용되었다.

전반적으로 신석기시대의 전반기에는 수렵, 채집, 어로에 의한 식량 공급이 주류를 이루고, 특히 도토리는 신석기시대의 주식이 될 정도로 많이 애용되었다. 그러나 후반기에는 식량 채집 단계를 벗어나 조, 수수, 기장, 밀, 보리 등 곡물 농경에 의한 식량 생산을 시작하였으며, 신석기시대 마지막 단계에서는 벼농사가 시작된다.

3. 시기는 어떻게 구분되는가?

한반도에서 신석기시대의 시기 구분은 연구자들에 의해 차이가 있기는 하나 대략 10,000년 전부터 3,000년 전까지를 지칭하고 있다. 시기 구분은 아무래도 지역적 특징이 강한 토기의 세분을 중심으로 이루어지고 있다. 기존에는 한반도 신석기시대 토기의 시기 구분이 잘 이루어진 남해안지방의 경우, 조기早期, 전기前期, 중기中期, 후기後期, 만기晩期의 5기 구분이 중심을 이루었다. 그러나 근래의 양상을 보면, 제주 고산리유적의 어형漁形 화살촉과 문양이 없는 갈색토기가 출토되어 조기보다도 선행하는 초창기草創期의 시기가 있음이 확인되었고, 양양 오산리유적 C지구의 최하층인 황갈색점토의 갱신세층 상면에서 압날점열구획문토기押捺點列區劃文土器와 무문토기가 출토되고 있어, 시기적으로는 8,000년 전 이전의 연대가 확인되고 있다. 이에 한반도에서도 기존에 조기 단계보다도 선행하는 초창기 단계의 설정이 가능하다고 판단된다. 한반도 신석기시대의 편년은 초창기(10,000~8,000년 전), 조기(8,000~6,000년 전), 전기(6,000~5,000년 전), 중기(5,000~4,000년 전), 후기(4,000~3,500년 전), 만기(3,500~3,000년 전)로 6기 구분이 가능하다고 할 수 있다.

초창기의 유적은 제주 고산리, 양양 오산리유적 C지구에서 그 양상을 파악할 수 있다. 제주 고산리유적에서 문양이 없는 갈색토기, 융기문토기隆起文土器와 더불어 이등변삼각형의 어형漁形 화살촉 등이 출토되어 구석기시대에서 신석기시대로 이행하는 과도기적 문화 양상을 보여 주고 있다. 고산리식토기로 불리는 갈색토기는 융기문토기보다 선행되는 토기임이 확인되었고, 출토된 유물은 후기구석기시대의 석기 제작과 신석기시대의 토기 제작이 동시에 이루어지는 것이어서 신석기시대로 이행하는 시기의 유물로 파악할 수 있다. 제주 고산리유적의 유물은 신석기시대가 시작되는 약 10,000년 전에서 약 8,000년 전의 공백 기간을 메울 수 있는 중요한 자료로 판단되고 있다.

조기早期에 해당하는 유적은 선봉 서포항, 양양 오산리, 부산 동삼동패총 등의 유적을 들 수 있다. 층위로 보면 동북부지역의 서포항 Ⅰ기, 중동부지역의 오산리 제1문화층, 오산리 C지구 융기문토기 출토층, 동남부지역의 동삼동패총 제1문화층의 융기문토기가 주로 출토되는 층위이다. 동삼동패총의 제1문화층은 8,000~6,500년 전에 해당되고 있으며, 특히 최하층에서는 일본 규슈의 도도로끼B식轟B式토기가 융기문토기와 공존하고 있어, 한일 간의 문화적 교류를 짐작할 수 있다.

전기前期에는 한반도 중서부, 서북부지역에서 전형적인 빗살문양토기[櫛文土器]로 불리는 토기의 기면器面을 전면 시문한 토기가 성행하고 있다. 주요 유적으로는 서울 암사동, 황해도의 온천 궁산, 봉산 지탑리유적 등이 있다. 이 시기의 토기는 기형에 있어서 첨저尖底, 환저丸底기형을 이루고 있으며, 문양의 특징은 자돌刺突 계통에 의한 점열문點列文, 압날押捺 계통에 의한 단침선문短斜線文, 침선沈線 계통에 의한 어골문魚骨文 등이 주류를 이루고 있다. 첨저, 환저의 기형, 삼부위문양대三部位文樣帶를 특징으로 하는 전형적인 빗살문양토기의 기원에 대해서는 한반도 중서부지역의 자체발생설이 가장 설득력이 있다.

중기中期가 되면 중서부지역에서는 인천 영종도 송산, 는들, 남북동, 시흥 오이도, 옹진 소연평도패총에서 보이듯이 전형적인 빗살문양토기로 불리는 토기에 변화가 생기기 시작한다. 시문 면적이 축소되어 구분계區分系 저부의 문양이 생략되는 토기가 성행하게 된다. 전기에 보였던 삼부위문양대의 조잡화 혹은 생략화가 진행되고, 사격자문斜格子文의 계승이 눈에 띈다. 이 시기는 남해안 편년의 수가리 Ⅰ기층에 해당한다고 볼 수 있다. 그리고 중기에는 농경이 본격화되고 있음을 알 수 있다.

후기後期에는 중서부지역의 경우, 전형적인 빗살문양토기가 퇴화되어 구연부에만 문양을 시문하는 토기가 성행하고, 동북부지역에서는 서포항 Ⅳ기, 동남부지역에서는 동삼동 제4문화층, 수가리 Ⅱ기층이 후기에 해당한다. 후기에는 농경을 배경으로 내륙에서도 많은 유적이 발견되고 있다. 이 시기에는 해안가의 어로보다 내륙에서 안정된 농경을 위주로 생업이 진행되었다. 또한 옥천 대천리 주거지에서 탄화미가 발견되었듯이 신석기의 후기에 이미 벼농사가 시작되었음을 알 수 있다.

　만기晩期는 동북부지역의 서포항 Ⅴ기, 동남부지역에서는 동삼동 제5문화층이 해당된다. 서포항 Ⅴ기층에서는 2기의 주거지가 조사되었고, 토기는 문양이 없는 토기에 융기의 토기가 추가된다. 후기 이후에 점차로 문양이 없어지고 무문토기의 비중이 늘어나 청동기시대로 이행하는 것으로 보인다.

4. 주거와 무덤, 그리고 생활의 흔적들

1) 정주생활이 시작되다
① 주거의 현상과 특징

　서북부지역의 압록강, 청천강 유역의 주거의 형태는 대부분 신석기 후반기의 것이며, 장방형이 주류를 이루고 있다. 대동강 유역에서는 주거 유적의 시기가 빠르게 나타나며, 평면 형태가 원형에서 방형 혹은 장방형으로 변천하고 있다. 궁산문화의 공통적인 특징은 일반적으로 화덕 곁에 저장구멍을 마련하며, 토기의 구연부口緣部를 거꾸로 하여 묻은 형태이다. 또 하나의 특징은 출입시설이 반달 형태를 보이는 것이 있다는 점이다. 그 외에 원형 주거지인 점, 움벽이 경사진 점, 벽가에 기둥구멍을 배열한 점을 들 수 있다. 또한 평양 금탄리 11호, 평양 남경 31호, 평양 장촌 1호의 대형 주거지는 공동시설, 혹은 작업시설로 이용한 것으로 보인다.〈도면3-1〉

　동북부지역의 선봉 서포항유적은 층위에 의해 주거지의 선후관계가 명확히 파악되고 있다. 서포항 2기층의 원형 주거지에서 3기층의 방형, 그리고 4기층 이후에 추가되는 장방형의 순으로 주거 구조가 변천하고 있음을 알 수 있다. 서포항에서의 주거 규모나 평면 형태는 다양하나 평균 30㎡의 규모가 일반적이다. 화덕자리는 일반적으로 원형 혹은 타원형 형태의 1개소이며, 화덕 주위에 강돌을 돌리는 경우가 많다.

　중서부지역의 대표적인 서울 암사동유적 주거의 평면 형태는 말각방형, 원형, 장방형, 타원형 등 다양하나, 그중에 원형과 말각방형이 가장 많다.〈사진3-1〉 시기적으로는 원형에서 방형으로 변천한 것으로 보인다. 암사동과 연천 삼거리의 주거지는 일반적으로 화덕자리가 중앙에 1개가 있는 것이 보통이며, 구조는 바닥을 약간 파고 강돌을 돌린 것이 일반적이다. 기둥구멍은 주

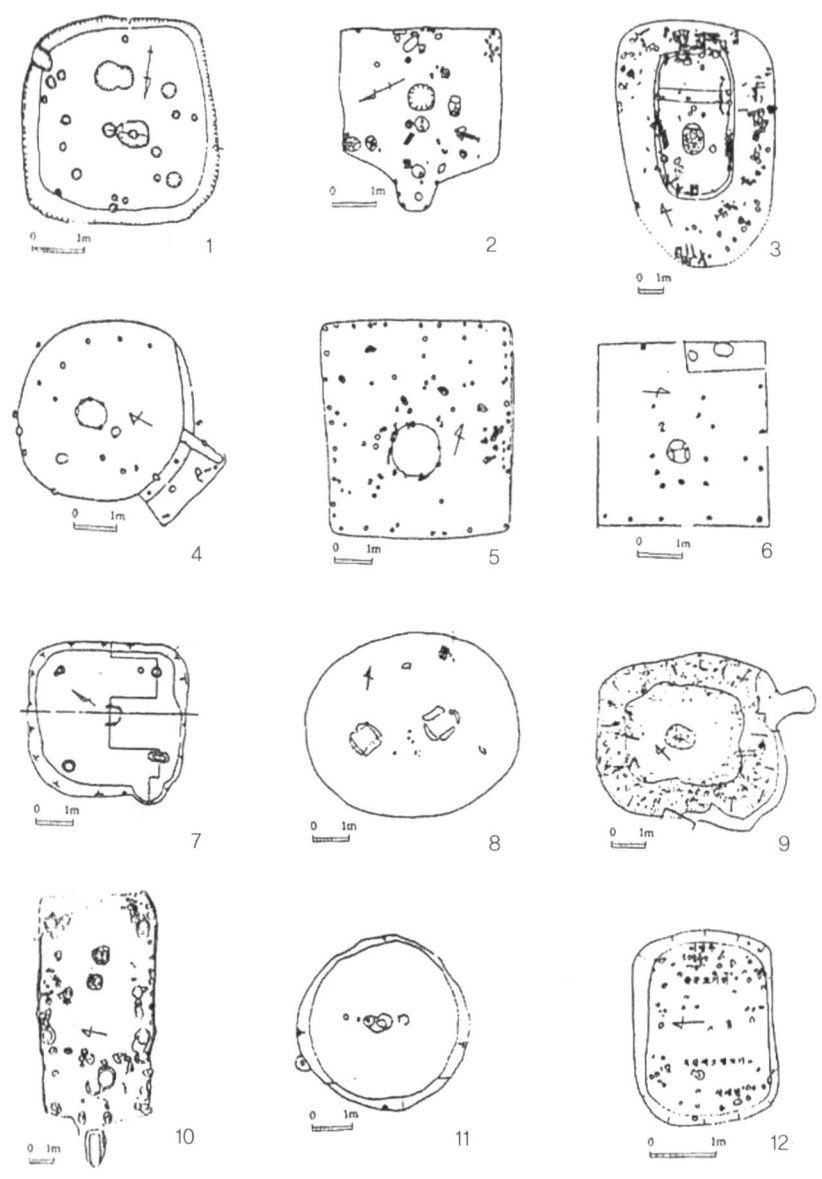

〈도면3-1〉 한반도의 주거 형태

1. 지탑리2호 2. 마산리21호 3. 남경31호 4. 서포항3호 5. 서포항7호 6. 호곡2호
7. 암사동74-3호 8. 오산리3호 9. 가평리1호 10. 대천리 11. 봉계리7호 12. 상촌A4호

〈사진3-1〉 서울 암사동유적 주거지

거 벽에 조금 떨어진 곳에 세우거나 네 모서리에 배치하고 있다.

중동부지역의 양양 오산리, 고성 문암리유적의 주거 평면 형태는 원형 혹은 타원형을 이루며, 남한 지역에서는 가장 빠른 단계의 주거 유적이다. 후대의 양양 가평리나 지경리의 양상에서 본다면 주거 형태는 원형에서 말각방형으로 변천한 것으로 보인다. 이 지역의 주거지는 일반적으로 화덕자리가 중앙에 있고, 형태는 원형, 타원형, 장방형 등이 있다. 대부분 화덕자리 주변을 강돌로 돌리고 있다. 기본적으로 화덕자리는 1개소이나 오산리 2호와 3호 주거지에는 2개소가 있다.

서남부지역은 주거 형태가 호서 지역에서는 원형, 타원형, 장방형이 있으며, 호남 지역은 원형이 주류를 이룬다. 화덕자리는 호서 지역의 주거지에서는 확인되지 않은 곳이 많으며, 옥천 대천리의 경우는 2개의 화덕자리가 있다.〈사진 3-2〉 호남 지역의 주거지는 일반적으로 화덕자리가 중앙에 있고, 형태는 원형 내지 타원형이다. 그중에 진안 진그늘과 여수 돌산송도패총에서는 화덕자리 주변을 강돌로 돌리고 있는 형태이다. 보령 관창리유적의 주거지에서는 선반시설과 도랑시설이 확인되고 있다.

동남부지역은 지역에 따라 평면 형태가 달리 나타난다. 경북 내륙의 금릉

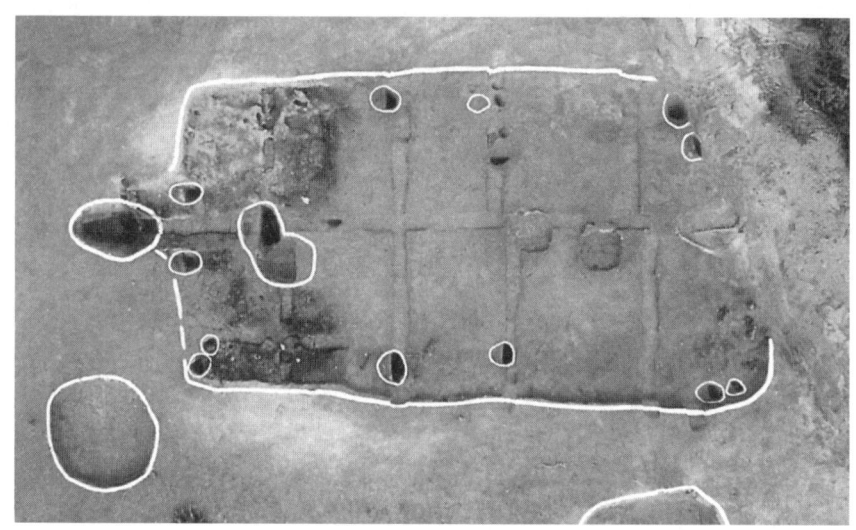

〈사진3-2〉 옥천 대천리유적 주거지

송죽리유적의 주거지는 대부분 말각장방형의 형태이며, 화덕자리는 기본적으로 중앙에 1개소가 있다. 경남 내륙의 합천 봉계리유적의 주거지는 평면이 원형 내지 타원형을 이루고 있다. 화덕자리는 대부분 중앙에 위치하며, 형태는 다양하다. 그러나 같은 경남 내륙에 있는 진주 상촌리유적의 주거 형태는 전체적으로 말각장방형을 이루고 있어, 봉계리와는 다른 양상을 보이고 있다.

② 화덕자리 구조와 저장시설

화덕자리는 조리시설과 난방시설을 겸한 시설로 주거시설에서 중심을 이루며, 또한 불씨를 보관하는 화로의 역할을 담당하기도 한다. 화덕의 위치는 보통 중앙에 1개소가 있는 것이 일반적이다. 화덕의 수에 있어서도 예외적으로 평양 남경 37호 주거지의 2개소, 선봉 서포항 9호 주거지의 5개소, 양양 오산리 2호와 3호 주거지에서 각 2개소, 옥천 대천리의 2개소, 청도 오진리 암음의 2개소가 확인되고 있다.

형태는 원형과 타원형이 주류를 이루고 있으며, 신석기시대의 전 시기에 걸처서 보이고 있다. 이에 반해, 궁산 2호, 금탄리 7호, 남경 12·37호, 장촌 1호, 소정리1지점 3·4·8호, 소정리2지점 2·3·4호 주거지 등에서 방형 내지는 장방형 형태가 보이고 있다. 방형이나 장방형 형태는 원형이나 타원형보다는 늦은 시기임을 알 수 있다.

화덕의 구조는 강돌이나 할석劃石을 돌린 것, 진흙을 바른 것, 집석集石시설을 한 것, 아무런 시설 없이 움푹 파서 마련한 것 등이 있다. 화덕시설 중에 가장 많이 이용되는 구조는 강돌이나 할석을 돌리는 경우이며, 한반도의 전역에서 확인되고 있다. 그러나 진흙을 바른 구조는 궁산 2·5호, 금탄리 7·11호, 남경 31·37호, 청호리, 소정리1지점 1호, 소정리2지점 3호 주거지에서만 확인되는 구조로 대동강 유역과 황해도 일원에서만 보인다. 시기는 진흙을 바른 구조가 강돌을 돌린 구조보다 늦은 시기에 나타나고 있다.

저장시설은 식료를 저장하는 공간이므로 화덕자리의 주변이나 주거 내부의 벽가 혹은 주거의 외부 등 주로 주거의 근처에 두고 있다. 화덕자리 주변의 저장은 궁산, 금탄리, 지탑리, 마산리, 암사동, 봉계리유적 등에서 조사되었다. 그러나 이중에 특이한 것은 토기의 저부를 잘라내어 구연부를 거꾸로 묻은 형태의 저장시설이 확인되는 점이다. 이러한 시설은 궁산, 금탄리, 지탑리, 마산리, 암사동유적의 주거지에서 조사되었으며, 대동강 유역에서 한강 유역에 이르는 지역에서 주로 발견되어 하나의 문화권 영역을 형성하고 있다. 이러한 저장시설은 일반적으로 1개소가 보통이나 지탑리 1호에서는 5개소, 2호에서 3개소, 3호에서 2개소, 서포항 17호에서 7개소, 암사동 71-5호 주거지에 2개소가 있다. 그리고 암사동이나 금릉 송죽리, 진주 상촌리유적에서와 같이 저장시설이 주거 외부에 설치된 경우도 있다.

③ 기둥 구조와 지붕 형태

서북부지역 청단 소정리유적의 주거 구조에서 본다면, 원형의 주거지에 기둥구멍은 벽가를 따라 배치하며, 안쪽으로 경사지고 서까래 시설이 있는 원추형圓錐形의 지붕 구조이다. 그러나 방형 주거지는 4기둥 체재이며, 방추형 方錐形의 지붕 구조를 이룬다. 장방형의 주거지는 벽가에 기둥구멍이 많이 추가되는 것으로 보아 4기둥 체재보다 발전되고 개량된 마룻대와 천정을 갖춘 양면경사兩面傾斜의 지붕 구조였을 것으로 판단된다.

　동북부지역 선봉 서포항유적 빠른 단계의 원형 주거지는 벽가나 벽선을 따라 기둥이 있으며, 지붕의 구조는 서까래 시설이 있는 원추형으로 추정되고 있다. 방형 주거지는 일반적으로 벽가를 따라 기둥구멍이 배치되는 것과 무질서하게 주거 내부에 존재하는 것이 있다. 장방형의 주거지는 벽선에 따라 위치하고 있으며, 양면경사의 지붕 형태임을 짐작할 수 있다. 무산 범의구석의 주거지는 벽과 그 내부에 3칸 구조가 되는 기둥구멍의 배열이 이루어지고 있으며, 구조는 사면 경사의 지붕 형태로 추정된다.

　중서부지역 한강 유역의 서울 암사동유적 주거지의 기둥구멍은 주거 벽에서 조금 떨어진 곳에 둥글게 세우거나 네 모서리에 배치한 것이 일반적이며, 기둥구멍은 대부분 수직으로 형성되어 있다. 평면 구조와 기둥 구조로 본다면, 암사동에서 가장 많이 보이는 지붕 형태는 원추형과 방추형의 4기둥 체재이며, 중기 이후에는 방추형의 4기둥 체재가 주류를 이룬다. 연천 삼거리 5호 주거지에서는 8개의 기둥구멍이 거의 일정한 간격으로 배치되어 있어, 한강 유역과 임진강변과는 기둥 구조에 있어서 약간의 차이가 나타나고 있다.

　원형 주거지인 양양 오산리유적의 경우는 기둥구멍이 없는 것이 많다. 그러나 2호 주거지에서는 8개의 기둥구멍이 한쪽으로 몰려 있는 경우와 4호 주거지에서는 화덕자리를 중심으로 사방 2m 간격으로 기둥을 받치기 위한 받침돌이 확인되고 있다. 지붕 구조는 평면 형태가 원형인 것으로 보아 원추형으로 추정된다. 양양 지경리 4호 주거지에서는 바닥에 2개의 기둥구멍이 있고, 벽을 따라 안쪽으로 서까래의 흔적이 있는 것으로 보아 서까래와 마룻대 시설을 갖춘 고깔형 지붕 구조로 판단된다. 양양 가평리 2호 주거지에서는 화덕자리의 사방에서 기둥구멍이 확인되었는데, 말각방형 4기둥 체재의 구조로 판단되고 있다.

서남부지역의 옥천 대천리유적 주거지에서는 벽을 따라 기둥구멍이 있으며, 기둥구멍에서 보면 2칸 구조로 분할하는 양상을 보인다. 동남부지역의 금릉 송죽리유적 주거지는 주로 말각장방형으로 기둥구멍은 주로 벽가를 따라 배치하고 있으며, 남벽 중앙에 대형 기둥구멍이 존재하는 경우가 있다. 진주 상촌리유적 주거지의 기둥구멍은 외곽의 가장자리를 따라 배치되고 있는 경우가 많아, 양면 경사의 지붕 구조임을 짐작할 수 있다.

2) 다양화되는 무덤

① 토광묘

토광묘土壙墓는 시신을 묻을 수 있을 정도의 구덩이를 파서 매장하는 가장 단순한 무덤이다. 이 토광묘는 북한 지역에서는 함북 웅기의 용수동과 송평동, 동해안의 고성 문암리, 울진 후포리, 남해안의 여수 안도패총, 부산 범방패총, 경남 통영의 연대도, 욕지도, 산등패총, 부산 가덕도 장항유적 등에서 조사되었다.

고성 문암리유적에서는 주거지와 매장 유구가 동시에 조사되었으며, 신석기시대 전기 문화층에서 발견되었다. 무덤의 잔존 규모는 1.5×0.6m 정도이며, 형태는 말각방형이다. 이 유구에서는 고리형 귀걸이[玦狀耳飾] 2점, 소형 토기 1점, 간석기 2점이 공반되고 있다. 고리형 귀걸이는 횡장형과 원형이며, 출토 상태로 보아 머리 방향은 남향이었던 것으로 보인다. 고리형 귀걸이는 일본이나 중국의 신석기시대 무덤에서 보이며, 한반도에서도 몇 유적에서 발견되고 있어 동아시아 지역의 비교 연구가 가능하게 되었다.

여수 안도패총에서는 4기의 무덤이 조사되었으며, 출토된 인골은 모두 앙와신전장仰臥伸展葬을 이루고 있다. 이중에 1호와 2호묘에는 적석시설이 없는 토광묘이나, 3호와 4호묘는 상면에 30~40cm 정도의 돌이 부정형으로 쌓여

〈사진3-3〉 여수 안도패총 1호묘

있다. 이러한 적석시설은 남해안의 통영 연대도나 욕지도유적에서도 확인되고 있다. 이로 미루어 보면, 안도패총의 무덤은 토광묘와 적석토광묘가 혼재하고 있음을 알 수 있다. 매장은 단독장이 기본이나, 1호묘에서는 부부로 보이는 남녀가 합장하고 있는 모습을 보이고 있다.〈사진3-3〉 부장 유물은 1호묘의 남성과 3호묘의 여성 인골에서 조개팔찌가 출토되었다. 특히 3호묘의 인골에서는 5개의 조개팔찌를 착용하고 있다.

근래에 조사된 부산 가덕도 장항유적에서는 신석기시대 전기에 해당하는 대규모 묘역과 함께 수혈유구, 적석유구 등이 조사되었다. 묘역에서는 인골 48개체분이 출토되었으며, 부장 유물은 많은 양의 융기문토기, 영선동식토기, 돌도끼, 숫돌, 다량의 흑요석, 옥제 드리개, 문양이 시문된 골제품, 상어이빨, 조개팔찌 등이 출토되었다. 인골은 신전장伸展葬과 굴장屈葬이 확인되었으며, 그중에 굴장은 23개체분이 확인되었다. 한반도 신석기시대 매장에 있어서 굴장의 사례는 처음이다. 장항유적의 굴장은 팔과 다리의 관절이 모두 심하게 꺾여 있는 모습이며, 의도적으로 의례 행위가 이루어진 것으로 보인다. 특히 41호 인골은 굴장이며, 가슴 위에 'X'자형으로 양팔을 포개어 매장하였다. 팔목에는 3개씩 조개팔찌가 장착되어 있으며, 특히 20개 이상의 조개팔찌를 연결해서 목걸이로 사용하였다. 조개팔찌의 재료는 투박조개로 추정된다. 조개팔찌는 손목에 장착하는 것이 일반적이나 장항유적에서와 같이 다른 용도로도 사용하였음을 알 수 있다.

② 적석토광묘

적석토광묘積石土壙墓는 토광묘와 기본은 같으나 토광 위에 돌을 쌓는 방식이다. 주로 남해안의 패총유적에서 발견되고 있다.

통영 연대도패총에서는 다량의 조개껍질층과 함께 인골이 공반된 14기의 무덤시설이 밀집되어 조사되었다. 1·2·4·7호묘의 경우 묘광시설이 있는 것으로 조사되었다. 매장 형태는 일반적으로 단독장이나 2호묘에서는 3인 이상이 매장되는 합장을 보이고 있다. 매장 방법은 신전장이나 5호묘에서는 엎어서 묻는 부신장俯身葬을 하였으며, 인골의 머리 방향은 전부 서향을 이루고 있다. 부장 유물은 조개팔찌, 결합낚시바늘, 뼈작살, 돌도끼, 숫돌, 토기 등이 다양한 유물을 의도적으로 매장하고 있다. 이중에 7·11·14호묘의 부장유물은 양과 질에서 다른 무덤보다 많고 다양하므로 신분상의 차이가 반영된 것으로 보인다.

통영 산등패총에서는 집석유구와 각종 토기, 석기 등의 유물, 인골 등이 출토되었다. 조개껍질의 바닥면까지 파서 인골을 매장하고 있는 이른바 패각묘貝殼墓적인 성격을 띠고 있다. 인골은 치아 이외에는 잔존 상태가 좋지 않다. 왼팔에는 3개의 조개팔찌를 장착하고 있으며, 인골은 동향의 앙와신전장의 상태로 조사되었다.

〈사진3-4〉 춘천 교동 동굴

③ 동굴묘

북한에서는 평남 상원의 용곡동굴에서 신석기시대의 인류화석이 보고되고 있다. 제1동굴의 신석기문화층에 해당하는 5문화층에서 상악골 1개와 돌도끼, 갈돌, 토기 등이 출토되었다. 제2동굴의 신석기문화층인 2문화층에서는 하악골 2개와 돌보습, 돌도끼, 돌낫 등 각종 석기와 토기, 방추차, 골각기, 장신구, 많은 양의 동물 뼈 등 다양한 유물이 수습되었다.

남한에서 인골이 출토된 동굴유적은 춘천 교동의 봉의산 자락에서 조사되었다.〈사진3-4〉이곳은 남향 산사면의 풍화 암반을 인공적으로 파 들어간 동굴 형태의 주거지로 추정되며, 중앙 부위에는 움푹 들어간 화덕자리도 확인되었다. 이 화덕자리를 중심으로 3구의 앙와신전장 인골이 방사상放射狀 모양으로 발견되어 수습되었다. 동굴의 벽과 천장이 그을려 있는 것으로 보아 일부러 폐기한 것으로 보인다. 부장품은 인골의 아래 부분에서 돌도끼, 간돌화살촉 등 각종 석기류와 빗살문양토기류가 출토되었다.

〈사진3-5〉 진주 상촌리유적 옹관

④ 옹관묘

옹관묘는 전 세계적으로 사용되고 있으며, 지역과 시기에 따라 다양하게 나타나고 있다. 옹관은 시신을 넣거나, 혹은 뼈를 넣어 묻는 토기를 말하며, 한반도에서도 선사시대~조선시대에까지 전 시기에 걸쳐 많이 사용되는 묘제이다.

진주 상촌리유적 14호 주거지에서 옹관 2기가 확인되었다.〈사진3-5〉 1호 옹관은 완형에 가까운 첨저기형尖底器形의 삼각집선문三角集線文토기가 수직으로 세워진 채 출토되었다. 토기의 저부에는 구멍을 뚫어 토기로 메웠으며, 내부에서는 화장된 성인 인골이 매납되어 있었다. 또한 이 유적에서는 적석積石 화장시설이 조사되기도 하였다. 이 적석 사이에는 소토燒土와 목탄흔, 탄화된 도토리, 빗살 문양의 토기편이 혼입된 상태이다. 적석을 제거한 수혈유구竪穴遺構 내에서는 붉게 소성된 흔적, 강한 열을 받은 석재, 많은 흑색소토가 확인되었으며, 각종 토기와 돌도끼 등도 출토되었다. 이 수혈유구의 중앙

부근에서는 약한 골편이 확인되고 있으므로, 이 적석유구는 인골을 옹관에 넣기 위한 특수한 화장시설로 추정하고 있다.

⑤ 신석기인의 죽음관

한반도 신석기인들의 죽음관에 대한 양상을 보면, 먼저 신석기시대에는 사자를 묻을 때의 머리를 두는 방향이 일정하지 않은 것 같다. 통영 연대도 패총에서의 머리 방향은 서향이 주류를 이루고 있으나, 부근 상노대도의 산등패총에서는 동향이며, 북한의 함북 용수동에서도 동향을 보이고 있다. 울진 후포리는 북향, 범방패총은 서북향, 가덕도 장항유적은 북서, 북동쪽을 가리킨다. 강원도의 춘천 교동에서는 인골 3구가 제각기 다른 동, 서, 남향의 방사상으로 향하고 있어, 한반도의 각 지역이 통일된 양상을 보이지 않는다. 따라서 신석기시대에는 장례 시에 머리 방향 문제에 대한 의례적, 종교적인 의식은 각자의 유적 내에서 일정한 규범에 의해 이루어졌던 것으로 파악할 수 있다.

매장 방법에 있어서는 일반적으로 앙와신전장이 주류를 이룬다. 앙와신전장은 토광묘가 무덤에 있어서 기본을 이루듯이, 매장 방법에 있어서는 가장 많이 사용되는 방법이다. 그러나 근래에 조사된 부산 가덕도 장항유적에서는 23개체분의 굴장屈葬이 처음으로 확인되었다. 굴장은 팔과 다리의 관절이 모두 심하게 꺾여 있는 모습이며, 의도적으로 의례 행위가 이루어진 것으로 보인다. 통영 연대도패총에서는 엎어서 매장하는 부신장俯身葬이 보이기도 한다. 동북아시아의 중국에서는 앙와신전장, 일본에서는 굴장이 많이 보이고 있다.

다음으로 춘천 교동, 울진 후포리, 통영 연대도, 욕지도 등에서 보이듯이 합장合葬의 풍습이 존재했음을 알 수 있다. 신석기시대에는 매장 형태에 있어서 일반적으로 1인씩 묻는 단독장이 주류를 이루고 있으나, 연대도패총의 2호묘에서는 3인 이상이 매장되고 있어 합장의 풍습이 있었음을 알 수 있다.

합장의 풍습은 시베리아의 구석기시대 유적에서도 확인되고 있어, 그 원류가 구석기시대에까지 거슬러 올라감을 알 수 있다. 이러한 합장은 주변국에서도 부부, 가족, 친족 단위로 많이 이용되고 있으며, 황하 중류역 앙소문화기仰韶文化期의 원군묘元君廟묘지에서는 25인이 합장된 경우도 있다.

또한 이 시기에 이미 신분, 지위의 고하高下가 있었던 것으로 추정된다. 연대도패총에서는 조개팔찌, 결합낚시바늘, 뼈작살, 돌도끼, 숫돌, 토기 등 다양하게 출토되었다. 이중에 7·11·14호묘의 부장 유물은 양과 질에서 다른 무덤과 현저하게 구분되므로 신분, 지위상의 차이가 인정되는 것으로 생각할 수 있다. 무덤의 규모나 부장품의 다양성에 의해 빈부나 신분의 차이가 반영되고 있음은 주변국에서도 인정되고 있다.

마지막으로, 신석기시대 중기에는 화장의 풍습이 있어 이차장이 행해졌음을 알 수 있다. 또한 이 시기에 화장을 위해 따로 적석積石 화장시설을 두었음을 추정할 수 있다. 진주 남강댐 수몰지구인 상촌리유적에서는 주거지 내 2기의 옹관 내부에서 화장된 성인 인골이 매장된 것으로 보고되고 있다.

3) 야외에 화덕자리를 마련하다

야외 화덕자리[野外爐址]는 조리, 난방 등을 위해 고정적으로 불을 지핀 흔적을 말하며, 신석기시대 조기 이후에 한반도 전역에서 발견되고 있다. 야외 화덕자리는 패총과 관련이 있는 화덕자리, 취사를 위한 화덕자리, 음식 가공을 위한 화덕자리, 난방과 조명을 위한 화덕자리 등 여러 용도로 사용되었다. 양양 오산리유적의 야외 화덕자리에서 도토리가 출토되고, 야외 화덕자리의 여러 유적에서 갈돌과 갈판, 그리고 불에 그은 흔적들이 조사되는 것으로 보아 야외 화덕자리가 식물성 조리와 관련된 유구임을 짐작할 수 있다.

야외 화덕자리는 다양한 모습으로 발견되나 주거와 관련되는 유적, 패총과 관련된 유적, 단독으로 형성된 유적으로 구분되고 있다. 주거와 관련된 야

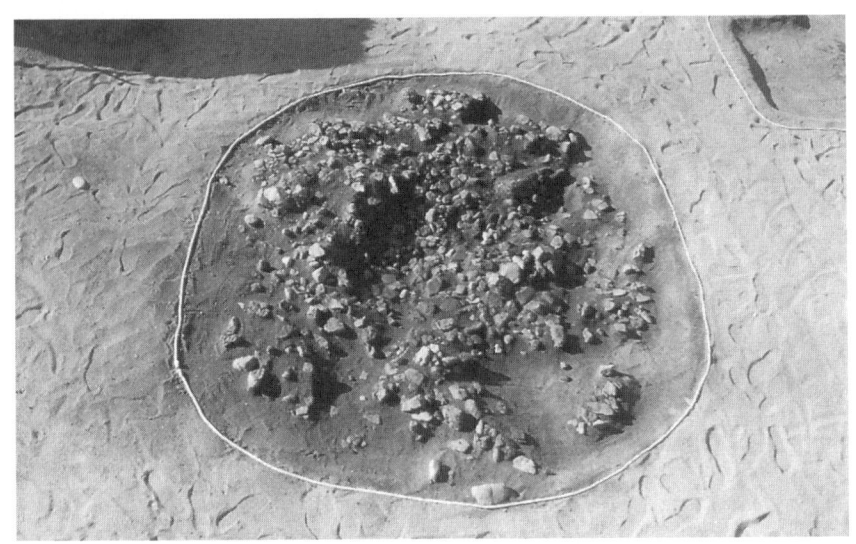
〈사진3-6〉 양양 지경리유적 야외 화덕자리

외 화덕자리의 주요 유적은 인천 운서동, 인천 중산동, 영종도 는들, 서울 암사동, 하남 미사리, 함평 당하산, 양양 오산리·지경리, 고성 문암리, 진안 진그늘, 합천 봉계리, 금릉 송죽리유적이 있으며, 패총과 관련된 야외 화덕자리 유적은 옹진 시도, 인천 을왕동, 안산 별망, 군산 노래섬, 가도, 김해 수가리, 부산 범방, 하동 목도패총이 있다.〈사진3-6〉 단독으로 형성된 야외 화덕자리 유적은 인천 영종도 송산, 삼목도, 용유도 남북동, 진안 갈머리유적 등이 있다.

화덕자리는 야외에 단독적으로 있는 경우와 주거의 내부나 주거의 외부에 있는 경우가 있다. 대개 주거의 내부에 있는 화덕자리는 주거지의 연구와 관련해서 다루어지고 있다. 조사된 지역도 해안과 내륙에서 유적이 존재하고 있으며, 다양한 식료의 조리나 가공 등에 이용되고 있다. 패총 유적 야외 화덕자리의 경우에는 조개류나 어류의 채집의 위치와 근접한 곳에 설치되기도 하여 편의성을 우선으로 하는 경향이 있다.

야외 화덕자리의 구조는 다양하나 조리의 방법에 의해서 사용 용도도 다르게 나타난 것으로 추정되며, 야외 화덕자리가 사용되는 계절도 지역에 따라 차이가 있다. 이를테면 진안 갈머리유적의 경우는 도토리를 가공하는 야외 화덕자리가 확인되어 도토리가 채집되는 가을에 집중적으로 사용되었을 것이며, 인천 삼목도나 용유도 남북동유적과 같이 여름에 주로 잡히는 난류성 어종인 것을 감안하면 여름에 집중적으로 사용된 야외 화덕자리였을 것으로 추정하고 있다.

근래에는 야외 화덕자리에 대한 지방산脂肪酸분석을 실시하여 구체적인 조리나 가공 대상을 파악하는 연구가 진행되고 있다. 진안 갈머리유적에서는 석기 조성에 있어서 굴지구가 주류이면서 갈돌, 갈판, 공이, 긁개 등 식물성 식료의 가공과 채취에 이용된 비중이 높게 나타나고 있다. 금강 하구의 노래섬이나 가도패총의 풍족한 어패류 식료와는 달리 갈머리유적에서는 도토리 등의 견과류堅果類와 근경류根莖類가 식료로 많이 이용되었을 것이다. 이 유적의 적석유구積石遺構 53기 중에 기능 추정을 위해 3기의 유구에 대하여 지방산분석을 실시하였다. 분석 결과, 도토리 껍질의 식물성 성분이 확인되었고, 14호 적석유구의 이중구연토기 내부에 부착된 탄화물은 동물성일 가능성이 높은 식료로 판명되었다. 갈머리유적에서 1km 정도의 거리에 인접한 진그늘유적에서도 1호 야외 작업장 내의 7·8·9호 야외 화덕자리 주변에서 90여 점의 도토리가 산포되어 있었다. 도토리는 껍질이 온전하거나 반쪽 혹은 1/4쪽의 알맹이 상태여서 껍질을 벗기는 작업 공정이 이루어진 것으로 보고하고 있다.

4) 음식물을 저장하다

저장구멍은 신석기시대에서도 시기가 빠른 조기 단계부터 사용되고 있다. 저장구멍은 식물성의 식료를 저장하기 위한 구덩이이며, 한반도에서 조사된 예는 그리 많지 않다. 저장구멍은 대개 물의 영향을 받은 저습지 유적에서 발견되고 있으며, 내부에 주로 도토리 종류가 남아 있는 경우가 많다. 한반도

〈사진3-7〉 창녕 비봉리패총 저장구멍

와 비교 자료로 검토해 볼 수 있는 일본 규슈 지역의 소바타패총曾畑貝塚의 도토리 저장구멍도 저습지 유적에 해당한다. 저장구멍의 도토리 위에는 나뭇잎이나 나무껍질 등을 덮기도 하며, 최종적으로 돌을 얹어 놓거나 점토로 덮기도 한다. 저장구멍이 출현한 배경에는 떫은맛의 타닌 성분을 제거하는 기술의 발달과 함께 견과류 등의 식물성 식료의 의존도가 높아진 것이라 생각된다.

창녕 비봉리패총에서는 습지화된 환경에서 식물 유체, 동물 유체, 씨앗류 등이 다량으로 출토되었다. 유구로는 도토리 저장구멍[貯藏孔], 야외 화덕자리[野外爐址], 소토燒土시설 등이 조사되었다. 도토리 저장구멍은 18기가 조사되었으며, 물속에 잠겨 있는 상태의 저장구멍과 물과 뭍의 경계에 있는 저장구멍이 있었음을 알 수 있다. 구조는 플라스크형이 4기, U자형이 11기 정도가 확인되었다. 이중에 4·11·13호 저장구멍에서는 목재가 출토되었으며, 9호 저장구멍에서는 편물編物, 10·11호 저장구멍에서는 파쇄된 도토리 껍질, 12

호 저장구멍에서는 갈돌과 갈판이 출토되었다.〈사진3-7〉 갈돌과 갈판의 출토로 보아 가공 공간으로서의 기능도 수행한 것으로 보인다. 자연 유물인 도토리, 가래, 솔방울, 조개, 잉어, 사슴, 멧돼지, 개 뼈 등이 출토되어 다양한 연구자료가 확보되었다. 출토된 유물도 토기, 석기 외에 망태기, 목기, 분석糞石, 통나무배 등이 있으며, 이들은 모두 한반도 최고, 최초의 것이다. 비봉리패총의 중심은 신석기시대 조기에서 전기에 걸친 시기이다. 비봉리패총 저장구멍의 기능에 대해서는 타닌 제거시설, 저장시설, 가공시설로 사용된 것으로 보고되고 있다. 도토리에 포함되어 있는 타닌을 제거하는 데에는 일정 기간 동안 물속에 담가 두거나 제분한 다음 물속에 담그는 방법이 있다. 비봉리패총 저장구멍에서는 타닌 제거에 전자의 방법이 사용되었다. 도토리는 가을에 채취하여 적어도 봄까지는 저장하여야 한다. 비봉리패총의 저장시설은 채집한 도토리를 물속에 넣어 두거나, 아니면 그냥 건조하여 저장하는 방법을 택했을 것이다. 따라서 비봉리패총의 저장구멍은 타닌 제거와 해충으로부터의 예방과 일정 기간 동안 저장하는 기능도 있었을 것이다. 비봉리패총의 저장구멍에서는 파쇄된 도토리 껍질과 갈돌과 갈판 등이 출토되어 저장시설로 사용됨과 동시에 가공시설의 기능도 같이 하였던 것으로 보인다.

근래에 한반도에도 저장구멍 유적의 조사가 이루어지고 있으며, 농경사회 이전에 수렵, 어로, 채집 사회가 지속되었음을 알 수 있다. 저장구멍에는 주로 신석기시대 주식이었던 도토리를 포함한 채집 식물을 저장하였으며, 겨울과 봄에 이르기까지 안정적으로 식량을 공급할 수 있었다. 식량의 저장은 곧 안정적인 정주생활로 이어졌으며, 한층 더 윤택한 생활을 영위할 수 있게 되었다.

5. 토기와 석기, 그리고 생활 도구들

1) 빗살문양으로 대표되는 토기

① 토기는 어떻게 제작되었나?

 토기는 취사 용기 이외에도 저장, 가공, 제사, 제염, 옹관, 운반에 이르기까지 다양하게 활용되고 있다. 토기를 사용함으로써 구석기시대의 한정된 음식과는 달리 넓은 범위의 식용식물 이용이 가능하게 되었다. 토기에는 문양이 시문施文되기 때문에 지역에 따라서 그 문양이 쉽게 변화하고, 지역, 분포, 제작 집단의 특징을 파악하기 쉽다. 물론 제작 방법도 집단이나 지역 나름대로의 전통이 있어, 토기의 상세한 관찰에 따라 토기 제작 방법을 복원해 볼 수 있다.

 토기의 제작은 대체적으로 점토 채취, 반죽, 성형成形, 문양 시문, 건조, 소성燒成의 순으로 제작된다. 먼저 점토는 생활 근거지의 주변에서 채취하며, 흙을 잘게 부수어 점토 속의 불순물 등을 제거한다. 토기 제작에는 혼화재混化材를 사용하는 경우도 있으며, 혼화재로 운모, 활석, 사질, 석영, 장석 등의 광물질, 식물질, 조개껍질 등을 섞기도 한다. 혼화재의 혼입된 흙이 태토胎土이며, 이 태토 분석을 통해 산지 추정이나 토기의 전파 등을 연구하는 데 중요한 자료로 사용되기도 한다.

 토기의 제작 방법은 먼저 점토를 반죽해야 되는데 빵을 반죽하는 것과도 유사하다. 지속적으로 반죽을 함으로써 기포氣泡를 없애고, 점착성을 높일 수 있기 때문이다. 점토 반죽이 끝나면 숙성을 하는 시간이 필요하다. 그 다음으로 본격적으로 토기의 성형이 이루어진다. 토기의 성형 방법은 반죽한 태토를 한 단계씩 올려 쌓는 테쌓기[輪積法]와 나사 모양으로 감아올리는 서리기[卷上法] 등의 성형 방법이 사용된다. 성형이 끝나면 약간의 건조를 거쳐 문양을 시문하며, 문양은 지역과 시기에 따라 다양하지만 시문구는 나무봉, 골각기, 조개껍질 등의 도구가 사용된다. 문양 시문이 끝나면 건조에 들어가는데, 토기의 사용 용도에 따라 연마研磨하는 경우도 있다. 토기는 대개 응달에 1주일 이상 건조하여 충분히 건조시킨다. 건조되면 본래의 토기 성형시 크기보다 10% 정도 축소되며, 중량은 35% 정도가 감소한다. 건조가 완료되면 마지막으로 소성작업을 진행한다. 소성은 노천에서 이루어지며, 습기 제거를 위해 예비로 불을 지펴서 충분히 주변을 건조한 다음 진행한다. 토기의 소성은 노천露天에서 이루어지기 때문에 700~900℃ 정도의 온도에서 구워진다. 노천에서 구워진 토기들은 대개 산화 상태로 구워지기 때문에 적갈색을 띠게 된다.

② 토기는 지역마다 다르다

신석기시대의문화는 나라와 지역에 따라 다르게 정의되기도 하지만, 한반도의 경우에는 토기를 기준으로 지역을 구분할 수 있다. 한반도의 토기 구분은 크게 서북부, 동북부, 중서부, 중동부, 서남부, 동남부지역으로 나누어 볼 수 있다.

서북부지역에서는 일반적으로 궁산유적과 지탑리 1지구 1호 주거지로 대표되는 궁산 1기, 지탑리 2지구 2·3호 주거지로 대표되는 궁산 2기, 금탄리 1문화층으로 대표되는 궁산 3기, 금탄리 2문화층의 궁산 4기로 적용할 수 있다.〈사진3-8〉 궁산 1기의 토기는 심발형深鉢形, 발형鉢形, 포탄형砲彈形 등이 있다. 문양은 토기의 구연부, 동부, 저부로 분할되는 삼부위문양대三部位文樣帶로

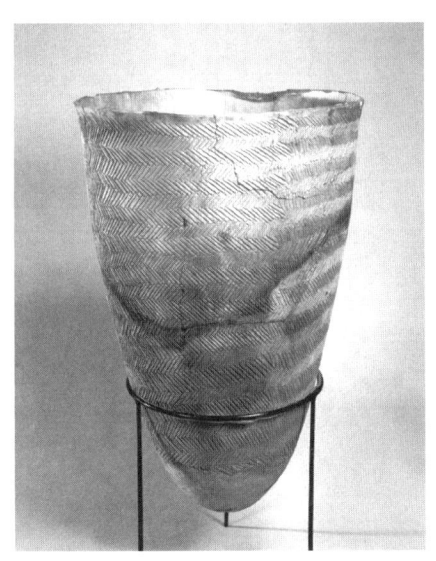

〈사진3-8〉 평양 남경유적 토기

신기시대 사람들은 어떻게 살았을까? 123

이루어진다. 궁산 2기는 문양에 있어서는 점열문點列文 계통의 타래문, 중호문重弧文이 새롭게 등장한다. 이 시기에는 궁산 1기의 삼부위문양대가 유지되고 있는 단계이다. 궁산 3기에는 삼부위문양대가 사라지고 문양을 반복 시문하는 패턴이 주류를 이룬다. 문양은 횡선문橫線文, 압날문押捺文, 삼각집선문三角集線文이 있다. 궁산 4기는 전면 또는 기면에 횡주어골문을 시문하거나, 띠대문, 융기 문양을 돌리는 등 변화 양상이 보인다.

동북부지역의 두만강 하류와 동해안 지역에서는 선봉 서포항, 청진 농포동, 무산 범의구석, 나진패총 등의 유적이 조사되었다.〈사진3-9〉 서포항유적을 기준으로 서포항 1기층은 조기, 서포항 2기층은 전기, 서포항 3기층은 중기, 서포항 4기층은 후기, 서포항 5기층은 만기에 비정할 수 있다. 서포항 1기의 토기는 평저기형이며, 구연부 가까이에 4~5줄의 단사선문短斜線文으로 시문하고 있는 것이 특징이다. 서포항 2기에는 심발형 평저토기가 주류를 이룬다. 문양은 점열문點列文을 동부胴部에까지 시문하였으며, 점과 선의 배합으로 어골문魚骨文이 시문되기 시작한다. 서포항 3기에서는 토기의 종류가 다양해져 단지, 호형토기, 컵형토기 등이 만들어진다. 곡선 형태의 타래문이나 기하학적 문양을 압날押捺하는 경우도 있다. 서포항 4기의 토기는 사발 형태

〈사진3-9〉 청진 농포동유적 토기

의 발형토기가 있으며, 새롭게 번개 문양이 등장한다. 서포항 5기에서는 문양이 없는 토기들이 많이 만들어지며, 점차 청동기시대로 이행하게 된다.

　중서부지역은 서울 암사동유적이 표준 유적이 될 만큼 중요한 유적으로 판단된다. 제1기는 암사동, 하남 미사리유적이 대표적이다.〈사진3-10〉 토기 기형은 첨저尖底, 환저丸底의 심발형이 대부분이며, 시문 부위는 삼부위문양대三部位文樣帶를 기본으로 하고 있다. 제2기는 암사동, 미사리유적을 포함하여 파주 주월리, 시흥 오이도 가운데살막유적 등이 있다. 문양은 삼부위문양대의 기본 틀이 유지되나 문양의 불규칙성과 공백 형성의 양상을 엿볼 수 있다. 또한 이 시기에 대동강 유역에서는 보이지 않는 삼각집선문三角集線文이 출현하며, 사격자문斜格子文도 동부 문양으로 등장한다. 제3기는 인천 영종도 송산, 는들, 남북동, 시흥 오이도, 옹진 소연평도 등의 유적이 해당된다. 환저의 기형을 이루는 것이 많으며, 문양에 있어서는 횡주어골문橫走魚骨文, 횡사선대문橫斜線帶文, 격자문格子文 등 서해안에서 흔히 보이는 동일계 빗살문양토기가 주류를 이룬다. 제4기는 인천 을왕동, 오이도 뒷살막패총 등의 유적이 있다. 문양은 구연부 위주로 시문되며, 전체적으로 단순화되거나 조잡해지고 있는 양상이다.

〈사진3-10〉 서울 암사동유적 토기

중동부지역의 초창기에 해당하는 양양 오산리유적 C지구의 최하층에서는 압날점열구획문토기와 무문토기가 출토되었다. 또한 좀돌날몸돌[細石刃石核]과 좀돌날[細石刃]이 출토되어 후기구석기의 석기 제작 전통을 이어받은 것으로 보인다. 조기 및 전기에 해당하는 유적은 고성 문암리, 양양 용호리, 오산리, 동해 망상동유적을 들 수 있다.〈사진3-11〉 망상동에서 출토된 압날점열구획문토기와 무문토기는 석기의 양상에서 보면 오산리유적 C지구의 최하층보다는 다소 늦은 시기로 보인다. 중기의 유적은 양양 가평리, 송전리, 지경리, 강릉 초당동유적을 들 수 있다. 이 시기의 토기는 중서부지역의 영향을 받은 토기가 주류를 이루며, 동남부지역의 구연부 위주의 태선집선문太線集線文 계통 토기도 출토되고 있다. 후기의 유적은 고성 철통리, 강릉 지변동유적이 있다. 철통리에서는 태선침선문太線沈線文이 퇴화되는 양상을 보이고 있으며, 지변동유적에서는 횡주어골문, 선문, 단사선문의 토기가 출토된다.

서남부지역에서는 융기문토기보다 선행하는 제주 고산리유적 출토의 갈색 무문토기를 초창기로 올려 볼 수 있게 되었다. 어형 화살촉과 공반되는 양상을 보이고 있으며, 구석기에서 신석기시대로 이행하는 시기의 유물로 파악할 수 있다. 조기에 속하는 융기문토기의 문양은 단일융기문, 복합융기문, 융기문+침선문류, 두립문頭粒文토기, 굴곡형屈曲型토기 등 동남부지역에서 출

〈사진3-11〉 고성 문암리유적 토기

토하는 문양들과 거의 유사한 것이 출토되고 있다.〈사진3-12〉 전기에 해당하는 토기의 문양은 단사집선문短斜集線文, 압인횡주어골문押引橫走魚骨文, 압인횡주어골문+자돌점열문刺突點列文, 자돌문+단침선문短沈線文, 구획문양대區劃文樣帶+삼사집선분三角集線文, 패각조흔문貝殼條痕文 등이 시문된다. 이러한 문양은 동남부지역의 영선동식瀛仙洞式토기와 유사하다. 중기의 토기는 전북 해안의 경우, 군산 노래섬이나 가도패총에서 출토된 단사선문 계통, 점열문 계통, 금탄리Ⅰ식에 해당하는 토기 등을 들 수 있다. 후기의 토기는 전북 해안의 경우, 문양은 단사집선문, 횡주어골문이 주류를 이루어 중서부 토기의 문양이 많이 점하고 있다. 여기에 격자문格子文, 능형압날문菱形押捺文, 능형집선문, 횡단선문橫短線文, 종주어골문, 조우문鳥羽文, 지자문之字文 등이 부가되는 양상을 보인다. 만기의 토기는 이중구연二重口緣토기로 대표되는데, 서남부지역 해안 전역에 분포하는 양상을 보인다.

동남부지역에서 가장 빠른 조기에 해당하는 융기문토기는 평저심발平底深鉢과 굴곡형屈曲型으로 대별된다. 이중에 굴곡형토기는 동부가 단段을 이루는 것이 특징이다. 문양에 있어서도 자돌문刺突文이나 침선문이 복합되기도 한다. 이 토기는 평저심발토기와는 기형이나 문양에 있어서 차이를 보이며, 일본 규슈의 도도로끼B식轟B式토기와 관련된다. 영선동식瀛仙洞式토기는 전

〈사진3-12〉 여수 돌산송도패총 토기

기에 해당되며, 문양은 자돌문刺突文, 압인문押引文, 침선문沈線文에 의해 구성된다. 김해 수가리패총에서 출토된 토기는 Ⅰ기층이 중기에 해당되고 있다. 수가리식水佳里式으로 설정된 이 토기는 주로 첨저형을 이룬다. 문양은 태선太線을 이루며, 구연부를 중심으로 연속단사선문連續短斜線文을 시문하고 있는 것, 어골문魚骨文이나 어골문과 복합된 집선문集線文을 시문한 것이 있다. 수가리Ⅰ기층에서 출토된 토기의 문양이 퇴화되고 조잡한 형태로 시문되고 있는 수가리Ⅱ기층 출토의 토기를 후기로 보고 있다. 즉 중기의 연속단사선문이나 어골문과 집선문 등의 복합된 문양이 단독 문양으로 퇴화되어 이행되고, 또한 중기의 특징인 태선의 양상도 보이지 않는다. 만기는 이중구연二重口緣토기와 퇴화된 단사선문短斜線文이 특징적이다.

2) 다양한 종류의 석기

① 석기는 다양하다

서북부지역의 유적 중에 석기는 황해도의 온천 궁산, 봉산 지탑리유적, 대동강 유역의 평양 남경, 금탄리유적 등에서 많이 출토되었다. 서북부지역에서는 전반적으로 화살촉이 많이 출토되며, 가장 특징적인 요소는 역시 농경구와 가공구가 많이 보이는 점이다. 서북부지역에서는 타 지역에 비해 농경이 일찍 시작된 것으로 보인다. 궁산 1기 궁산유적에서는 화살촉, 찔개살, 갈돌, 돌도끼, 숫돌 등이 출토되었다. 가장 많이 출토된 것은 화살촉이다. 궁산2기의 지탑리 주거지에서는 화살촉, 도끼, 갈돌, 숫돌, 그물추 외에도 궁산 1기에 비해 돌끌, 자귀 등의 간석기, 돌낫과 돌보습이 추가된다. 농경과 관련된 돌보습의 굴지구와 수확구가 본격적으로 출토되고 있다. 궁산 3기의 금탄리 1문화층 7호 주거지에서는 양날돌도끼[合刃石斧], 유엽형 화살촉, 그물추, 숫돌, 돌삽, 토기 등이 출토되었다. 궁산 4기의 금탄리 2문화층에서는 유엽형 화살촉, 돌도끼, 자귀와 함께 함북지방에서 흔히 발견되는 곰배괭이, 갈돌,

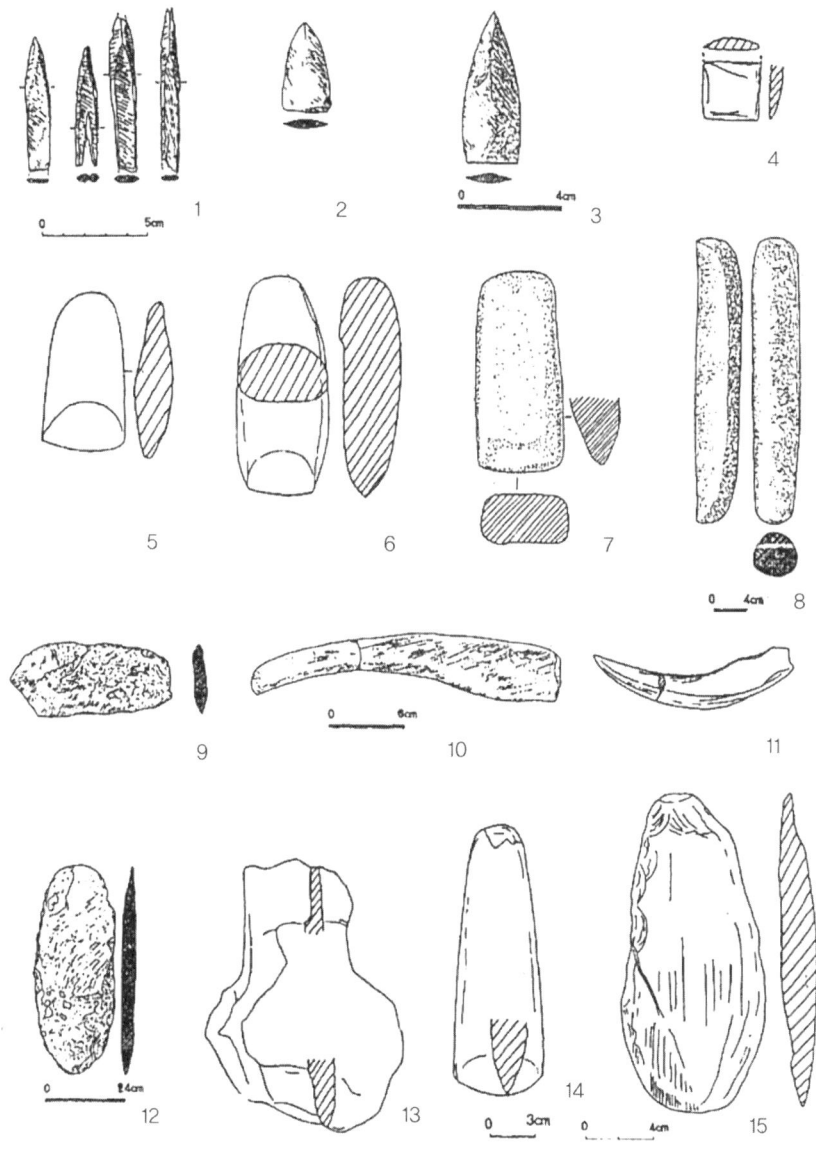

〈도면3-2〉 북부지방의 석기

1. 궁산(화살촉) 2. 지탑리(창끝) 3. 지탑리(찔개살) 4. 서포항(대팻날) 5. 서포항(자귀)
6. 금탄리(돌도끼) 7. 궁산(돌도끼) 8. 지탑리(갈돌) 9. 지탑리(숫돌) 10. 지탑리(돌낫)
11. 서포항(돌칼) 12. 지탑리(보습) 13. 서포항(곰배괭이) 14. 서포항(괭이) 15. 금탄리(돌삽)

숫돌 등이 있다. 남경유적에서는 간돌도끼, 자귀, 대팻날, 무경식 화살촉, 돌칼, 갈돌, 갈판, 숫돌 등이 출토되었으며, 이 유적에서 좁쌀과 저장용 대형토기, 벌채 용구 등이 출토된 것으로 보아 농경이 본격화되었음을 보여 주고 있다.〈도면3-2〉

동북부지역의 선봉 서포항유적에서는 다양한 석기가 출토되었다. 서포항 1기의 석기는 괭이, 간돌화살촉, 긁개, 그물추, 숫돌 등 다양하며, 수렵구와 어로구가 주류를 이루고 있다. 서포항 2기에는 괭이, 간돌화살촉, 돌도끼, 긁개, 그물추, 숫돌 등 다량의 석기가 출토되었다. 서포항 3기의 석기는 서포항 2기의 것에 추가로 돌삽, 갈돌, 갈판, 자귀, 돌끌 등의 간석기가 보이고 있다. 전 시기보다 석기의 종류나 수량이 증가하고 있고, 농경과 관련되는 도구들이 출현하기 시작한다. 서포항 4기에는 곰배괭이, 뿔괭이, 갈돌, 갈판, 화살촉, 그물추, 돌칼, 도끼, 자귀, 돌끌, 망치 등의 석기가 출토되었다. 이중에 곰배괭이는 서포항 3기의 돌삽과 함께 농경의 본격적인 돌입을 알려주는 중요한 유물로 평가되고 있다. 서포항 5기에는 4기에 보였던 석기 이외에 대팻날이 추가되고 있으며, 조개칼, 낚싯바늘의 골각 제품도 보인다.

중서부지역에서 출토된 석기의 종류는 다양하며, 간돌화살촉이 가장 많이 발견되고 있다. 또한 중서부 내륙에서는 농경과 관련된 석기가 많이 출현하며, 도서, 해안 지역에서는 어로구, 가공구가 주로 출토된다. 제1기 서울 암사동유적에서의 석기는 돌도끼, 긁개, 그물추 등 뗀석기가 주류를 이루고 있으며, 돌끌, 돌창, 화살촉의 간석기도 출토되고 있다. 농경과 관련된 돌칼, 맷돌, 갈돌, 갈판, 괭이, 돌보습, 돌낫 등도 출토되어 있어, 서북부지역과도 비교해 볼 수 있다. 제2기는 암사동을 포함하여 인천 삼목도, 시흥 오이도 가운데살막유적 등이 있다. 암사동에서는 반달돌칼, 괭이, 돌보습, 돌낫 등 농경에 필요한 용구들이 세트로 출토되었다. 제3기는 인천 영종도 송산, 남북동, 시흥 오이도, 옹진 소연평도 등의 유적이 해당된다. 송산유적의 석기는 화살촉, 숫돌, 갈돌, 갈판, 긁개, 찌르개, 자르개 등이며, 특히 흑요석 1

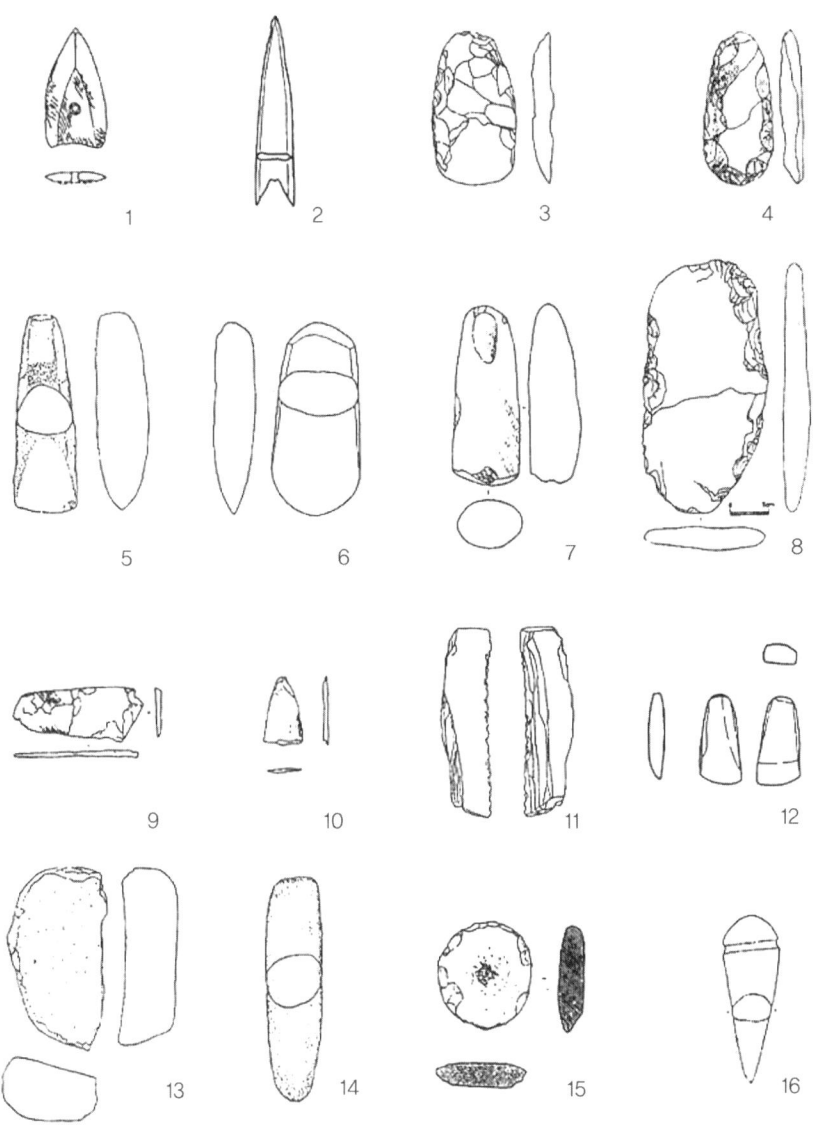

〈도면3-3〉 중부지방의 석기

1. 오산리(화살촉) 2. 지경리(화살촉) 3. 암사동(간돌도끼) 4. 미사리(뗀돌도끼)
5. 오산리(간돌도끼) 6. 지경리(간돌도끼) 7. 암사동(공이) 8. 암사동(보습)
9. 암사동(돌낫) 10. 암사동(돌창) 11. 오산리(돌날석기) 12. 남북동(돌끌)
13. 암사동(갈판) 14. 미사리(갈돌) 15. 미사리(원반형석기) 16. 오산리(추형석기)

점, 수정제 새기개[彫器] 3점이 출토되어 주목을 끌고 있다. 제4기는 인천 중산동, 을왕동, 연평 모이도, 오이도 뒷살막패총 등의 유적을 들 수 있다. 중산동유적에서는 망치돌, 뗀돌도끼[打製石斧], 갈돌, 갈판 등이 있으며, 인접해 있는 을왕동에서는 갈돌, 공이, 찔개살이 출토되었다.〈도면3-3〉

중동부지역에서 가장 빠른 시기의 석기는 양양 오산리 C지구에서 출토되었다. 최하층의 석기는 긁개, 새기개, 톱니날석기 등의 뗀석기와 화살촉, 결합낚시바늘 등의 간석기로 구분되고 있다. 뗀석기는 좀돌날[細石刃]과 좀돌날몸돌[細石刃石核]이 출토되었으며, 후기구석기의 석기 제작 전통을 이어받은 것으로 보인다. 조기, 전기에는 오산리 A·B지역에서 돌도끼, 돌칼, 화살촉, 돌창, 숫돌, 결합낚시바늘, 돌톱, 추형석기, 그물추, 갈돌, 긁개, 찍개 등 다양한 석기가 출토되었다. 오산리유적에서 나온 흑요석과 그 석기는 백두산에서 가져온 것으로 추정되고 있어, 산지 추정과 교역에 있어서 중요한 자료로 판단된다. 중기가 되면 석기의 종류가 다양화된다. 화살촉, 굴지구, 돌도끼, 돌칼, 공이, 갈돌, 갈판, 숫돌, 그물추 등 수렵구, 농경구, 가공구, 어로구 등의 다양한 석기가 출토되고 있다. 후기에는 고성 철통리유적에서 돌도끼, 그물추, 갈판이 출토되었으며, 강릉 지변동유적에서 돌도끼, 화살촉, 갈판, 그물추가 출토되었다.

서남부지역의 초창기에 해당하는 제주 고산리유적의 어형 화살촉은 구석기에서 신석기시대로 이행하는 과정의 유적으로 평가되고 있다. 고산리유적 출토의 석기는 화살촉이 주류를 이루며, 밀개, 찌르개, 홈날석기 등이 출토되고 있다. 조기 단계에는 돌산송도를 중심으로 여수지역의 안도, 완도 여서도패총 등에서 빠른 단계의 석기들이 출토되고 있다. 돌산송도유적에서는 뗀석기로 밀개나 돌도끼, 돌끌 등 격지류가 많고, 여기에는 흑요석도 포함되어 있다. 안도패총에서는 돌도끼, 돌칼, 돌창, 돌작살, 돌톱, 숫돌, 돌수저, 흑요석 등이 출토되었다. 특히 흑요석은 220여 점이 확인되고 있어, 조기 단계부터 그 이후까지 일본 규슈와의 교류가 광범위하게 이루어졌음을 알 수 있다. 전기 단계에는 신안 가거도패총에서 돌도끼, 갈판, 갈돌, 숫돌, 굴지구 등이 출토되었다. 군산 지역의 노래섬이나 가도패총에서도 석기가 다양하게 출토되고 있다. 중기 단계에 노래섬이나 가도패총에서는 어류나 동물을 해체하는 돌칼이 출토된다. 돌산송도에서는 점차 갈돌, 갈판, 숫돌 등의 간석기가 증가하고, 괭이나 보습 등의 굴지구도 제작되어 농경이 시작된 것으로 보인다. 후기 단계 이후에는 진안 갈머리유적의 괭이와 같이 굴지구가 주류를 이루면서 도토리 등의 가공 용구인 갈돌과 갈판, 공이, 긁개 등 식물성 식료의 가공과 채취에 이용된 비중이 높게 나타나고 있다.

동남부지역 조기의 부산 동삼동 제1문화층에서는 뗀돌도끼, 화살촉, 숫돌, 어로구는 그물추, 결합낚시바늘, 작살 등이 출토되었다. 동삼동패총의 최하층에서 규슈의 도도로끼B식轟B式토기와 흑요석기가 출토되고 있어 한일 간의 교류가 서서히 시작된 것으로 보인다. 중기의 동삼동 제3문화층에서는 흑요석제 석기 및 격지, 뗀돌도끼, 외날 돌도끼[單刃石斧], 갈돌, 갈판, 날부분 간석기, 숫돌, 어로구는 결합낚시바늘, 흑요석제 작살, 자돌구 등이 출토되었다. 중기 이전에는 바다자원을 이용한 생업이 주류를 이루었으나, 중기 이후에는 농경이 확산되어 생업의 패턴이 점차 바뀌어 간 것으로 보인다. 후기의 동삼동 제4문화층에서는 흑요석제 격지, 흑요석제 스크레이퍼, 날부분 간돌도끼[合刃石斧], 뗀돌도끼, 돌끌, 갈판, 갈돌, 모룻돌, 공이, 어로구는 그물추, 결합낚시바늘, 흑요석제 화살촉, 장신구로는 목걸이, 조개팔찌, 고리형 귀걸이[玦狀耳飾] 등이 있다. 만기의 동삼동 제5문화층에서는 흑요석제 격지, 흑요석제 긁개, 날부분 간돌도끼, 뗀돌도끼, 돌끌, 갈판, 갈돌, 모룻돌, 공이, 어로구는 그물추, 결합낚시바늘, 흑요석제 화살촉, 장신구로는 목걸이, 조개팔찌, 고리형 귀걸이 등이 출토되었다.

② 흑요석은 교역품으로 사용되다

한반도에서 양질의 흑요석黑曜石은 백두산 주변에 많이 있으며, 동북부지역은 물론, 중동부지역의 유적에서도 발견되고 있다. 남해안에서는 일본 규슈 지역과의 교류를 알 수 있는 흑요석으로 만든 각종 석기가 많은 유적에서 출토되고 있다. 흑요석기는 이미 후기구석기시대부터 제작되기 시작하며, 또한 특정 지역에서만 산출되어 교역 과정을 연구하는 데 있어서 매우 중요한 자료로 다루어지고 있다.

흑요석이 많이 출토되고, 시기적으로 고루 분포하고 있는 유적은 부산 동삼동, 범방, 통영 욕지도, 연대도패총 등을 들 수 있으며, 이외에도 흑요석의 출토는 동남부지역의 울산 세죽, 부산 조도, 다대포, 북정, 김해 수가리, 화목동, 통영 상노대도, 산등, 여수 안도, 돌산송도, 흑산도, 서남부지역의 오이도 안말패총, 영종도 송산, 는들유적 등에서 확인되었다.

동삼동패총에서는 흑요석의 원석原石을 포함한 상당량의 흑요석제 석기와 석기의 제작 과정에서 생긴 격지[剝片]가 출토되고 있다. 이 유적들에서의 흑요석 출토 양상을 보면 원석과 다량의 격지가 있는 것으로 보아 완성품을 들여온 것이 아니고, 거점 유적 현지에서 제작, 생산하여 주변의 공급지에 유통시킨 것으로 추정되고 있다. 교류와 유통을 가늠해 볼 수 있는 산지 추정의 측정 결과, 동삼동, 범방패총에서 출토된 흑요석 34점은 모두 일본 규슈 지역의 흑요석으로 판명되었다.

흑요석은 일본 규슈에서 부산 근교의 동삼동, 범방, 연대도 등지의 거점 공급지에 반입되었고, 이곳에서 제작된 흑요석제 석기가 주변의 공급지로 교역된 것으로 추정되고 있다.〈사진3-13〉 흑요석의 입수에 있어서 남해안 거점 공급지 집단이 직접 규슈에까지 건너가 가져왔기보다는 남해안의 신석기인들이 쓰시마對馬島까지 나아가 전문적으로 흑요석을 입수하

〈사진3-13〉 규슈 고시다케산 흑요석 원석

고 교역하였을 것으로 보인다. 하인수는 쓰시마의 고시다까越高, 메오또이시
夫婦石유적에서 출토된 융기문토기와 빗살문양토기들이 출토되는 유적이 존
재하는 것으로 보아, 이들 집단이 남해안의 동삼동이나 범방, 연대도 등지에
흑요석을 공급하였을 것으로 추정하였다. 흑요석에 의한 교역은 중기 후반
이후에는 쓰시마에서 남해안 신석기인들의 집단은 보이지 않고, 쓰시마 사가
佐賀패총의 예에서 보듯이 오히려 죠몬인繩文人들에 의해서 주도되는 양상을
보인다. 이때에는 원석을 포함하여 돌작살, 돌톱 등 완제품 상태도 교역된 것
으로 보인다. 교역품은 쓰시마 사가패총의 흑요석과 동삼동 투박조개 제품
의 조개팔찌로 볼 수 있으며, 이 시점은 신석기 후기, 즉 죠몬繩文시대 후기에
해당한다. 남해안의 신석기인들은 석기의 성능이 우수한 흑요석의 원석을 얻
고자 하였으며, 그 교역물로 규슈 지역의 죠몬인繩文人들은 조개팔찌와 같은
장신구를 얻고자 하였을 것이다.

3) 작살과 낚시로 물고기를 잡다

① 뼈작살

뼈작살[骨鉇]은 해안 지역의 패총 유적에서 주로 발견되고 있다. 재료는 사
슴의 중수골中手骨, 중족골中足骨, 녹각鹿角 등을 이용하여 제작하고 있다. 자
루에 장착한 작살은 일체식一體式으로 볼 수 있으나, 자루와 작살이 분리되
는 이탈식離脫式의 경우도 있다. 일체식은 뼈작살을 나무의 자루에 고정시킨
것으로 크기는 대개 10cm 미만이다. 이탈식 작살은 자루에 장착한 작살에
로프를 연결하여 포획물을 명중시킨 후에 지칠 때까지 추적하여 잡는 방법
이다. 이탈식 작살은 포획물에 명중하였을 때, 직각으로 회전하여 이탈하지
못하도록 되어 있다. 이탈식 작살은 주로 고래, 물개, 강치 등의 해수류와 대
형 어류를 포획하는 데 사용되고 있다. 이러한 작살들은 선봉 서포항, 부산
동삼동, 통영 상노대도, 완도 여서도, 신안 가거도패총 등의 유적에서 출토

되었다.〈사진3-14〉

신안 가거도패총에서는 12점의 작살 미늘이 출토되었다. 이탈식 작살과 유사하긴 하지만 형태에서는 차이를 보이고 있다. 차이점은 대칭성을 가지는 긴 마름모형이거나 유엽형柳葉形이고, 미늘에 홈이 있거나 선단부先端部를 구분하는 방식을 적용하지 않은 점이다. 따라서 가거도패총의 작살은 작살대에 홈을 만들어 선단부를 끼운 후, 끈으로 결합하여 사용하는 장착형이었을 것으로 추정하고 있다.

〈사진3-14〉 완도 여서도패총 뼈작살

② 돌작살

돌작살[石銛]은 단독의 작살을 자루에 끼워서 고정시키는 것을 말하고, 대상물을 찔러서 포획하는 자돌刺突 어로구로서의 기능을 가지고 있다. 돌작살의 종류는 비교적 다양하며, 한반도보다는 일본 규슈에서 출토 예가 많다. 돌작살의 상한 연대는 신석기 전기 초까지 올라가는 것으로 생각되며, 재질은 주로 사누가이트가 사용되고 있다. 한반도에서는 통영 욕지도유적에서 출토가 많으나 그래도 10점 미만이다. 이외에도 부산 동삼동, 통영 상노대도, 연대도패총에서도 약간 확인되고 있다. 규슈에서는 서북지역의 유적에 집중되어 있고, 특히 쓰구메노하나유적에서는 200점 이상의 작살이 출토되고 있다.

이러한 돌작살로는 돌고래, 고래 등의 해수류를 포획하는 데에도 사용하였을 것이며, 또한 외양성 대형 어류도 포획하였을 것으로 추정된다. 울산 반구대 암각화에는 돌작살을 사용하여 고래를 포획하는 모습이 그려져 있으며, 오늘날의 민족학적인 예에도 고래잡이에 작살이 활용되고 있다. 또한 바다의 연안이나 내해에서는 돌작살을 가지고 잠수를 통해 주변에 회유하는 대형 어류를 효과적으로 포획했을 것으로 추정하고 있다.

③ 돌톱

돌톱[石鋸]은 자루의 선단 부분이나 양측에 몇 개의 작살을 끼운 것으로 선단부에 사용되는 삼각형의 작살과 장방형의 작살이 결합된 것을 가리킨다. 평균적으로 돌톱의 길이는 1.5~3cm, 폭이 1~1.5cm 정도이기 때문에 결합을 한 상태에서 사용할 수 있는 용도이다. 남해안에서는 부산 동삼동, 통영 연대도·상노대도, 여수 안도, 신안 대흑산도 등의 유적에서 확인되고 있다.〈사진3-15〉 동해안의 고성 문암리유적에서는 다량의 결합낚시바늘과 함께 결합식 작살이 출토되어 주목을 끌고 있다. 상노대도의 연세대 조사 구역의 V층에서 출토한 것은 시기가 신석기시대 전기의 시작 단계로 보고 있어, 서북 규슈西北九州 돌톱의 기원을 남해안에 두는 경향이 있다.

서북 규슈에서는 60여 군데 지역에서 돌톱이 발견되고 있고, 대부분 해안과 도서 지역에 집중하고 있다. 서북 규슈에서는 빠른 단계의 것들도 있지만, 죠몬繩文 후기의 시기가 중심을 이루고 있다. 재질은 양 지역이 흑요석을 많이 이용하고 있다. 남해안에서 출토한 흑요석의 돌톱이나 돌작살은 서북 규슈 산지임이 형광X선분석법에 의해 밝혀졌다. 그 산지로는 사가현佐賀縣의 고시다께腰岳와 나가사끼현長崎縣의 사세보佐世保 주변으로 알려지고 있다.

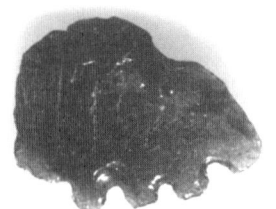 

〈사진3-15〉 통영 연대도, 부산 동삼동패총 돌톱

④ 결합낚시바늘

결합낚시바늘[結合釣針]은 해안과 도서 지역의 유적에서 출토되고 있으며, 단식낚시바늘과는 분포나 크기 등에서 구분된다. 한반도와 일본에서 출토되는 결합낚시바늘은 기능이 동일하나 형태와 재질에서 차이가 있으며, 오산리형鰲山里型과 서북 규슈형西北九州型으로 구분되고 있다. 오산리형은 최근 남해안의 신석기시대 패총 유적에 많이 공반되고 있다. 유적별로 보면 고성 문암리, 양양 오산리, 부산 동삼동, 범방, 통영 상노대도, 욕지도, 연대도, 여수 돌산송도, 여서도, 신안 대흑산도, 울산 우봉리, 군산 노래섬 등의 유적에서 출토되고 있다.〈사진3-16〉 특히 오산리형 결합낚시바늘은 일본 구마모또현熊本縣 오오야大矢유적에서도 혈암제의 축부軸部가 발견되었다. 오산리형의 존속 시기는 오산리의 출토 상황에서 알 수 있듯이, 최하층의 문화층과 각 주거지의 토기에 미루어 보면, 신석기시대 조기까지 거슬러 올라간다고 볼 수 있다. 서북 규슈형은 재질에 있어서 축부가 녹각을 이용하고 있고 바늘

〈사진3-16〉 결합낚시바늘 장착 예

부분[針部]은 주로 멧돼지 이빨이 사용되고 있다. 분포는 서북 규슈 해안·도서 지역의 유적에 많으며, 죠몬繩文시대 전기부터 출토되고 있다. 이 서북 규슈형 결합낚시바늘은 쓰시마는 물론 남해안의 상노대도유적에서도 출토되고 있다.

결합낚시바늘의 기능에 관해서는 돌작살 등과 분포가 중복되는 점, 대형의 크기, 축부와 바늘 부분의 재질 차이 등을 감안하면 대형 어류를 포획 대상으로 한 것이다. 외양적外洋的 성격을 가진 유적에서는 상어류, 청새치, 참돔, 돌돔, 흑돔, 복어, 능성어, 방어 등의 어류 뼈가 출토되고 있다.

결합낚시바늘의 제작 과정은 오산리유적에서 출토된 상당수의 완성품과

미완성품의 낚싯바늘로 가늠해 볼 수 있다. 축부의 제작은 일정한 형태의 돌을 떼어내어 마연磨硏하거나, 혹은 찰절기법擦切技法에 의해 적당한 크기로 조정하여 마연하는 방법이 사용되고 있다. 오산리형은 축부가 혈암의 석재가 이용되고 있으며, 바늘 부분은 뼈 제품으로 되어 있다. 축부의 하단과 바늘 부분의 상단이 평탄한 면을 이루며, 이 면을 끈으로 결합할 수 있도록 만들었다. 이 오산리형은 결합을 용이하게 하기 위해, 축부의 하단과 바늘 부분에 깊은 홈이 있는 것이 많다. 이러한 제작기술은 단식낚시바늘과 같이 파손되면 버리는 것이 아니라, 바늘 부분만을 교체해서 다시 사용할 수 있는 경제적인 측면이 고려된 것이다.

4) 귀걸이와 목걸이에서 팔찌까지

① 고리형 귀걸이

고리형 귀걸이[玦狀耳飾]는 동아시아 전 지역에서 출토되며, 한반도에서는 고성 문암리, 부산 동삼동패총, 청도 사촌리, 진주 선진리, 여수 안도패총 등에서 출토되었다. 문암리의 고리형 귀걸이는 토광묘에서 완형으로 2점이 출토되었다.〈사진3-17〉 토광묘의 규모는 150×60cm 정도의 말각방형이며, 내부에서는 토기와 간석기 2점이 공반되고 있다. 연옥제로 만든 고리형 귀걸이는 토광의 장축벽에서 30cm 정도의 안쪽에서 출토되었으며, 형태는 횡장원형과 원형이 있다. 선진리의 고리형 귀걸이는 신석기시대 하층에서 1점이 출토되었으며, 이 층은 융기문토기와 세침선문토기 등 조기에 해당하는 토기가 주류를 이루고 있다. 출토된 귀걸이는 방형에 가까우며,

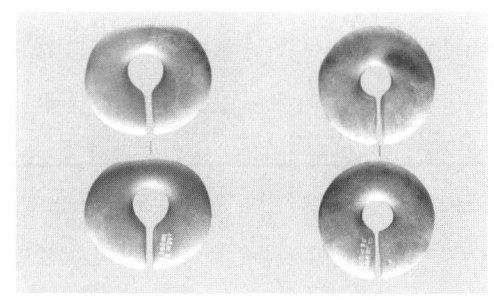

〈사진3-17〉 고성 문암리유적 고리형 귀걸이

연옥제의 재질이다. 안도패총의 고리형 귀걸이는 구 지표의 윗면에서 출토되었다. 석제는 도석제로 추정되고 있으며, 둥근 고리 모양으로 잘 마연되어 있다. 안도의 고리형 귀걸이는 흑요석, 돌수저, 조개팔찌 등과 함께 일본 규슈지역과의 문화 교류상을 밝히는 데 중요한 유적으로 평가되고 있다.

신석기시대의 고리형 귀걸이는 중국과는 달리 주로 해안가나 도서 지역에서 출토되고 있으며, 문암리유적의 결합낚시바늘, 동삼동, 안도패총의 조개팔찌, 흑요석에 의한 교류 흔적 등을 감안한다면 그들은 어업을 통한 문물 교류의 중심에 있던 자로 추정된다.

고리형 귀걸이는 8,000~7,000년 전에 내몽고 지역의 흥륭와興隆窪, 백음장한白音長汗, 사해查海유적 등에서 고리형 귀걸이, 비형기比形器를 비롯한 각종 옥기가 출토되었으며, 극동 지역의 흑룡강성에서는 7,500~7,000년 전에 소남산小南山유적에서 옥환玉環, 옥결玉玦, 비형기比形器, 주珠, 부斧 결玦 등이 확인되고 있다. 고리형 귀걸이와 비형기 등의 옥기는 이미 이 시기에 중국 동북지방에 넓게 분포하고 있었으며, 7,000년 전 이후에는 일본열도, 규슈 지역에까지 확산되고 있다. 한반도에서의 고리형 귀걸이도 7,000년 전 이후 어느 시점엔가는 도달했을 것으로 추정되며, 문암리의 고리형 귀걸이는 중국 요하 유역의 흥륭와문화興隆窪文化에서 영향을 받은 것으로 판단된다.

② 삽입형 귀걸이

삽입형 귀걸이[耳栓]는 고리형 귀걸이와는 달리 귀에 구멍을 뚫어 삽입하는 방식이다. 삽입형 귀걸이는 성인이 되면서 점차로 늘려 가며, 귓불에 둥글게 끼워 넣는 원형의 토제품이다. 원반 형태의 평면에 점열문點列文 등의 문양을 장식하기도 한다. 신석기시대 중기 이후 부산 동삼동, 김해 수가리, 울산 신암리유적에서 출토되고 있다. 동삼동의 삽입형 귀걸이는 5cm 전후이며, 아프리카나 남미의 원주민들의 장착 예를 보면 10cm가 넘는 경우도 있다.

삽입형 귀걸이는 중국에서는 양자강 유역의 하모도河姆渡, 대계大溪유적에서 출토되고, 일본의 규슈에서도 죠몬繩文시대 전 시기에 걸쳐 널리 사용되고 있다. 고리형 귀걸이든 삽입형 귀걸이든 현 단계에서 시기의 선후관계가 확실히 알 수는 없지만 중국의 양자강 유역, 한반도 남해안, 일본의 규슈로 연결되는 교류는 지속되었던 것으로 판단된다.

③ 대롱옥

대롱옥[管玉]은 북한 지역의 웅기 송평동, 나진 초도, 온천 궁산, 남한 지역의 춘천 교동, 파주 주월리, 울진 후포리, 통영 연대도, 가덕도 장항, 안면도 고남리패총 등 한반도 전역에서 출토되고 있는 양상이다. 대롱옥의 크기는 작은 것이 길이 1cm이고, 긴 것은 10cm 이상의 것도 있다. 처음에는 새 뼈로 만들었으나 후에는 벽옥碧玉 등으로 만들었다. 궁산유적에서 벽옥제의 대롱옥이 출토되었고, 교동유적에서는 백마노로 만든 대롱옥, 가덕도 장항유적에서는 인골에 장착된 대롱옥이 발견되기도 하였다.

대롱옥에 있어서는 요하 유역과 황하 유역, 양자강 유역 등이 거의 동 시기에 출현하고 있다. 8,000~7,000년 전 양자강 유역의 팽두산彭頭山유적, 황하 유역의 노관대老官臺유적, 회하 유역의 고호賈湖유적 등에서 발견되고 있어, 대롱옥과 고리형 귀걸이의 전파는 동시에 진행되지 않음을 알 수 있다. 한반도에 있어서 비교적 빠른 시기의 대롱옥은 궁산, 연대도패총 등에서 확인되고 있으며, 이 유적에서는 고리형 귀걸이가 공반되지 않는 양상이다.

④ 목걸이

목걸이[垂飾]는 연옥이나 활석, 돌 등을 이용하여 만든 것을 비롯하여 멧돼지 이빨이나 사슴 뼈를 이용한 골각 목걸이, 대형 어류의 이빨이나 척추를 이용한 목걸이, 소라나 가리비 등 각종 조개를 이용한 목걸이, 흙으로 만든 목걸이 등이 출토되고 있다. 이러한 목걸이는 춘천 교동, 울진 후포리, 부산 범방, 통영 연대도패총 등에서 출토되었다. 후포리의 석제목걸이 2점은 평면 형태가 유선형의 주걱형이며, 범방패총의 무덤에서는 여자 아이의 인골과 함께 주걱형 연옥제 목걸이 1점이 확인되었다.

목걸이는 중국과 일본을 포함한 동아시아의 넓은 지역에서 확인되고 있다. 동아시아 지역에서 중국 동북부 홍륭와興隆窪유적, 흑룡강성의 소남산小南山유적, 연해주의 Chertovy Vorota 동굴, 양자강 유역의 팽두산彭頭山유적, 강소성의 정사지丁沙地유적 등에 폭 넓게 퍼져 있다.

⑤ 조개팔찌

조개팔찌[貝輪]는 신석기시대에 보편적으로 출토되는 장신구이다. 조개팔찌는 가리비나 투박조개와 같이 소재의 희소성으로 인하여 의례구나 장신구의 용도로 사용되고 있다. 조개팔찌가 가장 많이 출토된 곳은 부산 동삼동패총이다.〈사진3-18〉 신석기시대 중기부터 미완성품, 반제품 등을 포함하여 1,500점 이상의 조개팔찌가 출토되었는데, 생산 과정뿐만 아니라 동삼동 거점 집단의 성격을 규명하는 데 중요한 유적으로 평가되고 있다. 방대한 양의 조개팔찌는 전업 집단의 성격을 보여 주고 있기도 하다. 조개팔찌는 쓰시마對馬島에서 들여온 흑요석에 대한 교역품이었던 것으로 판단되며, 이는 쓰시

〈사진3-18〉 부산 동삼동패총 조개팔찌

마의 사가佐賀패총에서 출토된 113점의 조개팔찌에서 짐작할 수 있다. 사가 패총에서 출토된 조개팔찌는 쓰시마에는 서식하지 않는 투박조개로 제작한 것이며, 뼈로 만든 목걸이나 한반도 해역에 서식하는 뿔럭지삿갓조개, 흰삿 갓조개로 제작한 조개팔찌도 존재하는 것을 감안하면 동삼동패총에서 교역 품으로 교역되었을 가능성이 높다. 따라서 교역품은 동삼동패총에서는 조개 팔찌, 사가패총에서는 흑요석으로 만든 석기였을 것으로 판단된다.

조개팔찌는 쓰시마뿐만 아니라 남해안의 통영 연대도, 욕지도, 부산 범 방, 김해 수가리, 울산 세죽, 서남해안의 여수 돌산송도, 여수 안도, 완도 여 서도, 신안 어의도, 서해안의 군산 노래섬, 서산 대죽리, 안면도 고남리, 남 부 내륙 낙동강의 지류인 운문천변의 청도 오진리, 남한강 상류의 내륙 깊숙 한 단양 상시, 단양 금굴, 영월 쌍굴의 동굴유적에 이르기까지 교역의 범위 가 광범위하였음을 알 수 있다. 특히 근래에 조사된 호남 지역의 여서도패총 에서 25점, 안도패총에서 70여 점의 조개팔찌가 출토되어 조개팔찌의 유통 이 호남 도서 지역에서도 활발하게 이루어졌음을 알 수 있다.

조개팔찌의 장착 예는 남해안의 산등, 연대도, 안도패총, 가덕도 장항유적 에서 확인되고 있다. 산등패총의 인골은 여성이며, 왼팔에 투박조개의 조개 팔찌 2점, 큰배말 조개팔찌 1점이 장착되어 있다. 연대도의 인골에서는 왼팔 부근에서 조개팔찌가 출토되었다. 근래에 조사된 여수 안도패총의 3호 토광 묘에서 투박조개로 만든 조개팔찌 5개를 장착한 인골이 출토되었다. 가덕도 장항유적의 41호 인골에서는 팔목에 3개씩 조개팔찌가 장착되어 있으며, 특 히 20개 이상의 조개팔찌를 연결해서 목걸이로 사용하였다.〈사진3-19〉 조개팔 찌는 손목에 장착하는 것이 일반적이나 장항유적에서와 같이 다른 용도로 도 사용하였음을 알 수 있다.

일본의 서북 규슈에서도 쓰시마의 사가佐賀, 규슈의 니노브新廷, 야마가山 鹿패총에서 출토 예가 보고되고 있다. 특히 야마가패총에서는 출토 인골 18 구 중에 성인 여성 7구가 조개팔찌를 장착하고 있어, 일본 내에서 가장 많은

〈사진3-19〉 가덕도 장항유적 41호 인골

장착률을 보이고 있다. 조개팔찌가 인골에 장착되어 있는 경우는 한반도의 남해안 지역과 쓰시마를 둘러싼 서북 규슈 지역에 주로 형성되어 있고, 이는 어로구, 토기문화의 교류 범위와도 중복된다. 아울러 조개팔찌는 단순히 장신구라는 개념을 넘어 한반도 남해안과 일본 규슈 양 지역의 신석기인들에게 공동의 관습, 정신적 체계가 존재했음을 짐작할 수 있다.

6. 수렵과 어로, 그리고 곡물 농경

1) 동물을 사냥하다

　신석기시대의 수렵 방식은 자연환경의 변화에 따른 동물상의 이동과 관련이 깊다. 신석기시대가 되면서 본격적으로 활과 화살이 사용되었고, 구석기시대의 대형 동물을 대신하여 빠르고 날쌘 사슴, 멧돼지, 토끼, 너구리 등 중·소형 동물을 포획할 수 있게 되었다. 유적에서 출토되는 동물 뼈는 주로 동굴이나 패총, 저습지 유적에서 확인되고 있으며, 그중에서도 패총에서 출토되는 경우가 대부분이다. 현재 한반도의 신석기시대 유적에서 발견된 포유동물의 뼈는 약 20여 종으로 알려지고 있다. 그중에 사슴과 멧돼지가 압도적으로 많다. 특히 사슴은 수렵하여 식료로 활용하고 남은 녹각이나 뼈는 어로구, 장신구 등의 도구로도 이용되고 있다.

　동물의 포획에는 활과 화살, 돌창 등이 사용되었다. 활과 화살은 먼 거리에서 활용이 가능하며, 창은 근거리에서 사용되었을 것이다. 활을 이용하여 수렵하는 데에는 포유동물 이외에도 가마우지, 독수리, 꿩, 오리, 갈매기 등의 조류도 포함되어 있다.

　수렵의 몇 예를 보면, 동남부지역의 부산 동삼동패총에서는 사슴·멧돼지·고라니·호랑이, 김해 수가리패총에서는 사슴·멧돼지·오소리·살쾡이·너구리, 통영 상노대도에서는 사슴·멧돼지·수달·여우·개, 통영 연대도패총에서는 사슴·멧돼지·너구리·수달·개·고라니, 여수 안도패총에서는 사슴·멧돼지·개·노루 뼈, 완도 여서도패총에서는 사슴·멧돼지·개·고라니·노루 등의 뼈가 출토되었다. 또한 연대도패총에서와 같이, 갈매기·꿩·독수리·논병아리·쇠가마우지·오리·야생비둘기 등의 조류도 출토되어 활과 화살에 의한 수렵이 다양하게 진행되었음을 알 수 있다.

　해상에서의 해수류海獸類는 동삼동패총에서 고래, 돌고래, 강치, 수가리와 범방패총에서는 고래, 돌고래, 상노대도에서는 고래, 강치, 물개, 연대도패총에서는 고래, 돌고래, 강치, 안도와 여서도패총에서는 강치, 고래, 돌고래의 뼈가 출토되어 육상의 포유동물은 물론이고, 바다에 나가 해수류의 포획도 적극적으로 이루어졌다.

2) 다양한 어로 도구와 조개 채취

어로와 관련된 유적과 유물은 남해안과 남해 도서 지역에 집중하고 있다. 남해안에서 내만, 하구에 위치한 김해 수가리나 부산 범방패총 등에서 출토된 동물 뼈를 보면 생활 영역은 굴 채집과 대구, 농어 등의 연안어업沿岸漁業을 하면서 동시에 육지의 사슴, 멧돼지 등의 수렵도 성행해 육지의 의존도가 높은 생업이었다. 부산 동삼동패총에서와 같이 그물이 찍힌 토기편이 발견된 것으로 보면, 연안 지역에서는 그물도 활용하였을 것으로 보인다. 도서 지역이나 외해外海에 면한 유적에서는 외양성 어종의 증가와 해수류의 포획량이 많아진다. 남해안의 통영 연대도, 상노대도 등지에서는 상어, 방어, 고등어, 다랑어, 참돔, 혹돔 등의 외양성 어종이 많고 돌고래, 물개, 강치, 수달 등의 해수류가 많이 보인다. 이러한 외양성 어종과 해수류가 다량으로 출토되고 있는 것은 신석기인들이 외해에까지 진출해 어로에 종사하였음을 보여 주고 있으며, 결합낚시바늘이나 결합식 작살, 이탈식 작살 등의 어로구에서도 그 양상을 파악할 수 있다. 도서 지역이나 외해에 면한 유적에서는 상어, 방어, 참돔, 혹돔, 돌돔 등 난류에 편승한 대형 어류가 많고 고래, 돌고래, 강치 등 해수류의 포획이 본격화되며, 상대적으로 포유동물의 수종은 감소하는 양상을 보이고 있다.

어로기술은 작살이나 찔개살, 창 등 자돌구로 찔러서 잡는 자돌어법刺突漁法, 화살을 쏘아 잡는 궁시어법弓矢漁法, 낚시를 이용한 조어법釣漁法, 그물로 포획하는 망어법網漁法 등을 들 수 있다. 울산 반구대 암각화에서도 보이듯이 고래를 작살로 찌르는 모습이 보이고, 각 유적에서 출토되는 어로구, 그물추나 토기에 찍힌 그물로 유추해 보면, 당시의 어로활동이 다양하게 진행되었음을 알 수 있다. 또한 남해안의 연대도와 욕지도유적에서 출토된 남성의 인골에서 잠수생활을 장기간 할 경우 나타나는 외이도 골종外耳道骨腫의 현상이 발견되고 있어, 신석기시대에 잠수어업이 성행하였음을 알 수 있다. 현재 제주도나 남해안에서 활동 중인 해녀들에게서도 이러한 외이도 골종의 현상을 볼 수 있다.

어로 이외에도 남해안과 서해안에 분포하는 많은 수의 패총 유적을 보면 조개류 채취가 매우 성행했음을 알 수 있다. 남해안의 예를 들면, 부산 동삼동패총에서는 밤고둥·눈알고둥·침배고둥·큰뱀고둥·홍합·소라·대수리·참굴, 김해 수가리패총에서는 재첩·물맛조개·굴·바지락·피뿔고둥·홍합·동죽, 통영 연대도패총에서는 참굴·전복·소라·홍합·밤고둥·침배고둥·큰뱀고둥, 여수 안도패총에서는 홍합·참굴·반고둥·산우렁이·소라·삿갓조개, 완도 여서도패총에서는 굵은줄격판담치·개울타리고둥·배말류·명주고둥·소라·검은큰따개비 등이 출토되었다. 남해안의 조개류는 해안가의 자연환경에 따라 다양하나, 출토된 조개류 중에 가장 많이 차지하는 것은 굴과 홍합이다. 굴과 홍합은 수심이 얕은 해안가의 암초에 서식하는 종류이며, 맛과 영양에서도 신석기인들이 애용한 식료 중의 하나였다. 굴, 고둥과 같은 암초성 조개류를 채취하는 데에는 빗창이나 예새 등과 같은 도구가 활용되기도 하였다. 남해안 신석기시대 패총에서는 굴과 홍합 등 많은 종류의 조개류가 식용되지만, 그중에는 투박조개, 피조개, 가리비 등은 식용과 아울러 장신구로 이용되기도 하였다.

3) 곡물 농경이 본격화되다

신석기시대의 전반기에는 수렵과 어로도 진행되었지만, 참나무류에서 채집되는 견과류가 식량의 주류를 이루었고, 농경은 대개 중기 이후에 점진적으로 이루어지고 있다. 중기 이후에는 점차로 식량 채집 단계를 벗어나 조, 수수, 기장, 밀, 보리 등 농경에 의한 식량을 생산하기 시작하였다. 후기에 이르면 농경에 의한 곡물 생산의 양이 증가하며, 그중에서도 조와 기장의 출토 양이 가장 많다. 조와 기장은 단기간에 경작할 수 있고, 다른 곡물에 비해 농경이 손쉽고, 또한 소규모의 재배가 가능하기 때문에 많이 이용된 것으로 보인다. 조와 기장은 중국 화북지방에서 기원전 7,000년 이전부터 재배되며, 한반도에 인접한 중국 요녕성의 신락新樂유적 하층에서는 기원전 5,000년 전부터 기장이 재배된다. 한반도에서는 중기 단계의 부산 동삼동패총 1호 주거지와 진주 상촌리, 대평리에서 출토된 조와 기장은 후기 단계의 것이다. 특히 동삼동의 조, 기장의 출토 연대가 북한 지역의 봉산 마산리나 봉산 지탑리 유적과 비슷한 시기여서 한반도에서는 중기 단계에 이미 조와 기장을 중심으로 한 곡물 농경이 본격화된 것으로 추정되고 있다.

    농경의 흔적으로 중기 이후의 유적에서는 탄화된 조, 기장, 밀 등 곡물의 흔적들이 검출되고 있다. 북한지방의 지탑리 2지구 2호 주거지에서는 탄화된 조가 출토되었고, 농경구로는 돌보습, 돌낫, 괭이, 멧돼지 이빨로 된 낫, 뿔괭이, 뒤지개 등이 출토되어 농경이 본격적으로 시작되었음을 알 수 있다. 특히 조는 마산리 7호 주거지와 평양 남경 31호 주거지에서도 출토되어, 농경의 시작은 조를 중심으로 한 곡물 농경이었을 것으로 추정되며, 조 이외의 곡물 농경도 서서히 이루어진 것으로 보인다. 남한지방의 부산 동삼동패총 1호 주거지에서는 조 75립, 기장 16립이 출토되었으며, 진주 상촌리 B지구 6호, 17호 주거지에서 보리, 도토리, 진주 대평리 어은 1지구에서는 조, 보리, 벼 등이 확인되었다. 옥천 대천리유적 주거지에서는 기장, 조, 쌀, 보리, 밀 등이 발견되었다. 중기에 시작된 농경은 후기가 되면 기장, 보리, 밀, 콩류 등 더 다양한 곡물 농경이 재배되었다. 연대 측정이 이루어진 동삼동과 상촌리, 대평리유적의 자료로 보아 BC 4000년 후반기에 한반도에서 조와 기장이 재배되었음을 알 수 있다. 특히 동남부지역에서 농경의 흔적이 보이는 유적의 특징을 보면, 이른 시기에는 어로, 수렵의 비중이 높고, 어패류, 해수류 제품의 사용 빈도가 높게 나타난다. 이러한 현상은 농경이 시작되는 중기 이후에는 점차 약화되고 있는 양상을 보인다. 농경의 시작으로 인하여 바다자원보다도 곡물 농경의 생산 비중이 높아지고, 식량의 입수가 점차 용이해지면서부터 바다로의 진출이 약화된 것으로 보인다.

곡물 농경 이외에도 신석기시대에 이미 벼농사가 시작되었음을 입증하는 자료들이 근래에 증가하고 있다. 한반도에서 벼농사의 시작은 본래 청동기시대에 시작된 것으로 알려져 있었으나, 근래 한강 하류역의 김포 가와지 토탄층 출토 볍씨, 고양 일산지구 토탄층 출토 볍씨, 옥천 대천리 주거지에서 벼 껍질, 쌀 등의 자료가 발견되고 있다.

7. 신석기인의 예술과 신앙

1) 주술과 결부되는 예술품

신석기시대의 예술품은 흙, 돌, 조개껍질, 골각기 등의 다양한 재료가 이용되며, 사람, 가면, 동물 등의 형상을 표현하고 있다. 이러한 예술품으로 신석기인들의 미적인 표현을 가늠해 볼 수 있으며, 또한 의례, 신앙과도 결부되고 있다.

신석기인들의 예술적인 감각은 일상생활의 도구에서 이미 파악할 수 있다. 가장 많이 사용되고 있는 것이 토기의 문양이다. 토기의 기면에 표현한 기하학적인 문양, 빗살 문양의 다양한 형태 등 지역과 시기에 따라서 예술적인 장식이 이루어진다. 일상적인 문양이 아닌 동물의 회화적인 문양이 출토되기도 하였다. 부산 동삼동패총에서는 사슴 문양의 토기편이 출토되었고,〈사진 3-20〉 창녕 비봉리패총에서는 멧돼지 문양이 표현된 토기편이 출토되었다.

토우土偶는 흙을 반죽하여 사람의 형태를 모방하여 구운 것으로 신석기시대에 주로 만들어졌다. 인물상의 토우는 얼굴 부위, 몸통 부위, 손과 발 등이 추상적으로 표현되어 있다. 인물상의 토우는 북한 지역의 청진 농포동 유

〈사진3-20〉 부산 동삼동패총 사슴문양토기

적에서 흙으로 사람의 몸 전체를 형상화하여 만든 것이 출토되었는데, 여성을 나타낸 것으로 보고 있다. 남한에서는 울산 신암리, 통영 욕지도유적에서 출토되었으며, 근래에 완도 여서도패총에서도 출토 예가 보고되고 있다. 신암리유적에서 출토된 토우는 여성상이며, 높이 3.6cm의 크기의 몸통 부분만 남아 있다. 가는 허리와 가슴이 솟아 있으며, 순산과 다산을 기원하는 의미로 제작되었을 것이다.〈사진3-21〉 여서도패총의 Ⅲ층에서도 머리와 팔, 다리가 결실된 길이 6.2cm의 토우가 출토되었다. 신암리나 여서도에서 출토된 토우는 머리와 팔, 다리가 없는 몸통만 있는 것이 특징이다. 토우는 아니지만 양양 오산리유적에서 출토된 원반형의 토제 얼굴은 길이 5cm 정도이며, 눈과 볼, 입 부분을 눌러서 표현하고 있다. 신석기인의 얼굴을 구체적으로 표현한 것은 이 예술품이 처음이다.

토우 이외에도 흙이나 돌로 만든 동물상이 만들어지기도 한다. 농포동유적에서는 개의 머리, 납석제 새의 조상 등이 출토되었으며, 이들은 호신이나, 풍요 등의 기원과 관계된 것으로 보인다. 울산 세죽패총과 동삼동패총에서

〈사진3-21〉 울산 신암리유적 토우

는 곰을 형상화한 동물상이 출토되었으며, 신석기시대에도 멧돼지, 개 이외에도 곰에 대한 신앙 의례가 있었음을 알 수 있다. 욕지도유적에서 출토된 멧돼지는 길이 4.2cm이며, 뾰족하게 표현한 등허리, 각지게 만든 주둥이, 그리고 눈과 엉덩이가 사실적으로 표현되어 있다. 오산리유적 C지구 최하층에서도 곰이나 개로 보이는 동물상이 출토되었으며, 출토된 지점이 기존에 조사된 오산리유적보다도 시기가 빠른 것으로 알려져 있다. 동삼동패총에서 출토된 국자가리비의 조개 가면은 사람의 얼굴을 형상화하였다. 조개의 표면에 작은 구멍 2개를 뚫어 눈을 만들고, 큰 구멍 하나를 뚫어 입을 만들었다. 조개 가면을 쓰고 마을의 공동의식을 행하기도 하며, 축제나 의례 행위에 사용하기도 한다. 이러한 조개 가면은 일본 규슈 지역의 아따까阿高패총에서도 출토되고 있어, 신앙과 의례에 있어서도 상호 관련이 엿보이고 있다.

2) 원시적인 신앙

신석기시대의 신앙적인 의미가 내포된 유물은 조각품, 암각화, 기원과 호신을 위한 도구 등 여러 가지 유형이 있다. 선봉 서포항유적에서는 사람, 망아지, 뱀 등의 뼈 조각품이 발견되었고, 청진 농포동유적에서는 흙으로 만든 인물, 개의 머리, 새 모양의 조각품이 나왔고, 그 외 여러 지역에서 원시신앙과 관련된 유물이 출토되었다. 이중에서도 원시신앙의 측면을 가장 잘 이해할 수 있는 유적은 서포항유적으로 사람, 망아지, 뱀 등이 보고되어 있다.

서포항 3기층에서는 사슴 뼈로 조각한 인물상이, 4기층에서는 짐승 뼈를 납작하게 갈아 안면의 테두리를 만들고 그 안에 얼굴을 형상화하였다. 이 밖에도 농포동유적에서는 흙으로 빚은 토우와 같은 여성상이, 오산리유적에서는 인물상이, 동삼동패총에서는 조개 가면에 구멍을 뚫어 눈과 입을 형상화한 것이 출토되었다. 신석기시대에 있어서 사람과 인물상은 신앙 대상이 되고 있는 조상신의 모습을 새긴 것으로 생각된다.

짐승을 형상화한 것은 망아지, 개, 새 등의 조각품이 보고되고 있다. 서포항유적 3기층에서 망아지로 보고된 것은 사슴 녹각으로 동물의 머리를 조각한 것이며, 농포동유적에서는 개의 머리 부분을 형상화한 것, 곱돌로 만든 새의 머리 부분이 출토되었다. 이러한 짐승은 당시 종족들의 상징적인 동물이거나, 아니면 수렵 대상의 주술신앙과 관련되는 조각품으로 판단된다. 일반적으로 동물의 조각품은 시베리아 지역에서는 수렵신앙과 관련되고 있기 때문이다.

서포항유적 3기층에서 출토된 뱀은 멧돼지 이빨을 갈아서 조각한 것으로 부러진 상태이다. 뱀과 관련한 유적은 바이칼호 주변의 암각화, 연해주 지역의 암각화 등의 유적에서 관련된 것이 발견되고 있고, 숭상의 대상이 되고 있다. 이 같은 예는 몽고지방에서도 보고되고 있고, 일본 지역에서는 죠몬繩文시대 중기의 동일본 지역의 토기 기면에 뱀과 관련한 장식이 많이 시문되어 있다. 이로 미루어 보면 뱀과 관련한 유적이나 유물은 동북아시아 전역에서 보고되고 있고, 서포항유적의 뱀 조각은 토템의 상징인지 확실하지는 않지만 동아시적인 시야에서 원시신앙과 관련한 같은 맥락으로 해석해야 될 것으로 판단된다.

8. 한일 간의 교류는 통나무배로부터

해상에서의 해류는 쿠로시오黑潮, 쿠로시오 반류反流, 쓰시마 난류對馬海流 등에 의해서 다양하게 연결되고 있음이 확인되었으며, 남해안 지역의 신석기인들은 해류, 조류, 날씨 등을 읽어 통나무배를 조종하는 능력은 예상 외로 높았던 것으로 보인다. 남해상에서의 해상 교역은 당시의 동일한 생태 조건, 대한해협의 공통된 어장의 공유에 의해서 이루어졌다.

한반도에서 해상 교역을 위해 사용된 운송 수단은 통나무배이다. 배는 부산 동삼동패총에서 출토된 배모양토기의 예가 있으며, 울산 반구대 암각화에서도 4척의 배 그림이 확인되었다. 그리고 실물로는 창녕 비봉리패총에서 2기의 통나무배가 출토된 바 있다. 출토 상태가 좋은 1호 통나무배는 현 해수면보다 2.1m 정도 낮은 곳에서 발견되었다.〈사진3-22〉 선저부船底部만 남

〈사진3-22〉 창녕 비봉리패총 통나무배

아 있는 상태이며, 잔존 길이 310cm, 두께 2~5cm, 최대 폭 62cm이다. 단면은 U자형으로 통나무를 파내어 만들었으며, 선미부船尾部의 상태를 감안하면 4m가 넘는 통나무배로 추정된다. 불에 그을려 가공한 흔적이 발견되고 있으며, 재질은 수령 200년의 소나무로 밝혀졌다. AMS연대 측정 결과, 약 7,700년 전의 것이며, 남해안과의 교류에 있어서 비교 자료로 자주 인용되는 일본 규슈의 이끼리끼伊木力유적 출토의 통나무배보다 2,000년 이상 앞선 시기로 보고되고 있다.

현재 유적에서 발견된 잔존 통나무배를 가지고 당시의 모습을 완전하게 복원하기 어렵다. 왜냐하면 범주帆柱를 세우기 위한 구멍이나 장치의 흔적이 확인되지 않았고, 선저부만 남아 있는 상태이기 때문이다. 통나무배는 남해 및 동지나해 연안에 분포하는 신석기시대 전기의 패총을 형성한 사람들에 의해 사용되었던 것으로 생각된다. 처음에는 연안부를 다니다가 쿠로시오나 쿠로시오 반류 등의 해류를 타고 점차 항해를 숙지해 갔을 것으로 판단된다. 통나무배를 이용한 남해안과 쓰시마의 항해는 해류와 계절풍을 이용한 것으로 보이며, 부산 인근의 해안에서 육안으로 보이는 쓰시마의 북서해안을 목표로 교역하였을 것이다. 쓰시마에서는 규슈의 북측에 위치한 이키壹岐섬을 경유하여 규슈의 북쪽 해안에 쉽게 접근이 가능하다. 신석기시대뿐만 아니라 고대의 항해 루트도 유사한 경로를 이용하고 있다.

IV

청동기시대 사람들은 어떻게 살았을까?

1. 청동기시대의 흐름
2. 초기철기시대의 구분은 어렵다
3. 주거와 무덤
4. 금속기가 등장하다
5. 기존의 생활 도구들
6. 농사가 본격화되다
7. 청동기인의 신앙과 예술

1. 청동기시대의 흐름

　신석기시대의 정주생활, 토기와 마제석기의 사용, 농경과 목축 등의 생업이 영위되는 시기를 지나 기원전 10세기경에 비파형동검琵琶形銅劍을 사용하는 청동기시대가 도래하게 되며, 이후 세형동검細形銅劍과 함께 청동기, 철기가 공반되는 기원전 1세기까지 지속된다.
　청동기의 도입과 더불어 이 시기의 특징적인 현상은 벼농사를 중심으로 하는 도작문화稻作文化의 전래이다. 벼농사를 짓기 위해서는 일정한 한 장소에서 영주가 가능하고, 마을을 형성하는 사회조직을 갖춰야 했다. 신석기인은 계절마다 무리를 지어 이동하면서 식량을 조달했으나 청동기인은 한 장소에서 자급자족이 가능하게 되어 부락을 이루었으며, 큰 사회집단으로 발전하게 되었다. 이와 더불어 빈부의 차가 형성되며, 지배세력의 존재와 함께 비로소 소국가小國家가 탄생하게 된다. 벼농사에 의해서 수확된 쌀이 주식으로 일반화되면서 이후 한국 경제사회의 중심을 이루게 된다.
　이 시기에는 신석기시대와는 달리 대규모적인 자연의 개변이 진행된다. 청동기로 제작된 도구의 발달로 인하여 자원이 훼손되었으며, 벼농사로 인한 영주생활이 시작되면서 대규모의 취락이 형성되기도 한다. 이 과정에서 주거와 창고시설, 망루와 목책의 방어시설, 목재 연료 채취, 목기와 농기구 등의 제작이 이루어졌으며, 이로 인하여 주변의 많은 나무를 벌채하여 자연림이 점차 파괴되어 갔다. 신석기인은 자연에 의존해서 생활했지만, 청동기인부터는 자연을 인간에게 유리하게 변화시켰다. 이로 인하여 점차 2차림이 확대되었으며, 태고의 원시림은 없어지게 되었다.
　또한 전쟁이 본격적으로 시작되었음을 유구나 유물에서 파악할 수 있다. 마을 유적에서 보듯 적으로부터 마을을 보호하기 위해 환호環濠를 만들었으며, 목책을 세워 방어를 더욱 튼튼히 하였다. 진주 상촌리유적에서와 같이 무덤의 인골에서는 화살촉이 박힌 채로 출토되는 경우도 있으며, 목이 잘리고 사지四肢만이 매장된 인골도 출토되고 있다. 칼이 출현하였다는 것은 전쟁이 시작되었다는 증거이며, 청동기시대에 이미 권력층이 형성되었다는 것을 의미한다. 마을 간에는 농업 생산을 축으로 한 지배와 종속관계가 성립되었으며, 벼농사를 짓기 위해서 토지와 물을 확보하기 위한 싸움, 축적된 쌀을 약탈하기 위한 싸움, 금속기를 수입하기 위한 교통로의 장악 싸움, 각 소국들의 외교권 싸움 등 다양한 형태의 전쟁이 지속되었다.

변화의 특징을 반영하는 것은 무문토기이다. 문양은 없지만 토기의 기형과 특징에 의해 지역을 나타내고 있다. 지역별 토기는 함북지방의 공렬문토기孔列文土器·채문토기彩文土器, 압록강 중류역의 공귀리식토기, 청천강 이북에서 중국 길림성에 걸쳐 분포하는 미송리식토기, 청천강 이남의 팽이형토기[角形土器], 서울·경기 지역의 역삼동식·흔암리식·가락동식토기, 충청도, 전라도·경상도 서부지역의 송국리식토기, 강원도 지역의 천전리 유형, 경상도 동부지역의 검단리형토기, 남부지방에 공렬문토기·적색마연토기赤色磨研土器 등 다양한 토기들이 출토되고 있다. 후기에는 원형점토대토기圓形粘土帶土器, 흑도장경호黑陶長頸壺, 외반구연호外反口緣壺, 두형토기豆形土器 등이 용도에 따라 전문화된 석기와 함께 사용되었다.

청동기시대에는 무덤이 보다 정형화되고 다양해지며, 새로운 형태의 무덤이 등장하게 된다. 무덤의 종류는 석관묘石棺墓, 지석묘支石墓, 옹관묘甕棺墓, 목관묘木棺墓, 적석목관묘積石木棺墓 등이 있으며, 마을의 주변 지역에 묘역을 형성하기도 한다. 그중에 지석묘는 청동기시대의 가장 특징적인 묘제이다. 지석묘는 한반도에 4만여 기가 있는 것으로 보고되었으며, 형태에 의해 중국 동북부에서 한강 유역에 걸치는 북방식과 한강 이남, 전라도 지역에 주로 분포하는 남방식으로 구분이 가능하다. 지석묘의 축조를 위해서는 많은 인력이 동원되어야 하며, 농경을 기반으로 하는 공동체 사회가 이루어진 시기의 산물이다.

이 시기에는 돼지, 개 등의 가축 사육이 이루어졌으며, 이로 인하여 신석기시대에 주류를 이루었던 사슴과 멧돼지는 현저하게 감소되었다. 이외에도 베틀을 이용한 방직기술이 개발되었으며, 식생활에 필요한 소금도 일반화되었다. 신석기시대에는 염분을 섭취하기 위하여 동물의 골수를 활용하였지만, 청동기시대에는 농경의 보급과 함께 소금이 일반화되고 교역의 주된 물품이었을 것으로 추정된다.

2. 초기철기시대의 구분은 어렵다

근래에 들어 한국고고학에 있어서 시대 구분의 한 축이었던 초기철기시대初期鐵器時代의 설정 문제에 있어서 다양한 의견들이 제시되고 있다. 현재 초기철기시대의 연대는 대략 기원전 3세기~기원전 1세기경으로 편년되고 있다. 이 시기는 중국 전국시대 연燕나라의 철기문화가 보급되기 시작한 단계에 해당하나, 한반도에서는 아직 철기의 생산이 본격적으로 이루어지지 않은 시기이다. 역사적으로는 중국 동북지방의 요하 유역遼河流域에서 후기 고조선과 위만조선이 세력을 펼치며, 송화강 유역松花江流域에서는 부여가 성장하는 시점이다. 이 시기의 유적에서는 한반도 서북지역의 평북 위원 용연동유적에서와 같이 연나라의 화폐로 지칭되는 명도전明刀錢과 함께 청동기, 철기 유물이 공반되는 양상을 보이고 있다.〈사진4-1〉 그러나 이 시기는 철기의 본격적인 생산 단계에는 이르지 못하였으며, 철기보다는 오히려 청동기문화가 주류를 이루는 시기이다.

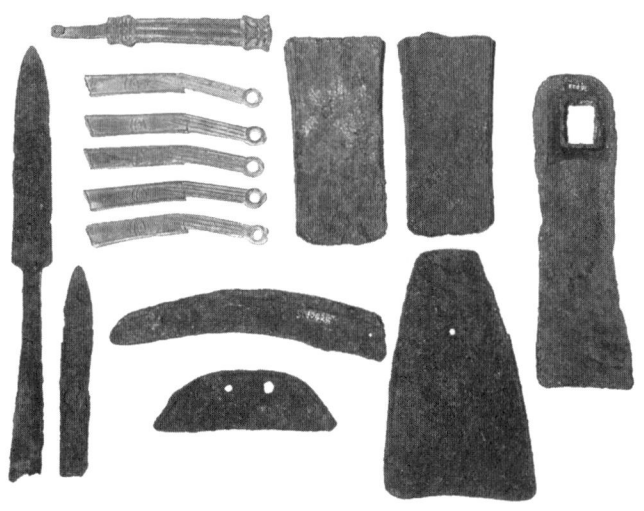

〈사진4-1〉 위원 용연동유적 출토 유물

청동기시대 사람들은 어떻게 살았을까? 161

따라서 최근에는 기존의 초기철기시대를 청동기시대 후기로 구분해야 한다는 견해가 높아지고 있다. 또한 연구자에 따라서는 초기철기시대와 그 이후의 시기인 원삼국시대原三國時代를 통합하여 철기시대鐵器時代로 구분하려는 연구도 시도되고 있다. 초기철기시대의 유물을 검토해 보면, 철기가 보급되기는 하였지만 한반도에서는 청동기의 제작기술이 최고조에 도달한 상태이며, 실질적으로 이 시기는 청동기문화 단계에 속한다고 볼 수 있다. 따라서 본서에서는 기존의 초기철기시대를 청동기시대 후기에 편년하여 구분하는 안을 수용하고자 한다.

청동기문화, 철기문화와 관련한 시기 구분에 있어서는 중국 동북지방에서 한반도에 이르기까지 넓은 지역을 포함하고 있고, 전파되는 시기와 지역도 각기 다르기 때문에 많은 어려움이 따르고 있다. 또한 청동기와 토기의 분포에 의해서도 시기 구분이 달리 설정되기도 한다. 대체적으로 청동검으로 본다면, 시기에 있어서 비파형동검 이전의 시기를 전기, 비파형동검 시기의 중기, 세형동검 시기를 후기로 편년하고 있다. 남한 지역에서는 무문토기 출토 주거지의 연대 측정에 의하여 기원전 15세기에 발생했다는 학설이 제기된 바 있어, 이 무문토기를 근거로 본다면, 각목돌대문토기刻目突帶文土器 단계의 조기, 역삼동식·흔암리식·가락동식토기 단계의 전기, 송국리식토기 단계의 중기, 기존 초기철기시대의 원형점토대토기圓形粘土帶土器 단계의 후기로 구분하는 경향도 있다.

이와 같이 본다면, 기존의 초기철기시대는 청동검 구분의 세형동검의 시기인 후기, 무문토기 구분은 원형점토대토기 단계의 후기에 해당한다고 볼 수 있다. 또한 기존의 초기철기시대는 중국 동북지방과 한반도 전역의 유적과 유물의 특징에 따라서, 요동 지역과 청천강 이북의 세죽리細竹里-연화보 유형蓮花堡類型, 송화강 유역의 대해맹大海猛-포자연 유형泡子沿類型, 연해주 지역의 단결團結-크로노프카 유형, 청천강 이남 지역의 남성리南城里-초포리 유형草浦里類型으로 구분되고 있다.〈도면4-1〉

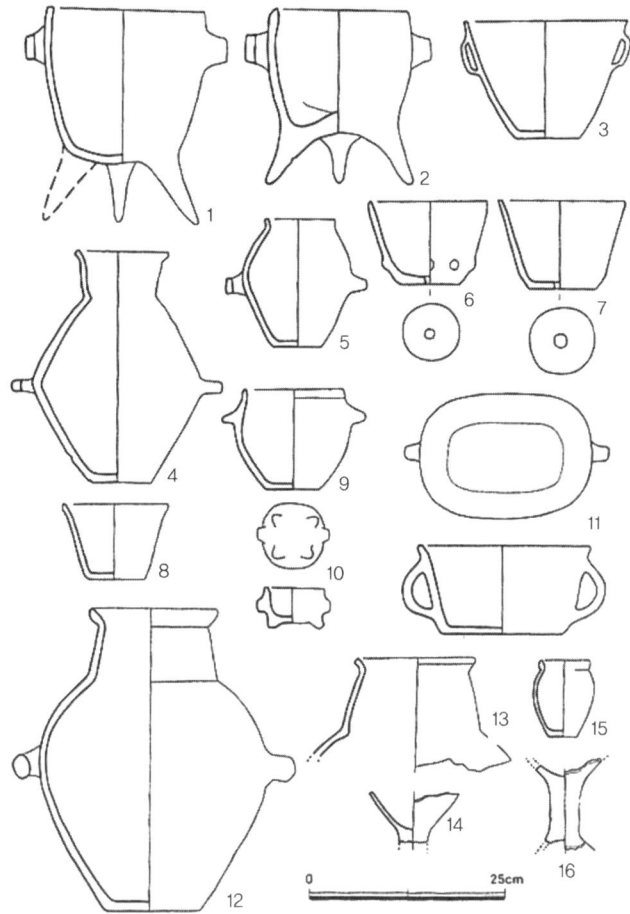

〈도면4-1〉 대해맹-포자연 유형 토기(한국고고학강의, 2007 인용)
1~11. 길림 후석산유적 12~16. 길림 포자연유적

    그러나 이러한 시기 구분은 지역에 따라서 문화의 발전 단계, 청동기와 철기의 등장 시점, 토기의 변화상 등에 있어서 지역에 따라 차이가 있음을 인정하지 않을 수 없다. 더구나 이 시기는 문헌상의 기록과도 비교해야 되는 현실을 감안해야 하며, 한중일 연구자에 사이에도 타협하기 어려운 입장차가 존재하고 있다. 따라서 동북아 전역의 청동기, 철기문화를 대상으로 한 시기 구분과 편년을 설정한다는 것은 현실적으로 매우 어려운 일이다.

3. 주거와 무덤

1) 영주생활이 영위되다
① 주거의 개요

청동기시대에는 본격적인 농경이 시작되었으며, 영주생활을 하기 위한 마을이 형성되었다. 초기에는 구릉의 정상부와 하천 자연제방에 마을이 형성되지만, 점차적으로 논과 밭을 경작하기에 근접한 지역 강변의 대지 위에 자리하거나 낮은 구릉지역으로 확대되어 간다. 처음에는 2~4기의 주거지가 마을을 이루나 강변의 대지로 확대해 가면서 10여 기 정도의 마을이 형성된다. 마을의 주변에는 논과 밭이 경작되고 있으며, 주거구역 주변에 텃밭도 조사되고 있다.〈사진4-2〉 중기의 송국리식토기 단계에는 수십여 기, 많게는 수백여 기의 대규모 마을이 형성되기도 한다. 이 시기의 마을은 주거 구역, 매장 구역, 농경 구역으로 정형화되어 배치되는 양상을 보이고 있다. 주거 구역에는

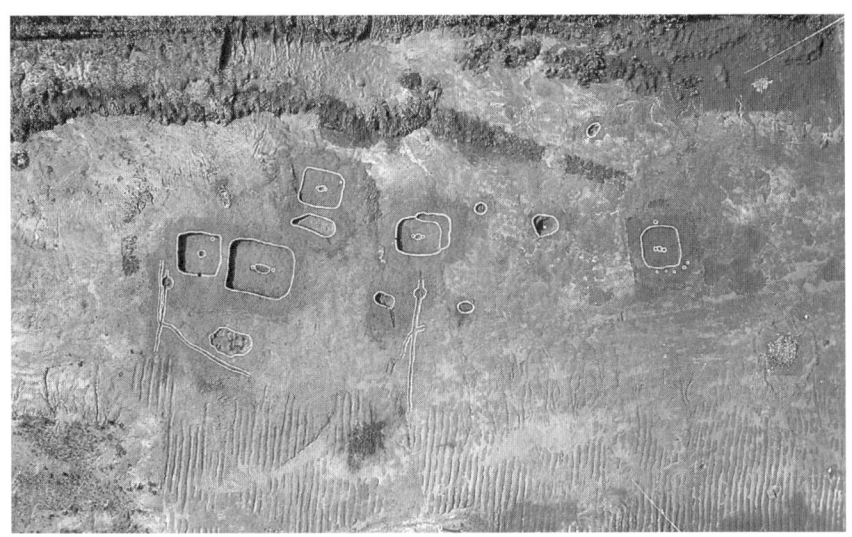

〈사진4-2〉 진주 대평리 옥방유적 주거와 밭터

생산시설, 저장시설, 광장, 의례 공간이 있으며, 이를 방어하기 위한 환호環濠와 목책木柵시설이 발견되고 있다. 후기의 원형점토대토기圓形粘土帶土器 단계에는 보령 교성리, 화성 동학산유적과 같이 산 정상에 소규모 마을이 들어서기도 한다.

청동기시대 조기에 해당하는 주거지는 하남 미사리, 정선 아우라지, 김천 송죽리, 진주 상촌리유적 등에서 방형 내지 장방형이 조사되었다.〈사진4-3〉 미사리유적의 주거지는 방형에 해당하며, 이 주거 내부에는 판석을 두른 위석식圍石式 화덕자리를 갖추고 있다. 출토 유물은 각목돌대문토기刻目突帶文土器를 비롯하여, 반달형 돌칼[半月形石刀], 돌화살촉[石鏃] 등이 있다. 진주 상촌리 B지구의 주거 형태는 장방형을 이루며, 상자형 위석식 화덕자리는 가장자리를 따라 초석이 배치된 특징이 있다. 각목돌대문토기를 비롯하여 공렬문토기孔列文土器, 적색마연토기赤色磨硏土器, 반달형 돌칼, 돌화살촉 등 다양한 유물이 출토되었다.

전기에는 서울 가락동, 서울 역삼동, 여주 흔암리, 아산 명암리, 천안 백석

〈사진4-3〉 진주 상촌리유적 주거지

동, 청주 용암, 연기 송담리, 대전 둔산동유적의 장방형계의 주거지가 조사되고 있다. 화덕자리는 대개 1개소이나 규모가 큰 주거지에는 2개소가 있는 경우도 있다. 주거 내부에서는 저장구멍을 설치한 경우가 많이 발견된다. 주거의 규모는 대개 20~25㎡ 정도의 소형에 해당한다. 전기 주거지의 예로 대전 둔산동 주거지의 경우는 장방형이며, 장방형의 위석식 화덕자리가 설치되어 있다. 벽에 인접한 곳에 20~30cm 간격으로 기둥구멍이 배열되어 있으며, 바닥의 중앙부에는 동서 방향으로 3개씩 2줄의 초석이 배치되어 있다. 유물은 가락동식토기를 비롯한 각종 무문토기와 간돌검[磨製石劍], 돌도끼[石斧], 반달형 돌칼, 돌화살촉 등이 출토되었다.

중기의 송국리형 단계에는 주거지의 평면이 원형 내지는 방형으로 바뀐다. 특히 원형의 송국리형 주거지는 주로 충청도, 전라도, 경상도 서부지역에서 출토되고 있으며, 내부에 4개의 기둥구멍과 중앙에 돼지 코 모양의 타원형 수혈橢圓形竪穴이 있는 것이 특징이다. 장방형 주거지와는 달리, 주거 내부에서 화덕자리는 발견되지 않으며, 타원형 수혈을 중심으로 석기 내지 옥기 등을 제작한 공방으로 활용되었을 것으로 추정된다. 송국리형 단계의 마을에서는 주거 단위의 분화, 마을 규모의 확대, 방어시설, 마을의 기능 분화, 위계질서 등의 변화를 엿볼 수 있는 것으로 연구되고 있다. 송국리형 주거지는 청동기, 철기문화와 함께 일본 야요이문화彌生文化 성립에 많은 영향을 주었다.

원형점토대토기 단계 후기의 주거지 형태는 방형이 주류를 이루고 있으며, 규모는 30㎡ 정도의 주거지가 많은 편이다. 이 시기에는 주거의 깊이가 얕아지고 기둥구멍의 수가 적어진다. 내부에서는 화덕자리, 벽구시설이 있으며, 일부 주거지에서는 부뚜막이나 구들시설이 확인되기도 한다. 부뚜막이나 구들시설은 주로 중국 동북부, 한반도 서북부, 두만강 지역의 주거지에서 화덕자리 대신에 만들어진다. 부뚜막에는 연도煙道시설이 설치되기도 하는데, 벽면을 따라 길어지면 구들이 된다. 구들의 평면 형태는 1자형, ㄱ자형, ㄷ자형으로 분류된다. 영변 세죽리, 진주 대평리유적 주거지의 구들은 ㄱ자형으로 알려지고 있다.

마을 유적으로는 서해안에 인접한 보령 교성리와 안성 반제리, 고성 송현리, 합천 영창리유적을 들 수 있다. 이들 주거의 내부에서는 원형점토대토기가 출토되었다. 이 시기에 보령 교성리, 군산 도암리유적 주거지에서와 같이 중기의 송국리형 주거지에서 점토대토기가 출토되어 중기에서 후기로 이행하는 모습을 보여 주고 있으며, 제주 삼양동유적에서는 200여 기의 송국리형 주거지가 발견되었다.

② 고상가옥

청동기시대에는 주거의 용도로 사용하는 것 이외에도 고상가옥高床家屋, 공동작업장, 축사 등이 있었던 것으로 보인다. 고상가옥은 굴립주건물掘立柱建物로도 불리고 있으며, 오늘날의 정자와 같이 지표면보다 높은 지상에 있는 건물이다. 유적에서는 기둥구멍만 존재하므로 구조를 정확히 파악하기 어렵지만, 주변의 유구와 관련하여 용도를 추정할 수 있다. 하남 미사리유적의 것이 가장 빠르며, 중기 이후에 집중적으로 증가하는 양상을 보인다. 고상가옥은 농경의 발달과 함께 환호를 가진 마을 유적에서 주거, 창고, 망루, 제단, 회의 장소 등 공공건물로 사용되기도 한다. 사천 이금동유적에서는 규모가 크고, 광장이나 무덤군 주변에 위치하는 것으로 보아 제단이나 회의 장소로 사용된 것으로 보인다. 고상가옥은 하남 미사리, 춘천 천전리, 보령 관창리, 해남 군곡리, 영암 장천리, 산청 묵곡리, 밀양 금천리, 진주 대평리 옥방, 사천 이금동, 창원 서상동유적 등에서 조사되었다.

③ 마을을 둘러싼 환호

청동기시대 마을 유적에서는 환호環濠시설이 조사되고 있으며, 이미 이 시기에 전쟁이 시작되었음을 알 수 있다. 마을 간에 농업 생산을 축으로 한 지배와 종속관계가 성립되고, 벼농사를 위한 토지와 물 확보, 축적된 쌀의 약탈, 금속기 수입의 교통로 장악 등을 위한 싸움이 지속되었다. 환호는 마을을 지키기 위한 방어 수단으로 설치되었다. 청동기시대 중기부터 설치되며, 부여 송국리, 울산 검단리, 울산 방기리, 진주 대평리 옥방, 산청 사월리, 대구 동천동, 창원 서상동유적 등에서와 같이 마을 주위에 도랑으로 돌려져 있는 환호가 있다.〈사진4-4〉 특히 진주 대평리 옥방 1지구의 환호와 토루가 같이 사용된 경우가 있으며, 창원 서상동유적에서는 환호와 목책이 함께 사용된 경우도 있다. 후기에 해당하는 환호는 강릉 방동리, 화성 동학산, 합천 영창리, 안성 반제리, 오산 가장동, 수원 율전동유적에서도 확인되고 있다.

환호의 형태는 타원형이 주류이며, 2중이나 W자형으로 돌린 경우도 있다. 깊이는 1.5m 정도, 너비는 1~3m 정도의 규모이며, 마을을 방어하기 위한 시설이다. 진주 대평리 옥방유적의 마을에서는 2중의 환호가 조사되기도 하였다. 환호 내부에는 발이 잘 빠져나오지 못하게 하는 요형凹形의 홈을 판

〈사진4-4〉 부여 송국리유적 환호 복원 모습

경우도 있으며, 환호를 따라서 목책을 세운 기둥구멍의 흔적이 발견되는 경우도 있어서 철통 같은 방어망을 형성한 것으로 생각된다.

　마을을 방어하는 또 하나의 시설물은 목책木柵이 있으며, 중기 이후에 발견되고 있다. 목책은 부여 송국리유적에서 확인되었으며, 강릉 방동리, 진주 대평리 옥방1지구, 창원 서상동유적에서는 환호와 함께 조사되었다. 송국리유적의 목책은 마을의 외곽에서 발견되었으며, 확인된 길이만 430m 정도이다. 목책의 간격은 1.8m 정도, 기둥의 직경은 50cm 정도이다. 여기에 적이 접근하기 어렵게 가늘고 뾰족한 나무를 설치한 녹채鹿砦의 흔적이 출토되었다.

2) 큰 돌이 사용된 무덤

① 석관묘

　청동기시대부터는 석관묘, 지석묘, 옹관묘, 목관묘, 적석목관묘 등 묘제가 다양화되며 여기에 상·장례의 양식도 복잡하게 혼용되어 나타난다. 석관묘石棺墓(돌널무덤)는 동북아시아 일대에 폭 넓게 분포하는 청동기시대의 장법으로 판석이나 강돌을 사용한 석관으로 매장시설을 축조한 것이다. 이 묘제는 토광묘나 목관묘와는 달리 기존에 흙으로 덮어 버리는 관념에서 벗어나 일정한 공간을 부여했다는 점이 다르며, 한 단계 높은 수준의 장법이라 할 수 있다. 석관묘는 주로 구릉의 정상부에서 많이 발견되고 있으며, 판석이나 할석을 사용하여 매장시설을 지하에 마련하고 판석을 덮고 있다.〈사진4-5〉 석

〈사진4-5〉 부여 송국리유적 석관묘

관묘는 규모면에서 1.6m 이상의 성인이 신전장伸展葬을 할 수 있을 정도로 큰 경우도 있지만, 1m 정도의 작은 석관묘도 많다. 이렇듯 규모가 다양한 것은 신전장이나 굴장屈葬의 차이에 기인한 것으로 보이며, 지역에 따라서 매장법의 차이를 비교해 볼 수 있다.

석관묘는 지역에 따라 구조를 달리하며, 부장 유물도 다양하게 나타난다. 중국의 요령遼寧 지역에서는 판석으로 축조한 석관묘가 많으며, 비파형동검琵琶形銅劍을 비롯한 다양한 청동기류, 무기류, 마구류가 출토된다. 북한 지역에서도 강계 풍룡리, 강계 공귀리, 배천 대아리유적 등에서 판석을 사용한 석관묘가 존재하지만, 조사의 성과가 많지 않으며 수량도 적은 편이다. 남부지방에서는 전역에서 발견되나 그중에서도 밀집된 곳은 보령 관산리·관창리, 대전 괴정동, 서천 오석리, 부여 송국리, 공주 분강리·산의리, 논산 원북리·마전리·정지리, 익산 다송리유적 등 금강 중·하류 지역이다. 대개 수십 기가 한 지점에 밀집되어 발견되고 있다. 이 지역에서는 석개토광묘石蓋土壙墓(돌뚜껑움무덤)나 옹관묘甕棺墓와 함께 발견되는데, 이러한 석관묘는 송국리형 주거지와 밀접한 관련이 있는 것으로 보인다.

석관묘에서 출토된 몇 유적의 부장 유물을 보면, 부여 송국리유적에서는 비파형동검琵琶形銅劍, 청동끌[銅鑿], 간돌검[磨製石劍], 돌화살촉[石鏃], 대롱옥[管玉] 등이, 대전 괴정동유적에서는 세형동검細形銅劍, 청동거울[銅鏡], 동화살촉, 청동종방울[銅鐸], 방패형 동기防牌形銅器, 검파형 동기劍把形銅器, 굽은옥[曲玉], 소옥小玉, 점토대토기粘土帶土器, 흑도장경호黑陶長頸壺, 논산 마전리유적에서는 간돌검, 돌화살촉, 홈자귀[有溝石斧], 대팻날도끼[扁平石斧], 등이 출토되었다. 익산 다송리유적에서는 조문경粗文鏡, 대형 청동단추[銅泡], 벽옥제 대롱옥, 무문토기, 흑도편 등이 출토되었다. 대형 청동단추는 중국 요령지방에서 발견되는 청동단추가 의기화된 것으로 보인다. 이와 같이 석관묘의 부장 유물로는 간돌검, 돌화살촉, 옥, 다양한 청동기, 토기 등이 발견되고 있다. 이중 간돌검과 돌화살촉이 출토 빈도가 가장 높다.

석관묘는 시신을 매장하는 의식에서 벗어나 사후 세계를 남기고자 하는 의미에서 흙과 구별되는 석관을 사용한 것으로 보인다. 이러한 묘제는 금속기의 도입과 벼농사의 시작으로 인하여 정치적, 군사적 지위나 상속, 사유재산에 대한 관념 등이 상당히 발달된 청동기시대에 필연적으로 나타날 수 있는 무덤인 것이다. 부장 유물에서도 알 수 있듯이 석관묘에서는 청동검[銅劍], 청동거울[銅鏡], 청동방울[銅鈴] 등 주로 의례용으로 사용하는 것들이 많다. 이것은 주술적인 힘을 가진 유물이며, 피장자가 생전에 신분이 높고 권위 있는 인물이었음을 추측하게 한다.

② 지석묘

지석묘支石墓(고인돌)는 유럽, 지중해 연안, 인도, 동남아시아, 중국, 일본 등 전 세계적으로 분포하고 있지만 그중에서도 한반도가 4만여 기로 가장 많이 분포하고 있다. 지석묘는 전 세계적으로 한반도가 가장 많으며, 그중에서도 호남 지역이 압도적으로 많다. 지석묘는 대개 평지보다 약간 높은 산기슭에 자리하는 경우가 많고, 전방에 하천이 있는 입지가 많이 선정된다. 지석묘의 축조 시에는 축조 의례, 매장 의례, 장례 의례 등의 의식이 행해진 것으로 연구되고 있으며, 의식과 절차가 그 사회의 정해진 규범 안에서 정연하게 이루어진 것으로 보인다.

지석묘가 한반도와 가장 관련 있는 지역은 중국의 요령 지역이다. 이 시기의 묘제는 석관묘인데 지석묘의 원류를 여기에 두는 경향이 높다. 요령 지역을 포함해서 한강 이북에는 탁자와 같은 북방식北方式이 분포하고 있다. 중국에서는 돌로 된 천막과 유사하다 하여 석붕石棚이라 하며, 북한에서는 오덕형五德型이라 부르고 있다. 북방식은 남한 지역에서는 분포수가 많지 않지만, 그중에서도 강화도에 예가 많은 편이다. 그렇지만 남방식과 같이 수량이 많거나 군집된 모습은 보이지 않는다. 북방식의 석실은 4매의 판석을 지석으로 사용하여 지상에 노출된 상태이며, 피장자를 매장하기보다는 석실 안에 넣어 두는 양상이다.

　남부지방에서는 바둑판과 같이 받침돌의 지석支石이 있는 남방식南方式이 주류를 이룬다. 남방식 지석묘는 호남과 영남 지역에서 주류를 이르고 있으며, 해안을 중심으로 밀집된 양상을 보인다. 특히 밀집된 양상은 고창 죽림리, 화순 효산리, 대신리 일대에서 볼 수 있으며, 이곳은 강화도의 지석묘와 함께 세계문화유산으로 지정되어 있다. 또한 개석식蓋石式으로 불리는 것은 상석上石 밑에 지석이 없는 경우이며, 상석과 묘실이 지면에 직접 마주 접하는 형태이다. 북한 지역에서는 개석식을 침촌형沈村型과 묵방형墨房型으로 구분하고 있다. 지역적으로는 남방식 지석묘와 공반되고 있으며, 일본 규슈九州에서도 개석식 지석묘가 발견되고 있다. 북방식 지석묘와는 달리, 석실은 지하에 위치하게 되며, 그 형태는 판석으로 된 석관형石棺形, 할석이나 강돌로 쌓은 석곽형石槨形, 구덩이만 판 토광형土壙形, 상석 밑으로 돌을 두른 위석형圍石形 등 다양하다.

　지석묘의 석실 안에 매장되는 부장품은 간돌검, 돌화살촉, 적색마연토기赤色磨硏土器, 채문토기彩文土器, 청동기류, 옥류 등 다양하다. 남해안 지역에서는 비파형동검을 포함한 청동기류, 각종 옥, 토기류가 부장되기도 한다. 섬진강 유역 지석묘에서의 부장 유물은 석기류는 간돌검과 돌화살촉이 주류를 이루고, 토기는 적색마연토기와 채문토기, 청동기류는 비파형동검, 세형동검, 청동투겁창[銅矛], 청동화살촉, 옥류는 소옥, 굽은옥, 대롱옥, 둥근옥이 있다. 이러한 부장 유물은 피장자가 실제로 생전에 사용하던 물건이나 의례용으로 특별히 제작하여 넣은 것으로 보인다. 여기에 비해 돌칼, 홈자귀, 숫돌, 가락바퀴, 무문토기류 등의 생활유물은 지석묘 주변에서 많이 발견되는데, 이들 유물은 부장 유물과는 달리 생활유물이다. 이들 생활유물은 지석묘 축조 시 혹은 부장 후의 제사에 쓰였던 것으로 생각된다.

　지석묘는 대부분 무덤으로 사용되지만, 묘표석墓標石, 제단祭壇 등으로 사용되는 경우도 있다. 고창 도산리 지석묘의 예에서 본다면, 지상에 노출된 지

〈사진4-6〉 고창 도산리 지석묘

석의 판석이 앞뒤가 열려 있는 형태여서 매장보다는 제단으로 사용되었을 가능성이 높은 것으로 추정되고 있다.〈사진4-6〉

지석묘의 축조 과정에 있어서 상석의 채굴과 운반은 어려운 작업이다. 상석의 채굴 장소는 화순 대신리 지석묘군과 고창 죽림리 지석묘군에서 조사된 바 있다. 죽림리의 경우 상석의 채굴은 뒷산의 성틀봉을 중심으로 7~8부 능선의 암석군에서 이루어졌으며, 암석의 절리면을 확보하여 쐐기를 박아 분리하고 있다. 분리한 상석을 이동시키는 데에는 통나무와 밧줄을 이용하였으며, 여기에는 많은 인원이 동원되었다. 실험을 통하여 보면, 30여 톤의 상석을 운반하는데, 200여 명의 인원이 필요한 것으로 알려져 있다. 이 시기에는 이미 인력을 동원할 수 있는 사회체제나 지배체제가 형성되었으며, 이는 정착된 농경사회가 그 기반이 되었던 것이다.

③ 옹관묘

신석기시대의 옹관묘甕棺墓(독무덤)로 보고된 것은 진주 대평리와 부산 동삼동의 예가 있지만, 청동기시대부터는 한반도에서 옹관묘가 많이 사용되기 시작한다. 옹관묘는 일상생활에서 사용하던 토기를 이용하고 있으며, 규모로 보아 소아나 육탈된 인골을 안치하는 용도로 사용하고 있다.

청동기시대의 옹관묘는 토기 하나만을 사용하는 단옹單甕이며, 부여 송국리, 공주 남산리·송학리·산의리·안영리, 서천 오석리, 논산 마전리·원북리·정지리, 익산 석천리·화산리, 군산 아동리, 곡성 연화리 등 충청도, 전라도 지역의 송국리형문화권 안에서 주로 발견되고 있다. 이 시기의 옹관은 송국리형토기를 세우거나 비스듬히 묻은 형태이며, 판석 등을 뚜껑으로 하여 덮고 있는 모습이다.〈사진4-7〉 그러나 논산 마전리, 익산 화산리 옹관묘의 예와 같이 옹관의 덮개로 판석 대신 소형의 발형토기鉢形土器가 사용되는 경우도 있다. 옹관의 바닥이나 몸통에는 조그마한 구멍을 내고 있는데, 이것은 배수, 방습,

〈사진4-7〉 익산 석천리유적 옹관묘

의례와 관련된 시설로 추정하고 있다. 이러한 옹관은 전라도 지역에서는 단독으로 발견되나, 부여 송국리, 논산 마전리유적 등에서는 석관묘, 석개토광묘 등과 함께 발견되고 있다.

옹관묘의 부장품은 지석묘나 석관묘에 비해서 매우 적게 나타난다. 옹관은 군집된 다른 묘제에 부수적으로 나타나고, 또한 소아용으로 사용된 예가 많다. 즉 한반도에서는 석관묘나 목관묘, 지석묘보다는 지위가 낮은 계급, 혹은 소아용의 무덤 등으로 사용되고 있으며, 부장 유물도 매우 빈약하다. 그러나 한반도와는 달리 일본 지역에서는 야요이시대弥生時代 요시노가리吉野ヶ里유적에서와 같이 옹관에서 청동검과 옥 등이 출토되기도 하여 지위가 높은 자의 무덤으로도 사용되고 있어 주목되고 있다.

④ 목관묘, 적석목관묘

목관묘木棺墓(나무널무덤)는 청동기시대 후기에 주류를 이루고 있으며, 토광을 파서 목관을 매장하는 방식이다. 전북 지역의 목관묘는 완주 갈동, 완주 덕동, 완주 반교리, 완주 신풍, 전주 여의동 등지에서 발견되고 있으며, 유물도 다른 지역에 비해 출토양이 많다. 청동기시대 후기에 전주, 완주 지역이 문화의 선진 지역이었음을 짐작할 수 있다. 완주 갈동유적의 세형동검의 거푸집[鎔范], 청동화살촉[銅鏃], 쇠낫[鐵鎌]과 환형유리環形琉璃 등은 이 유적의 성격과 교류를 밝히는 중요한 유물로 평가되고 있다. 완주 신풍유적에서는 70여 기의 목관묘가 조사되었으며, 내부에서는 각종 청동기와 철기가 공반되는 양상을 보이고 있다. 또한 시기를 가늠할 수 있는 점토대토기粘土帶土器, 흑도장경호黑陶長頸壺, 다양한 유리 장신구 등이 출토되었다. 기원전 2세기 말경 남부지방에 철기문화가 보급되기 시작하며, 청동기문화의 양식을 모방한 철기가 목관묘에서 출토되고 있는 것이다.

적석목관묘積石木棺墓(돌무지나무널무덤)는 목관을 안치한 후, 그 위에 돌을 덮거나 목관의 주위를 돌로 두르는 무덤을 말한다. 종래에는 석관묘나 석곽묘로 불리었으나 화순 대곡리에서 목관 주위에 할석을 돌리는 예에서 새롭게 밝혀졌다. 대개 단독으로 축조되고 있으며, 원삼국시대로 넘어가면서 혈연과 지연을 통한 집단 묘역을 이루게 된다.

목관묘와 적석목관묘의 부장 유물 출토의 몇 예를 보면, 완주 갈동유적에서는 세형동검의 거푸집을 비롯하여 청동화살촉, 쇠낫, 쇠도끼, 환형유리, 흑도장경호, 우각형파수부호牛角形把手附壺, 점토대토기, 대부장경호臺附長頸壺 등 다양한 유물이 출토되었으며, 완주 신풍유적에서는 청동거울[銅鏡], 간두령竿頭鈴, 청동검[銅劍], 청동끌[銅鑿] 등의 청동기와 환두도자環頭刀子(둥근고리 자루손칼), 손칼[刀子], 쇠끌[鐵鑿], 쇠도끼[鐵斧], 점토대토기, 흑도장경호, 다양한 유리 장신구 등이 출토되었다. 부여 합송리에서는 청동검, 청동꺽창[銅戈], 청동종방울[銅鐸], 청동거울, 동기銅器, 유리 대롱옥, 쇠끌, 쇠도끼, 흑도장경호 등이 출토되었다. 화순 대곡리유적에서는 세형동검, 청동도끼[銅斧], 팔주령八珠鈴, 쌍두령雙頭鈴, 청동거울 등이, 함평의 초포리유적에서는 묘광의 바닥에서 장식옥과 칼자루끝장식[劍把頭飾], 청동검, 청동거울, 청동투겁창, 청동꺽창, 청동도끼, 청동끌, 쌍두령, 청동방울 등이 발견되었다.

이와 같이 청동기시대의 목관묘, 적석목관묘의 특징은 무덤의 구조 및 부장품의 부장 방법에 이르기까지 다음 시기인 원삼국시대原三國時代 목관묘의 문화에 충실히 계승된다. 원삼국시대 초기에 출현하는 목관묘에는 청동기와 철기, 무문토기와 함께 새로운 양식의 토기인 와질토기瓦質土器가 부장되고 있는 점이 특징이다. 목관묘의 주체부는 통나무관이나 판재관이 사용되고 있으며, 관 밑에 구덩이를 파고 유물을 매장하여 특이한 장법을 보여 주고 있다.

4. 금속기가 등장하다

1) 청동기가 사용되다

① 청동기의 존속 시기와 동검문화

　청동기는 소수 권력자들이 사용하는 신분 상징적인 유물로 평가되고 있으며, 한반도에서는 기원전 10세기경 중국 동북지방에서 제작되어 점차적으로 보급되었다. 유입된 청동기는 무기로 사용되기도 하였으며, 농업에 획기적인 전환점이 되기도 하였다. 청동기시대 후기에는 점차적으로 철기가 도입되어 원삼국시대의 서막을 이루게 된다.〈도면4-2〉

　청동기의 존속 시기는 세계적으로 지역에 따라 차이를 보이고 있다. 청동기의 주조술은 메소포타미아지방에서 시작되었으며, 약 6,000년 전에 크게 발전하였다. 약 4,000년 전에는 구리와 주석의 합금인 청동이 일반화되었으며, 유럽 지역에서도 청동기가 사용되었다. 이후 청동기의 주조술은 중앙아시아의 우랄산맥을 넘어 시베리아에 도달하였으며, 중국 동북지방을 거쳐 한반도에는 기원전 10세기경에 유입되었다. 중국 동북지방에는 기원전 15세기경에 소멸한 하가점 하층문화夏家店下層文化 단계에 이미 청동기가 등장하였으며, 여기에 출토된 비파형동검琵琶形銅劍이 한반도와 관련되고 있다.

　청동기 유물 중에는 청동검이 가장 많이 출토되고 있다. 비파형동검琵琶形銅劍은 중국 요령 지역에서 주로 출토되어 요령식 동검遼寧式銅劍으로도 불리며, 한반도에서 주로 발견되는 형태가 가늘고 긴 세형동검細形銅劍은 한국식 동검韓國式銅劍으로 불리기도 한다. 따라서 청동기문화를 비파형동검문화와 세형동검문화로 대변하기도 한다.

　비파형동검문화는 중국 동북지방을 중심으로 주로 석관묘, 적석묘, 토광묘 등에서 미송리식토기와 함께 비파형동검, 비파형청동투겁창, T자형검자루

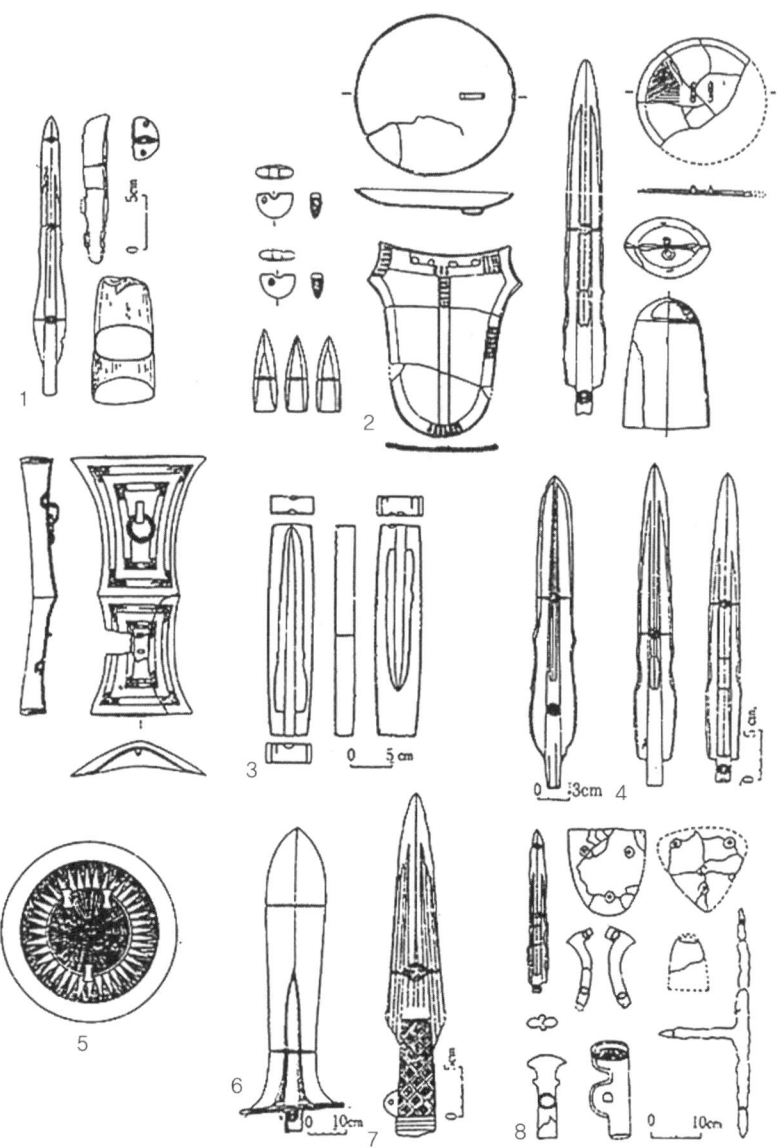

〈도면4-2〉 청동기 각종 유물 (고고학사전, 2001 인용)

1. 용흥리(비파형동검, 청동손칼, 굽은옥, 간돌도끼)
2. 괴정동(원개형동기, 방패형동기, 검파형동기, 청동거울, 청동종방울, 세형동검)
3. 용인 출토 세형동검 거푸집   4. 청동검 각종   5. 세문경   6. 청동꺾창
7. 청동투겁창   8. 평양 출토(세형동검, 을자형동기, 거여구, 청동종방울)

[劍柄], 부채모양도끼[扇形銅斧], 조문경粗文鏡(거친무늬거울) 등이 출토되는 양상을 일컫는다. 청동검 이외에도 비파형동검문화기에 보이는 청동 유물은 청동투겁창[銅矛], 청동화살촉[銅鏃], 손칼[刀子], 청동도끼[銅斧], 청동끌[銅鑿] 등이 있으며, 마구류, 청동 의기류 등은 보이지 않는다.

세형동검문화는 비파형동검문화에 이은 청동기시대 후기에 해당한다. 비파형동검문화를 바탕으로 형성되었으며, 중국 동북지역의 청동기문화를 받아들이면서 새로운 청동기문화로 정착하게 되었다. 대동강 유역에서는 비파형동검문화를 발전시켜, 세형동검, 세형 청동꺽창, 세문경細文鏡(잔무늬거울) 등의 청동기가 제작되었다. 남부지방에서는 이 시기에 아산 남성리, 예산 동서리, 대전 괴정동, 부여 연화리 등의 유적이 서남해안 지역에 집중된 양상을 보이고 있다. 이 지역은 서남해안 교통의 요충지로 요동반도와 서해상을 통한 교류가 지속되었던 곳이다. 이 시기에는 비파형동검문화 단계보다 다양한 유물이 출토되며, 새롭게 의기류와 함께 무기류, 공구류가 가미되고 있다. 세형동검을 필두로 청동투겁창, 청동꺽창[銅戈], 다뉴세문경多紐細文鏡 등이 공반되고 있다. 남한지방에서는 의기로서 방패형 동기防牌形銅器, 나팔형 동기喇叭形銅器, 원개형 동기圓蓋形銅器 등이 출토되며, 각종 청동거울이 만들어진다. 이 문화가 일본으로 건너가 야요이시대弥生時代의 청동기문화에 지대한 영향을 주었다. 이후 중국 전국시대戰國時代의 철기문화 파급으로 인하여 청동기는 점차 쇠퇴하여 간다.

② 청동은 어떻게 제작되었나?

청동을 얻기 위해서는 광석을 캐내는 채광採鑛, 광석에 열을 가해 청동을 뽑아내는 정련精鍊, 청동을 배합하는 합금合金, 그리고 청동 유물을 제작하기 위해 거푸집[鎔范]에 넣어서 형태를 만드는 주조鑄造 등의 여러 단계의 공정을 거쳐야 하며, 전문적인 기술을 필요로 한다. 청동은 구리와 주석, 비소 등이 합금된 금속이며, 여기에 납이나 아연을 섞어서 제작하는 경우도 있다. 청동 유물은 용도에 따라서 합금의 비율이 차이를 보이고 있다. 한반도에서 출토되는 청동기는 유물에 따라서 차이는 있지만, 세형동검의 경우는 대략 구리 79.2%, 주석 13.4%, 납 6.8% 정도가 혼입된 것으로 연구되고 있다. 의기儀器나 청동거울[銅鏡], 장신구裝身具 등의 청동기는 구리의 비율이 떨어져 59.6%, 주석은 22.1%, 납 7.3% 정도이다. 이것은 제품의 특성을 고려해 주조하는 데 편하게 성분 배합이 이루어졌으며, 여기에는 각 제품마다 합금술의 올바른 원리를 적용하였음을 알 수 있다.

청동기를 주조하기 위해서는 도가니와 거푸집[鎔范]이 필요하다. 한반도에서 청동기시대의 도가니는 아직 출토 예가 없지만, 거푸집은 한반도 거의 전 지역에서 출토되고 있다. 특히 전남 영암에서 출토된 거푸집은 청동검, 청동투겁창, 청동꺽창 등의 무기류, 청동도끼, 청동끌의 공구류, 낚싯바늘을 제작한 거푸집이 일괄로 발견되어 대규모의 공방이 있었던 것으로 보인다. 한반도에서의 거푸집은 주로 활석제이며, 한쪽 면만 이용하는 단합범單合范과 같은 모양 2매를 합하여 사용하는 쌍합범雙合范이 있다.〈사진4-8〉 정교한 문양

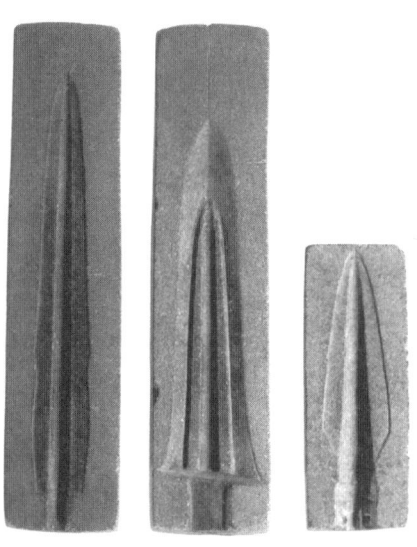

〈사진4-8〉 영암 출토 거푸집

이나 장식이 있는 청동거울, 청동방울은 밀랍으로 틀을 만들고, 점토를 씌운 다음, 밀랍을 녹여서 제작하는 방법도 사용되었다. 쌍합범에는 합칠 때에 어긋나지 않게 측면에 눈금을 표시한 것, 쇳물을 부어 넣는 탕구湯口가 명확한 것, 속틀과 고정못 등이 있어서 청동기의 제작기술을 엿볼 수 있다. 이외에도 청동제품의 보수를 위해서 문양을 그려 넣는 기법, 땜질하는 기법 등도 파악되고 있다.

③ 청동무기가 등장하다

비파형동검琵琶形銅劍은 형태에 있어서 악기인 비파와 유사한 모습이며, 칼몸[劍身]과 칼자루[劍把], 칼자루끝장식[劍把頭飾]을 조합하는 형태이다.〈사진 4-9〉 칼몸은 칼과 따로 만들어 조립하게 되어 있으며, 칼손잡이[劍柄]는 T자형을 이룬다. 한반도 남부에서 출토되는 비파형동검은 손잡이의 장착을 용이하게 하기 위하여 자루에 홈을 판 유구경식有溝莖式이 주류를 이룬다. 이러한 양식은 중국 동북지방보다는 한반도 서남부의 송국리형문화와 관련이 깊다.

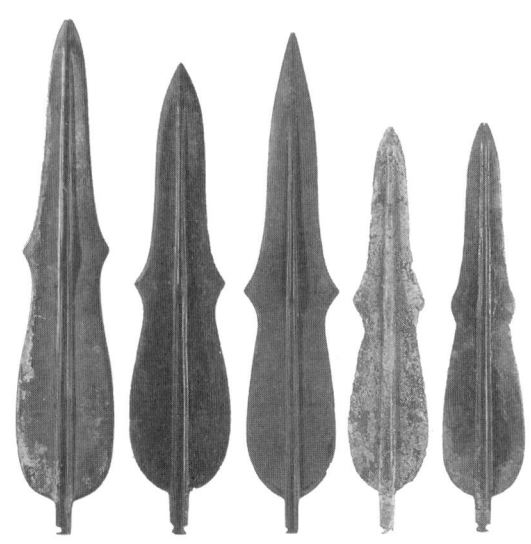

〈사진4-9〉 비파형동검

칼자루끝장식은 철광석제, 청동 등의 재질이 사용되고 있다. 비파형동검의 기원은 중국의 하가점 상층문화夏家店上層文化인 것으로 알려지고 있다. 함경북도를 제외한 전국적인 분포를 보이고 있으며, 60여 점 이상이 출토되었다. 비파형동검은 중국 요하 유역에서는 적석총·목관묘·토광묘에서, 한반도에서는 석관묘와 지석묘에서 부장품으로 발견되고 있다. 석관묘에서는 황해도 배천 대아리, 신평 선암리, 사리원 상매리, 부여 송국리유적에서 출토 예가 있으며, 지석묘에서는 승주 우산리, 여천 적량동, 여천 오림동, 여천 평려동, 여수 화장동, 고흥 운대리유적이 있다. 그중에서도 전남 해안 지역의 지석묘에서 다수가 발견되어 중국 동북지방과의 교류의 흔적을 엿볼 수 있다.

세형동검細形銅劍은 비파형동검을 기본으로 시간의 경과와 함께 점차 동검의 폭이 좁아지고, 길이가 길어지는 변화를 보인다.〈사진4-10〉세형동검은 결입부가 형성되고 마디가 뚜렷해지는 특징이 있는 한반도 고유의 청동검이다. 청천강 이남에서 일본 규슈九州에 이르기까지 넓게 분포하고 있으며, 주로 목관묘나 석곽묘에서 출토되고 있다. 세형동검은 부여 연화리·구봉리, 대전 괴정동·탄방동, 예산 동서리, 아산 남성리, 부여 남성리, 익산 용제리, 화순 대곡

〈사진4-10〉 세형동검

리, 함평 초포리, 영암 장천리, 창원 다호리, 김해 내동 등의 고분유적에서 출토되었다. 이 세형동검은 철기 유물과 공반되는 부여 합송리, 아산 궁평리, 당진 소소리, 공주 봉안리, 연기 봉암리, 익산 평장리, 장수 남양리, 양양 정암리, 횡성 강림리, 경주 죽동리·입실리·구정동유적 등의 청동기시대 후기의 유적에서도 출토되고 있다.

중국식 동검中國式銅劍은 칼몸과 칼손잡이가 분리되지 않고 동시에 주조되었으며, 춘추시대春秋時代 후기부터 한대漢代에 걸쳐 사용되었다. 황해도 재령 고산리유적에서 비파형동검과 함께 출토된 바 있으며, 중국 전국시대戰國時代에 유입된 것으로 추정되고 있다. 북한 지역에서는 평양 석암리, 재령 고산리유적에서 출토되었으며, 남한 지역에서는 완주 상림리 야산에서 일괄 26점, 함평 초포리유적에서 2점이 출토된 바 있다.〈사진4-11〉 완주 상림리유적의 중국식 동검은 대체로 칼몸은 단면이 납작한 마름모꼴이고, 자루는 원통형인데 중간에 2개의 마디가 있다. 이것은 중국식 동검의 모방품으로 여겨지며, 성분분석에 있어서도 금강 유역 일대의 세형동검과 일치하고 있다.

비파형청동투겁창[琵琶形銅矛]의 형태는 비파형동검과 완전히 동일한 비파

〈사진4-11〉 중국식 동검

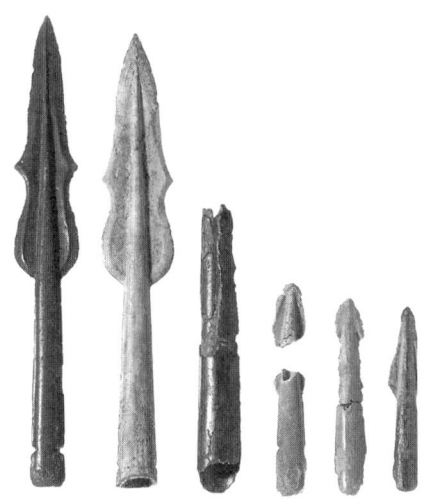

〈사진4-12〉 비파형청동투겁창

형이며, 창으로 사용하기 때문에 자루를 꽂을 수 있도록 투겁이 있다.〈사진 4-12〉 주로 요령성, 길림성 등 중국 동북지역의 비파형동검이 유행한 지역에서 만들어진다. 이 청동투겁창의 출현은 요령 지역에서는 기원전 8~6세기, 한반도에서는 기원전 5세기 전후로 추정되고 있다. 한반도에서는 거의 전국적인 분포를 보이며, 거푸집을 포함하여 14점 정도가 출토되었다. 이 청동투겁창은 평양 남경, 부여 송국리, 여수 적량동, 보성 봉릉리유적 등 주로 석관묘, 남방식 지석묘와 주거지에서 출토되고 있다. 여수 적량동 상적 지석묘에서는 비파형동검과 공반 출토된 바 있다.

세형청동투겁창細形銅矛은 길이가 길지는 않으며, 옆면에 못 구멍이 나 있어 빠지지 않도록 하고 있다.〈사진4-13〉 청동투겁창은 세문경細文鏡의 발생과 거의 병행하는 시기에 제작되며, 문양이 있는 유문식有文式의 등장, 투겁 몸의 장대화, 둥근 귀 모양의 환이環耳 부착 등의 과정을 거친다. 원삼국시대 초기까지 이어지면서 비실용적인 의기로 사용되다가 쇠투겁창[鐵矛]으로 교체된다. 세형청동투겁창은 부여 구봉리, 대전 탄방동, 익산 평장리, 전주 효자동, 장수 남양리, 함평 초포리, 대구 팔달동·신천동, 경주 죽동리·입실리·구정동

〈사진4-13〉 세형청동투겁창

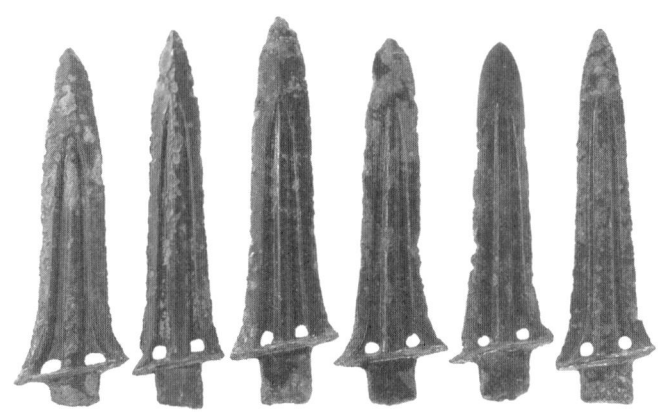

〈사진4-14〉 청동꺽창

유적에서 출토 예가 있다.

　청동꺽창[銅戈]은 긴 자루를 창 몸과 직각으로 묶어 찍거나 베는 데 사용하는 무기이다.〈사진4-14〉 세형청동투겁창에 비해 발생 시기가 늦은 것으로 보고 있으며, 원삼국시대 초기까지 의기화된 형식으로 존속되고 있다. 집선集線과 단선短線의 문양이 있는 유문 청동꺽창은 세형동검문화에서도 늦은 시기에 해당이 되며, 주로 영남 지역에서 출토되고 있다. 청동꺽창은 당진 소소리, 부여 합송리·구봉리, 공주 봉안리, 아산 궁평리, 연기 봉암리, 익산 용제리·평장리, 전주 여의동, 함평 초포리, 대구 팔달동·신천동, 경주 죽동리·입실리·구정동유적에서 조사되었다.

청동화살촉[銅鏃]은 청동검이나 청동투겁창에 비해 출토양이 적으며, 날개의 개수와 형태에 따라 양익유경식兩翼有莖式, 삼익유경식三翼有莖式, 삼익유공식三翼有孔式, 삼릉식三菱式으로 분류되고 있다. 중국 요령 지역에서 청동화살촉이 공반되는 것은 비파형동검 단계부터이다. 비파형동검과 공반된 청동화살촉은 황해도 백천 대아리, 사리원 상매리 석관묘에서 출토된 바 있으며, 이 청동화살촉은 단면이 마름모형[菱形]을 이루는 양익유경식에 해당한다. 이외에도 청동화살촉은 황해도 은천 약사동 지석묘, 사리원 상매리, 배천 홍현리 석관묘, 고성 거진리, 김해 무계리 지석묘, 보성 덕치리 신기 지석묘, 강릉 포남동유적 주거지 등지에서도 출토되었다.

④ 청동으로 만든 공구류

청동도끼[銅斧]는 벌목을 목적으로 하지만, 전투용으로도 사용된다. 한반도에서는 부채날도끼[扇形銅斧]와 활 모양의 호선弧線을 이루는 장방형도끼[長方形銅斧]가 출토되고 있다.〈사진4-15〉 부채날도끼는 비파형동검문화의 대표적

〈사진4-15〉 청동도끼

인 공구이며, 아산 남성리유적에서와 같이 남한으로 내려와서는 세형동검과 공반되는 양상을 보인다. 부채날도끼는 곧이어 장방형도끼로 변화된 것으로 보인다. 청동도끼의 날은 한쪽에만 있는 외날[片刃]로 만든 것으로 보아 자귀의 용도로 보인다. 부채날도끼는 의주 미송리유적에서 출토된 바 있으며, 남한 지역에서는 아산 남성리, 부여 구봉리, 전주 여의동유적 등에서 출토되었다. 장방형도끼는 황해도 재령 고산리, 부여 구봉리, 아산 궁평리, 화순 대곡리, 함평 초포리유적에서 출토된 바 있다. 부여 구봉리유적에서는 부채날도끼와 장방형도끼가 공반되고 있다.

청동끌[銅鑿]은 목재에 구멍을 뚫거나 홈을 파는 끌로 사용되는 공구이며, 주로 세형동검문화 단계에 출토되고 있다. 길이는 대략 8~15cm 정도이다. 청동끌의 단면은 사각형 혹은 육각형을 이루며, 날은 외날이 주류를 이룬다. 청동끌은 한반도에 기원전 7~6세기경에 출현하였으며, 평양 금탄리, 부여 송국리, 부여 구봉리, 아산 남성리, 대전 탄방동, 익산 용제리, 전주 여의동, 함평 초포리유적 등에서 출토되었다. 이중에 송국리 석관묘의 끌은 비파형동검의 슴베 부분을 갈아서 만든 것이다.

청동새기개[銅鉈]는 조각칼과 같은 용도로 사용된 것으로, 날 끝은 삼각형을 이루고 있다. 종縱방향으로 등이 형성되어 있으며, 밑면은 단면이 삼각형 혹은 초생달 모양이다. 중국 전국시대 유적에서 주로 출토되며, 한반도에서는 부여 구봉리, 대전 탄방동, 익산 용제리, 화순 대곡리, 함평 초포리, 경주 구정동유적에서 출토되었다.

⑤ 청동거울이 등장하다

청동거울[銅鏡]은 중국의 경우는 중앙에 1개의 꼭지가 있는 반면, 한반도에 주로 출토되는 청동거울은 2~3개의 꼭지가 있다. 꼭지가 많이 달려 있다고 하여 다뉴경多鈕鏡(여러꼭지거울)이라 부른다. 다뉴경은 평면 또는 오목거울이며, 문양은 삼각거치문三角鋸齒文을 이용한 기하학적인 문양이 주류를 이루고 있다. 크기는 7~22cm 정도이며, 백동질白銅質이 주류를 이룬다. 현재까지 중국 동북지방, 한반도, 일본에 걸쳐 90여 점이 발견되었다. 청동거울은 문양이 다소 거친 조문경과 정교한 세문경으로 구분된다.

조문경粗文鏡(거친무늬거울)은 중국 동북지방의 조양 십이대영자十二臺營子 유적에 비파형동검과 공반 출토된 예가 있으며, 시기적으로도 빠른 단계에 해당한다. 비파형동검의 확산과 더불어 한반도에 전해졌으며, 공반유물이 확실하지는 않지만 세형동검문화 성립기에 제작된 것으로 보인다. 조문경은 굵은 삼각거치문三角鋸齒文의 뇌문雷文, 성형문星形文, 동심원문同心圓文과 조합된 양상이다.〈사진4-16〉 주연周緣의 단면은 삼각형에 가까우며, 후기로 갈수록 원형으로 변한다. 꼭지는 반원형을 이룬다. 조문경이 출토된 예는 대전 괴정동, 예산 동서리, 당진 소소리, 아산 남성리, 부여 구봉리, 전주 여의동, 익산 다송리, 고흥 소록도유적이 있다. 이후에는 문양이 세밀하고 정교한 세문경이 보이기 시작한다.

〈사진4-16〉 전주 여의동유적 조문경

세문경細文鏡(잔무늬거울)은 조문경이 발전하여 집선集線이 더욱 정밀하게 시문되고 있다. 뒷면에 기하학적 문양이 새겨져 있으며, 그 문양은 동심원에 의해 세 부분으로 구성된다.〈사진4-17〉 주연의 단면은 반원형이며, 꼭지는 장방형을 이루고 있다. 일명 다뉴세문경多鈕細文鏡으로도 불리며, 중앙 부위에 2개의

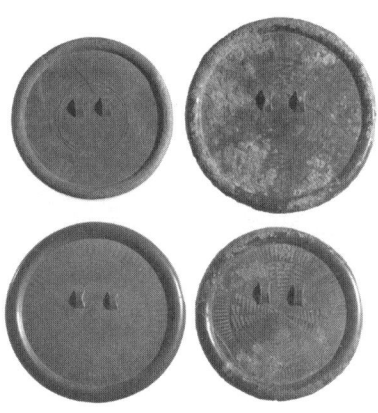

〈사진4-17〉 세문경

꼭지가 있어 끈을 연결하게 되어 있다. 오늘날의 기술로도 복원하기 어려울 정도로 정교하게 제작되었으며, 이는 당시의 청동기 제작기술의 우수성을 대변하는 것이다. 세문경은 예산 동서리, 당진 소소리, 아산 궁평리, 부여 합송리·구봉리, 장수 남양리, 화순 대곡리, 함평 초포리, 횡성 강림리, 양양 정암리, 경주 조양동유적 등에서 출토된 바 있다.

⑥ 청동으로 제사 용구가 만들어지다

청동방울[銅鈴]은 장식이 첨가되고 주조기술이 발달된 기원전 3세기~2세기경에 한반도에서 많이 발견된다. 청동방울은 청동검과 함께 샤먼의 필수적인 무구巫具이다. 청동방울은 팔주령八珠鈴, 간두령竿頭鈴, 쌍두령雙頭鈴, 조합식쌍두령組合式雙頭鈴이 있으며, 모두 의례에 사용된 것으로 보인다.〈사진4-18〉 팔주령은 팔각 청동판 끝에 각 1개씩의 방울을 장착한 것이며, 표면이 오목한 상태이다. 문양은 단사선短斜線을 조밀하게 음각하여 십자문十字文 혹은

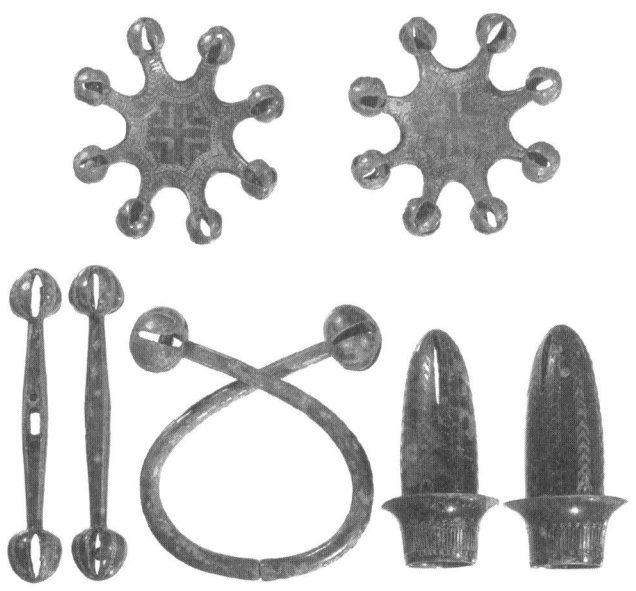

〈사진4-18〉 팔주령, 쌍두령, 조합식쌍두령, 간두령

방사상의 일광문日光文을 시문하였다. 뒷면에는 문양이 없거나 표면과 동일한 문양이 있으며, 중앙에 1개의 고리가 있다. 방울은 구멍이 뚫려 있는 편구형偏球形이지만, 화순 대곡리 출토품은 만두형이고 표면에 대칭된 고사리 문양이 있다. 팔주령은 같은 시기에 중국이나 일본에서는 출토되지 않은 한반도 고유의 것이며, 화순 대곡리유적 출토품과 논산, 덕산, 상주에서 출토된 것이 전해진다. 간두령竿頭鈴은 포탄형 몸통의 상부를 칸막이로 막아 방울로 사용한 형태이다. 중앙에 구멍이 있거나 아래쪽에 고리를 마련하여 끼울 수 있게 하였다. 위쪽은 십자일광문十字日光文으로 시문하였고, 아래쪽에는 단선으로 삼각문 혹은 사각문을 촘촘히 배치하였다. 간두령은 함남 함주 조양리, 완주 신풍지구, 함평 초포리, 대구 신천동, 경주 입실리·죽동리유적 등 주로 중부 이남 지역에서 출토되고 있다. 쌍두령雙頭鈴은 아령과 같이 양단에 방울이 달려 있는 모습이다. 중앙에는 장방형의 구멍이 있으며, 자루 끝에 끼우거나 매달게 되어 있다. 방울은 다른 종류와 같은 것이며, 문양도 유사하게 시문되어 있다. 화순 대곡리, 함평 초포리유적에서 출토되었고, 논산과 덕산에서도 출토품이 전해지고 있다. 조합식쌍두령組合式雙頭鈴은 소의 코뚜레 모양으로 동봉銅棒의 양단에 방울이 달려 있다. 방울은 약간 편구형이며, 절개된 방울 구멍의 주변에 단사선이 시문되어 있다. 연결 부분에 방형의 구멍이 있어 나무 자루에 끼워서 사용하였다. 함평 초포리, 덕산, 논산에서 출토품이 전해진다. 이러한 청동방울이 출토된 무덤은 제사장의 성격을 가진 것으로 추정된다.

청동종방울[銅鐸]은 의례 시에 종으로 사용하고 있으며, 크기는 대개 15cm 전후이다.〈사진4-19〉 가장 오래된 형식은 대전 괴정동유적의 출토품으로 몸통이 통형에 가까우며, 받침 구멍의 위치도 높다. 부여 합송리유적에서는 한반도에서 규모가 가장 큰 청동종방울 2점이 출토되었다. 현재 나진 초도, 대전 괴정동, 부여 합송리, 대구 신천동, 경주 입실리유적 등에서 50여 점의 출토 예가 있다. 청동종방울보다는 규모가 작은 말방울[馬鐸]로 불리는 소

〈사진4-19〉 청동종방울

동탁小銅鐸은 크기가 5cm 전후이며, 청동종방울과는 달리 몸통에 격자문格子文 등의 문양이 시문되고 있다. 중국에서는 가축의 목에 달아 방울로 사용하였으나, 한반도에서는 무덤에서 출토되고 있다. 소동탁은 주로 영남지방의 대구 신천동, 경주 입실리, 경주 죽동리유적에서 출토되고 있다.

청동단추[銅泡]는 청동으로 만든 2~5cm 크기의 원형 단추 장식품이며, 뒷면에 작은 고리가 부착되어 있다. 중국 요령 지역에서는 심양 정가와자鄭家窪子유적에서와 같이 활집이나 가죽 신발 등에 붙이는 장식으로 사용되고 있으며, 말 장식에 사용되는 경우도 있다. 한반도에서는 기원전 7세기경에 출현하지만, 크게 유행하지는 못하였다. 북한 지역에서는 평북 강계 풍룡리 석관묘, 용천 신암리, 황해 봉산 신흥동 주거지, 나진 초도, 무산 호곡유적에서 발견되었다. 남한 지역에서는 익산 다송리, 경주 죽동리, 영천 어은동유적을 들 수 있다. 어은동유적에서는 원형, 타원형, 방형, 와형蛙形의 다양한 청동단추가 출토되었으며, 뒷면에 봉이 가로질러 있어 매달 수 있게 하였다. 표면에는 와문渦文, 십자일광문十字日光文 등을 시문하였다.

동기류는 방패형 동기防牌形銅器, 검파형 동기劍把形銅器, 원형유문동기圓形有文銅器, 나팔형 동기喇叭形銅器, 견갑형 동기肩甲形銅器, 원개형 동기圓蓋形銅器 등이 알려져 있다. 방패형 동기는 방패와 같은 모양을 하고 있으며, 아산 남성리, 대전 괴정동 석관묘에서 출토되었다.〈사진4-20〉 검파형 동기는 대나무를 쪼개 놓은 것 같은 형태이며, 대전 괴정동, 아산 남성리, 예산 동서리 석관묘의 호서 지역에서만 출토되고 있다. 원형유문동기는 익산에서 출토된 것으로 전해지는 오목거울 형태이며, 뒷면에는 꼭지가 있던 것으로 보인다. 태양을 상징하는 방사상 문양과 십자형 문양이 조합된 십자일광문十字日光文이 시문되어 있다. 예산 동서리유적에서 출토된 나팔형 동기는 원추형의 위에 관을 연결한 형태이며, 원추형 부분에 점선문이 시문되어 있다. 이러한 동기는 요령 지역의 심양 정가와자鄭家窪子유적에서도 출토된 바 있다. 경주에서 출토된 것으로 전해지는 견갑형 동기는 현재 동경국립박물관에 소장되어 있다. 이 동기 표면에 다양한 문양이 시문되어 있으며, 호랑이 1마리와 사슴 2마리도 그려져 있다. 사슴은 활을 맞은 모습이 있는 것으로 보아 수렵과 관련된 의

〈사진4-20〉 방패형 동기. 원개형 동기. 검파형 동기

기로 추정된다. 원개형 동기는 표면이 완곡되어 튀어나온 원형의 뚜껑 형태이다. 꼭지에 고리를 걸어 두드려 소리를 내는 의기로 추정된다. 심양 정가와자 유적에서 유사한 동기가 출토되었으며, 한반도에서는 대전 괴정동, 예산 동서리 석관묘, 부여 합송리유적에서 출토된 바 있다.

2) 철기가 수용되다

① 철기를 수용하다

한반도에서의 철기 유입은 중국 동북지방의 영향을 강하게 받고 있다. 기원전 3세기경을 전후하여 고조선은 연燕나라 진개秦開의 침입을 받고 요동지방을 상실하게 된다. 이 과정에서 철기문화가 보급되기 시작하며, 요동지방과 한반도 서북지역에 명도전明刀錢, 주조철기鑄造鐵器, 타날문 회색토기를 주류로 하는 세죽리細竹里-연화보 유형蓮花堡類型으로 나타난다. 화폐로도 사용되는 명도전은 연나라의 영향 아래에서 활동했음을 보여 주는 증거물이다. 이 시기의 주요 유적은 요령성 무순 연화보, 금현 고려채, 대련 목양성, 위원 용연동, 영변 세죽리, 박천 단산리, 무산 호곡, 회령 오동유적을 들 수 있다.

이러한 세죽리-연화보 유형의 문화가 청천강 이남으로 유입되면서 세형동검문화는 기존의 초기철기문화, 즉 청동기 후기에 접어든다. 비파형동검문화를 대체한 세형동검문화의 중심은 평양을 중심으로 하는 대동강 유역으로 추정된다. 기원전 2세기경 위만衛滿이 유이민을 이끌고 고조선으로 망명하며, 대동강 유역에 전국계戰國系 철기와 세형동검, 점토대토기粘土帶土器가 공반되는 철기문화가 유입된다. 평양의 정백동유적에서 연나라 계통의 말가면[馬面], 진나라 계통의 청동꺾창[銅戈]과 공반되고 있는 것을 보면, 위만조선의 철기문화는 고조선과 연나라의 전통적인 문화에 진·한秦·漢의 새로운 문화 요소를 수용한 것으로 추정된다.

중부지방 이남에서는 충청도를 중심으로 기원전 2세기경에 철기문화가 전파되고 있으며, 당진 소소리, 부여 합송리, 장수 남양리유적 등에서 쇠도끼[鐵斧], 쇠끌[鐵鑿], 쇠새기개[鐵鉇] 등이 청동기와 함께 출토되고 있다. 약간 늦은 기원전 2세기 말경에는 남부지방에도 철기문화가 보급되기 시작한다. 경상도 지역에서는 대구 팔달동, 김해 양동리, 창원 다호리, 경주 조양동유적 등의 목관묘에서 청동기와 함께 철기가 출토되고 있다. 이 시기에는 한식경漢式鏡, 수레와 관련된 거여구車輿具 등이 보이지 않고 있어 낙랑문화가 들어오기 이전의 철기문화로 여겨진다. 따라서 위만조선의 유민들과 관계있는 유적으로 보인다. 기원전 2세기 말 이후에는 한식 문물漢式文物이 직접 유입되고 철기가 제작되기 시작하면서, 청동기문화는 쇠퇴하게 되며 원삼국시대로 접어들게 된다.

② 철기의 종류는 어떤 것이 있는가?

중국 동북지방과 한반도의 철기문화는 기원전 3세기경 연나라의 철기문화가 유입되면서 시작되었다. 연나라 계통의 철기문화의 유입은 중국 동북지방에서 가까운 요령성 무순 연화보, 영변 세죽리, 위원 용연동유적 등 주로 청천강 이북에 집중되고 있다. 세죽리-연화보 유형으로 일컬어지는 이러한 유적에서는 청동 유물과 더불어, 쇠호미[鐵鋤], 쇠괭이[鐵鍬], 쇠낫[鐵鎌] 등의 철제 농기구와 쇠투겁창[鐵矛], 쇠화살촉[鐵鏃] 등의 무기도 출토되었다.

청천강 이남에서는 연나라 계통의 철기가 생활 유적에서 발견되지 않는 양상을 보인다. 함흥 이화동, 봉산 송산리, 부여 합송리, 당진 소소리, 공주 봉안리, 장수 남양리, 완주 갈동, 신풍지구 등에서 주조철부鑄造鐵斧, 쇠끌[鐵鑿], 첨두기가 수점씩 출토되었다. 따라서 이 시기에는 아직 철기의 본격적인 제작과 보급 단계에 이르지 못하였으며, 쇠도끼[鐵斧]와 쇠끌을 제외한 무기류는 여전히 청동으로 제작이 된다.

기원전 3세기경의 청동기시대 후기부터 철기의 유입으로 인하여 기존의 청동기는 실용성이 격감되며, 의기적인 성격의 유물로 변화하여 갔다. 한반도에서 거푸집을 사용한 주조기술은 평남 증산군과 대동군에서 확인되었으며, 시기는 기원전 2세기경으로 추정된다.

청동기 후기의 유적에서 출토된 철기 유물의 종류와 양은 많지 않다. 먼저 무기류의 철검鐵劍은 경주 조양동·입실리, 대구 팔달동유적, 쇠투겁창[鐵矛]은 창원 다호리, 대구 팔달동유적, 쇠꺽창[鐵戈]은 경주 조양동유적에서 출토되었다. 공구류의 주조철부鑄造鐵斧는 당진 소소리, 부여 합송리, 장수 남양리, 경주 구정동·입실리유적, 끌의 용도로 사용된 쇠끌[鐵鑿]은 당진 소소리, 부여 합송리, 장수 남양리유적, 조각칼 같은 용도로 쓰이는 쇠새기개[鐵鉇]는 장수 남양리, 경주 구정동유적에서 출토되었다.

5. 기존의 생활 도구들

1) 무문토기가 중심을 이루다

　청동기시대의 무문토기無文土器는 기본적으로 문양이 없는 적갈색을 띠고 있으며, 구연부에 구멍을 낸 공렬문孔列文이 있거나, 간단한 단사선문短斜線文, 혹은 흑색이나 적색 등의 마연토기磨硏土器도 포함된다. 무문토기는 기형에 있어서 호壺, 옹甕, 심발深鉢, 완盌, 두豆 등 다양하게 보이며, 한반도 전역에서 각 지역마다 지역성과 전통성이 강하게 나타나고 있다. 시기 구분에 있어서 돌대각목문토기突帶刻目文土器 단계의 조기, 역삼동식, 흔암리식, 가락동식토기 단계의 전기, 송국리식토기 단계의 중기, 원형점토대토기圓形粘土帶土器 단계의 후기로 구분하기도 한다.

　북한 지역의 토기를 보면, 먼저 함북지방의 토기는 심발 형태의 공렬문토기孔列文土器가 보이고 있으며, 이 구멍은 구연부의 밑에 일렬로 배치하고 있다.〈사진4-21〉 공렬문토기는 신석기시대 만기부터 함북지방에서 출현하여 이후 중부지방과 남부지방으로 전해진다. 이외에도 산화철과 같은 안료를 토기 면에 바르고 마연하여 만든 채문토기彩文土器(가지무늬토기)도 압록강과 두만강 유역의 특징적인 토기이며, 의주 신암리, 나진 초도, 웅기 송평동유적에서 출토되고 있다. 압록강 중·상류역을 대표하는 공귀리식토기는 경부頸部가 짧고, 세로의 손잡이가 붙어 있다. 대개 발형토기鉢形土器, 공렬문토기와 공반되기도 한다. 공귀리식토기는 신석기시대의 의주 신암리유적에서 기원을 찾을

〈사진4-21〉 웅기 송평동패총 공렬문토기

수 있으며, 강계 공귀리유적 외에도 시중 심귀리, 중강 토성리유적에서 출토되고 있다. 청천강 이북의 평북지방에서 중국 요령성과 길림성에 분포하는 미송리식토기는 구연부가 외반外反되고 경부는 짧으며, 동부가 팽창된 모습이다. 또한 동부의 중앙에는 손잡이가 붙어 있는 형태이다. 압록강 유역의 신암리유적에서 출토되며, 강계 풍용동 석관묘에서는 미송리식토기가 흑색마연으로 만들어지기도 한다.〈사진4-22〉 평남, 황해도를 중심으로 하는 청천강 이남에는 팽이형토기[角形土器]가 출토되는 지역이다. 저부가 작고, 동부가 팽이 모습을 하고 있으며, 2~3줄의 단사선短斜線이 시문된 이중구연이 특징적이다. 적색마연토기赤色磨研土器는 기면에 산화철을 바르고 마연하여 소성하였으며, 적색의 광택을 내고 있다. 이 토기는 한반도 서북지방을 제외한 전 지역에서 출토되고 있으며, 동북지방의 무문토기 전기에 발생하여 공렬문토기와 함께 중부, 남부지방으로 전파되었다.

  남한 지역의 토기를 보면, 시기가 가장 빠른 것으로 알려진 토기는 조기의 돌대각목문토기突帶刻目文土器가 있다. 하남 미사리, 정선 아우라지, 연기 대평리유적 등 중부지방에 출토 예가 있으며, 김천 송죽리, 순창 원촌, 진주 상촌리유적 등 남부지방에서도 출토된다. 돌대각목문토기는 미사리 유형으로 불리는 방형계 주거지에서 많이 출토된다.

〈사진4-22〉 강계 풍용동유적 미송리식토기

〈사진4-23〉 서울 가락동유적 가락동식토기

전기에 해당하는 남한 지역의 공렬문토기孔列文土器는 함북지방의 영향을 받으며, 구순각목문口脣刻目文과 단사선문短斜線文이 결합된 예도 있다. 구순각목문의 공렬문토기는 역삼동식토기로도 불리며, 여기에 이중구연二重口緣이 결합된 토기는 흔암리식토기로 구분하기도 한다. 역삼동식, 흔암리식토기는 서울, 경기 지역을 중심으로 출토되고 있으며, 팽이형토기의 영향을 받고 있다. 또한 전기에는 가락동식토기가 유행하는데,〈사진4-23〉 이 토기는 구연부에 한 겹의 점토 띠를 두르고 그 위에 접착이 잘 되도록 짧은 침선문沈線文 혹은 자돌문刺突文을 돌리고 있다. 남한 지역에 분포하는 채문토기彩文土器는 구연이 외반하고, 동체부는 구형球形을 이루고 있다. 주로 무덤에서 출토되는 의례용토기로 알려져 있다.

중기로 구분되는 송국리식토기는 충청도, 전라도, 경상도 서부지역에서 주로 출토되고 있다. 송국리식토기는 평저기형에 외반구연의 장란형長卵形의 모습을 보이고 있다.〈사진4-24〉 송국리식토기는 생활 용기로 사용되나, 옹관의 무덤으로 사용하기도 한다. 무문토기 발鉢과 장경호長頸壺 등의 적색마연토기와 공반되고 있다. 이 시기에 대응하는 다른 지역의 토기로는 강원도의 천

〈사진4-24〉 부여 송국리유적 송국리식토기

전리 유형, 영남 동부의 검단리 유형이 출토된다. 송국리식토기의 시기는 근래에 기원전 8세기까지 올려보는 추세이다. 하한은 광주 신창동, 순천 연향동, 제주 삼양동유적에서 보면 기원 전후의 시기까지 확인되고 있다.

후기의 토기는 점토대토기粘土帶土器, 흑도장경호黑陶長頸壺, 외반구연호外反口緣壺, 두형토기豆形土器 등이 있으며, 시루[甑]도 등장하게 된다. 점토대토기는 구연부에 원형이나 삼각형의 점토 띠를 붙인 것이며, 흑도장경호, 두형토기, 홈자귀, 어깨가 있는 청동도끼[有肩銅斧], 세형동검, 청동꺽창 등과 공반되고 있다. 점토대토기는 남양주 수석리, 아산 교성리·남성리, 안성 반제리, 청주 비하동, 대전 괴정동, 보령 교성리, 장수 남양리, 함평 초포리, 화순 대곡리유적에서 출토되고 있다. 시기는 대략 기원전 4세기~기원전 2세기에 해당하며, 남성리南城里-초포리 유형草浦里類型을 대표하고 있다. 흑도장경호黑陶長頸壺는 목이 길게 뻗어 있는 형태의 토기이며, 전면에 흑연 등의 광물질을 발라 마연한 뒤 구워서 광택으로 처리하였다. 흑도장경호는 점토대토기와 함께 중국 요하 유역과 송화강 유역에서 제작되며, 세형동검과 함께 한반도에 전해진 것으로 추정된다. 점토대토기와 함께 중부 이남 후기의 대표적인 토기

〈사진4-25〉 흑도장경호

이며, 원삼국시대 초기까지 잔존한다. 남한 지역에서는 대전 괴정동, 예산 동서리, 당진 소소리, 부여 구봉리·합송리, 청주 비하동, 장수 남양리유적 등에서 출토되었다. 〈사진4-25〉 외반구연호外反口緣壺는 동체부의 중앙 부분이 최대경을 이루며, 짧은 목에 구연부가 외반하고 있다. 중국 동북지방과 한반도 서북부, 동북부지방에 널리 보급되며, 세죽리細竹里-연화보 유형蓮花堡類型을 대표하는 토기이다. 또한 송화강 동쪽과 연해주 지역의 단결團結-크로노프카 유형의 여러 유적에서도 확인되고 있으며, 기원후 2~3세기까지 이어진다. 이른바 이 토기는 원삼국시대의 외반구연호로 발전한다. 두형토기豆形土器는 접시에 높은 굽이 있는 형태이며, 굽의 형태는 나팔형, 통형, 장고형 등 다양

〈사진4-26〉 두형토기

200 흙 속에 묻힌 선조들의 삶

하다. 청동기시대 초기부터 중국 동북지방과 한반도에 걸쳐 출토되고 있으며, 후기에 들어와 더욱 번성한다. 남부지방에서는 광주 신창동, 대구 팔달동, 창원 다호리유적 등에서 출토되고 있다.〈사진4-26〉

2) 석기로 만든 무기류와 생활 용구들
① 무기류

간돌검[磨製石劍]은 청동기시대의 유물 중에서 무문토기와 더불어 가장 많이 발견되고 있으며, 한반도 고유의 무기이다. 간돌검은 기본적으로 날을 가진 칼몸[劍身]과 자루 부분[柄部]으로 이루어지며, 재료는 셰일, 슬레이트, 점판암 등이 사용된다. 간돌검은 지석묘나 석관묘 등 무덤 유적에서 많이 출토되고 있으며, 주거지에서도 출토되는 양상을 보인다. 대체적으로 길이는 30cm 정도의 것이 많다. 간돌검은 자루에 끼울 수 있도록 슴베 형태로 만든 유경식有莖式과 손으로 쥘 수 있도록 손잡이가 달린 유병식有柄式, 그리고 슴베와 손잡이가 없는 경우도 있다. 유경식은 나무에 장착하기 때문에 장식을 가하지 않지만, 유병식은 손잡이에 해당하여 장식이 가해진다. 유병식은 손잡이에 홈이 없는 일단병식一段柄式과 손잡이에 홈이 있는 이단병식二段柄式이 존재한다.〈사진4-27〉 간돌검 중에 일단병식이 가장 많으며, 주로 남부지방의

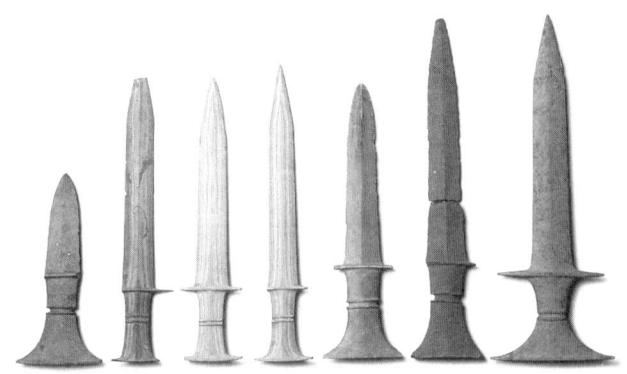

〈사진4-27〉 이단병식 간돌칼

고분 유적에서 출토 예가 많다. 부여 송국리, 여수 적량동 지석묘에서는 비파형동검과 함께 출토되기도 하였다. 주거지에서 출토되는 간돌검은 실생활에서 자르거나 찌르는 용도로 사용되었으며, 길이도 10~15cm 정도로 짧은 편이다. 그러나 간돌검은 주로 무덤에서 출토되고, 손상되지 않은 것이 많으며, 그중에는 문양이나 투조透彫 장식을 하는 비실용적인 것도 있어 부장용으로 사용되기도 한다. 또한 부장 시에 부러뜨리거나 특정한 위치에 매장하는 의례적인 성격을 띠기도 한다.

간돌화살촉[磨製石鏃]은 신석기시대에 출현하고 있으며, 청동기시대에는 수렵이나 무기로 사용된다. 길이는 5~10cm 정도이며, 화살대에 결합하는 슴베가 있는 유경식有莖式, 슴베가 없는 무경식無莖式, 버드나무 잎 모양의 유엽식柳葉式으로 구분되고 있다. 유경식 화살촉[有莖式石鏃]은 단면이 마름모형[菱形]이며, 슴베와 몸통의 경계가 확연하다. 유경식 화살촉은 일단경식一段莖式과 이단경식二段莖式으로 구분된다. 일단경식은 출토양이 가장 많고, 넓은 지역에 분포함과 동시에 기원 전후까지도 사용되고 있다. 이단경식은 대동강 유역, 중부지방에 주로 출토되고 있다. 무경식화살촉[無莖式石鏃]은 몸통의 단면이 편평한 육각형을 이루며, 쌍각촉雙角鏃, 삼각만입촉三角灣入鏃, 삼각촉이 있다. 쌍각촉은 회령 오동, 북창 대평리, 파주 옥석리유적에서 출토 예가 있다. 삼각만입촉은 거의 전국적으로 분포하고 있으며, 전기의 유적에서 출토양이 많다. 삼각촉은 서해안에서 주로 출토되며, 점토대토기 등과 출토되는 후기에 해당하는 화살촉이다. 유엽식화살촉[柳葉式石鏃]은 유경식과 무경식의 중간형식이며, 몸통과 슴베가 확실한 구별이 없는 것이다. 몸통의 단면은 능형이며, 긴 버드나무 잎의 모양이다. 주로 중부지방에서 출토되고 있으며, 부장품으로 사용되기도 한다.

② 수확구

청동기시대에는 한반도의 전역에 농경이 보급되고 있으며, 곡물의 이삭을

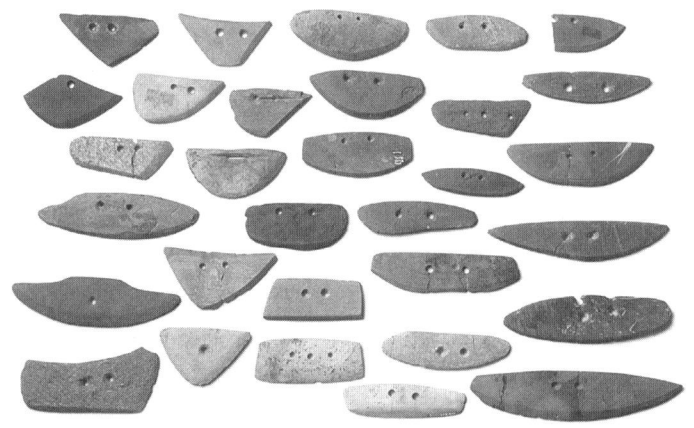

〈사진4-28〉 각종 반달형 돌칼

잘라 수확하는 대표적인 도구로 반달 형태의 반달형 돌칼[半月形石刀]을 들 수 있다.〈사진4-28〉 둥근 부분에 날이 가해져 있으며, 몸체에는 2개의 구멍이 뚫려 있다. 낫이 등장하기 이전에 곡식을 익은 것부터 선택적으로 잘라서 수확하는 도구이며, 벼농사와 관련이 깊다. 돌칼은 중국 화북華北지방에서 발생하였으며, 지역에 따라서 형태가 다르게 나타난다. 반달형 돌칼은 신석기시대 후기 이후에 사용되며, 청동기시대에 들어서는 다양해진다. 반달형 돌칼은 반달형半月形 이외에도 장방형長方形, 어형魚形, 제형梯形(사다리형), 즐형櫛形(빗형), 주형舟形(배형), 삼각형이 있다. 반달형은 논과 밭농사가 동시에 이루어진 한반도 전역에서 출토되고 있다. 여기에 더하여 장방형, 즐형, 제형의 돌칼은 주로 두만강, 압록강 유역에서 보이고 있으며, 청천강, 대동강 유역에서는 어형과 주형이 주로 사용되었다. 이러한 돌칼은 팽이형토기와 공반 출토되며, 한강 유역과 영동지방에까지 영향을 미친다. 금강 유역에서는 중기 이전에는 어형과 주형이 사용되나 중기의 송국리형 단계에는 주로 삼각형이 사용된다. 삼각형돌칼은 이후 전라도와 경상도 지역에까지 확대되며, 일본의 야요이시대彌生時代에도 유행한다. 후기에 이르러서는 철로 만든 반달형 쇠칼[半月形鐵刀]이나 쇠낫[鐵鎌]으로 변화하였다.

돌낫[石鎌]은 날에 직교하여 나무 자루를 끼워서 사용하는 낫이며, 청동기시대 한반도 전역에서 출토되고 있다. 길이는 반달형 돌칼보다 길며, 대개 20~25cm, 두께 1cm 정도이다. 전기, 중기 단계는 형태 변화가 보이지 않으나, 후기 단계에는 크기가 작아진다. 대부분 주거지에서 출토되는 실생활용의 수확구이다.

③ 농경구

돌괭이[石钁]는 흙을 잘게 부수거나 고르는 데 사용하며, 신석기시대 이래 사용되는 농경구이다. 괭이는 장방형, 사다리형 등 여러 형태가 있으며, 길이는 20cm 정도의 것이 주류를 이룬다. 괭이 중에는 날이 넓고 어깨가 좁은 형태의 곰배형[丁字形]이 많아 곰배괭이라 부른다. 곰배괭이는 신석기시대 후기부터 많이 사용된 이후, 청동기시대 전기에까지 사용되었다. 그 이후는 목제 농구가 사용되기 시작하여 수량은 줄어드는 양상이다. 청동기시대의 곰배괭이는 회령 오동유적 출토품이 있으며, 길이가 22cm 정도이다.

돌보습[石犂]은 농사를 지을 때 씨를 파종하기 위하여 땅을 갈아엎는 쟁기의 용도이다. 신석기시대부터 등장하며, 청동기시대에는 가축을 이용하여 밭갈이 하는 방식으로 발전하였다. 돌보습은 대부분 날을 갈아서 만들었으며, 큰 것은 50~60cm, 너비 15~25cm, 작은 것은 30~40cm 정도의 크기이다. 돌보습은 영변 세죽리, 여주 흔암리, 진주 상촌리유적 등지에서 출토되었다.

매부리형 석기는 윗면이 다소 직선적이고, 아래쪽은 반원 형태이다. 아래쪽에 날이 세워져 있으며, 측면에는 타격을 가하여 홈을 만들었다. 진주 대평리유적의 밭에서 출토된 것으로 보아 호미와 비슷한 용도의 농경구로 추정되고 있으나, 수확구나 공구라는 견해도 있다. 이 석기는 회령 오동, 무산 호곡, 청진 농포리, 두만강 유역, 남한의 진주 대평리 어은지구·옥방지구·상촌리, 울산 다운동, 대구 동천동·서변동유적 등에서 출토되었다.

이외에도 농경과 관련된 목제 유물이 각 유적에서 출토되고 있다. 금릉 송죽리유적에서 출토된 목제 괭이, 광주 동림동유적에서 자귀자루, 황해도 신흥동, 경주 조양동, 대구 서변동, 대구 매천동, 논산 마전리유적에서 도끼 자루가 출토되었으며, 대구 매천동유적에서는 절구 공이와 고무래가 출토되었다.

④ 가공구

간도끼[磨製石斧]는 신석기시대에 성행하였으며, 청동기시대에 다양한 형태의 석부가 제작되었고, 철기의 보급과 더불어 소멸된다. 간도끼는 크기나 날의 형태에 따라서 용도가 다르게 나타난다. 삼림 벌채용은 대개 20cm 이상이며, 목재를 켜거나 절단할 때에는 10cm 미만의 도끼가 사용된다. 날의 형태에 따라서는 외날을 가진 외날도끼[單刃石斧]와 양날을 가진 양날도끼[兩刃石斧]가 있다. 대팻날도끼, 돌끌, 홈자귀 등과 세트를 이루고 있으며, 나무껍질을 벗기거나, 목재를 다듬는 목재 가공의 기본적인 도구였다.

대팻날도끼[扁平石斧]는 돌끌에 비해 폭이 넓으며, 장방형을 이루고 있다. 날은 편평한 것과 곡선을 이루는 것이 있으며, 길이는 10cm 내외가 가장 많다. 주거지 내에서 출토양이 많으며, 홈자귀, 돌끌과 같이 목제 농경구를 제작하는 데 사용되었다. 홈자귀로 1차 가공한 것을 더 정밀하게 다듬는 데 사용하였다. 청동기시대 전 시기에 사용되며, 중기 이후에는 홈자귀가 제작되기 시작하였으며, 후기 단계까지 사용되었다. 일본에서도 흡사한 것이 발견되고 있다.

돌끌[石鑿]은 폭에 비해 길이가 긴 장방형의 소형 외날도끼[單刃石斧]이며, 길이 5~10cm가 주류를 이룬다. 돌끌은 1차 가공 후에 세밀한 부분을 가공하는 데 사용하는 목제 가공구이다. 청동기시대 한반도 전역에서 사용되며, 대부분 주거지에서 출토되고 있다. 특히 흔암리형, 송국리형 단계에 출토양이 많은 편이다.

홈자귀[有溝石斧]는 목제 가공구이며, 나무 자루에 장착하기 위한 오목한 홈이 있다. 날은 한쪽에만 있는 외날도끼[單刃石斧]이며, 크기는 8~17cm, 단면은 마름모형이다. 송국리형 시기에 등장하는 표식적인 유물이며, 주로 주거지 내에서 출토된다. 중기에 본격적인 농경으로 인하여 목제 농경구의 생산이 활발하게 이루어졌다는 증거이다. 홈자귀는 중국보다도 한반도에서 처음 출현하였으며, 일본 야요이시대弥生時代 초기의 농경문화에 영향을 미치고 있다.

턱자귀[有段石斧]는 몸통 중간에 턱을 지게 만들었으며, 목공구에 해당한다. 길이는 대략 15~30cm 정도로 홈자귀에 비해 크다. 대동강 유역에 한정되어 출토되고 있으며, 팽이형토기와 공반되고 있다. 턱자귀는 평양 금탄리, 황주 침촌리, 송림 석탄리유적 등 주로 주거지 내에서 출토되었다.

3) 뼈로 만든 도구들

청동기시대의 골각기骨角器는 사슴, 노루 등 동물의 뼈를 갈아서 가공하거나, 깨트려서 뽀족하게 만든 것이 있다. 용도도 다양하여 무기류, 농·공구, 어로구, 장신구, 생활 용구 등으로 사용되고 있다. 무기류는 단검, 창끝, 뼈화살촉[骨鏃], 찰갑札甲 등이 있다. 단검短劍은 동물의 다리뼈를 쪼개서 갈아 만든 길이 20cm 정도의 것이며, 선봉 서포항, 회령 오동, 중국 연길 소영자묘 小營子墓에서 출토된 바 있다. 창끝은 선봉 서포항유적에서 출토되었으며, 동물 다리뼈를 세로로 쪼개어 갈아서 만든 것이다. 뼈화살촉은 유경식有莖式이 기본을 이루며, 동물의 이빨을 갈아서 만든 무경식無莖式 뼈화살촉도 있다. 선봉 서포항, 회령 오동, 태안 안면도 고남리패총에서 출토되었다. 찰갑은 무산 호곡유적 주거지에서 출토되었으며, 사슴의 늑골로 추정되는 뼈를 갈아서 만든 것이다.

농구류는 회령 오동유적에서 출토된 사슴뿔의 괭이가 있다. 끝이 뭉툭하고 굵어서 괭이나 뒤지개로 사용한 것으로 추정된다.

　공구로는 뼈송곳[骨錐], 뼈끌[骨鑿], 예새 등이 있다. 이중에 송곳이 가장 많이 사용되고 있으며, 나진 초도, 회령 오동, 무산 호곡유적에서는 80여 점 정도 다량으로 출토되었다. 송곳은 사슴, 돼지, 노루 등의 사지골, 경골, 척골 등으로 만들었으며, 대형 어류인 방어의 갈비뼈를 뾰족하게 갈아서 사용하기도 하였다. 끌은 가공하는 데 사용한 도구이며, 나진 초도, 선봉 서포항, 무산 호곡유적에서 출토되었다. 예새는 토기를 만들거나 문양을 시문할 때 사용하는 도구이며, 선봉 서포항, 회령 오동유적에서 출토되었다.

　어로구는 낚싯바늘과 찔개살이 있다. 낚싯바늘은 단식과 결합식 두 종류가 있다. 단식 낚싯바늘은 무산 호곡, 안면도 고남리패총에서 출토된 바 있다. 이중 고남리패총에서는 멧돼지 송곳니로 만든 것이 출토되었다. 선봉 서포항유적에서는 동물의 뼈나 이빨을 갈아서 만든 결합식 낚싯바늘이 여러 점 출토되었으며, 나진 초도에서도 확인되고 있다. 찔개살은 나진 초도, 선봉 서포항, 무산 호곡유적에서 출토되었다.

　장신구는 대롱옥[管玉], 굽은옥[曲玉], 드리개[垂飾], 빗 등이 있다. 이들 장신구는 조류의 뼈나 조개껍질, 동물의 이빨, 견갑골 등이 이용되었다. 대롱옥은 선봉 서포항, 나진 초도유적에서 출토되었으며, 조류의 다리뼈를 잘라서 만들었다. 굽은옥은 조개껍질의 정수리 부분을 떼어내고 갈아서 만든 것이며, 선봉 서포항, 안면도 고남리패총에서 출토되었다. 드리개는 목걸이의 용도로 사용한 것이며, 동물의 이빨, 갈비뼈, 조개 등을 이용하였다. 드리개는 선봉 서포항, 무산 호곡, 나진 초도, 회령 오동유적에서 출토된 바 있다. 빗은 동물의 견갑골을 다듬어서 만들었으며, 회령 오동유적에서 출토되었다.

　생활 용구는 바늘과 바늘통, 수저형 골각기, 삿바늘 등이 있다. 바늘은 조류의 뼈, 사슴뿔, 가오리 꼬리가시 등으로 만들었다. 바늘은 의주 미송리, 나진 초도, 무산 호곡, 선봉 서포항, 안면도 고남리패총에서 출토되었다. 바늘통은 동물의 다리뼈를 이용하여 만들었으며, 나진 초도, 선봉 서포항유적에서 출토되었다. 나진 초도유적에서는 바늘통에 4개의 바늘이 들어 있는 상태로 출토되었으며, 서포항유적 출토 바늘통은 표면에 기학학적인 문양이 음각되어 있다. 수저형 골각기는 나진 초도, 선봉 서포항, 무산 호곡유적에서 출토되었다.

4) 장신구와 방직기술

청동기시대 대표적인 장신구는 주로 고분에서 출토되는 귀걸이와 목걸이를 들 수 있다. 신분이 높은 피장자의 부장품으로 활용되고 있으며, 지위나 위엄을 나타내는 상징적인 유물이기도 하다. 옥 종류는 초생달 모양의 굽은옥[曲玉]과 원통형의 대롱옥[管玉], 둥글거나 원판형의 둥근옥[丸玉]을 들 수 있다. 굽은옥은 귀걸이의 용도로 주로 천하석이 사용되고 있다. 함평 초포리유적의 석관묘에서는 굽은옥이 피장자의 귀 밑에서 2점이 세트로 출토되어 귀걸이로 사용하였을 가능성을 시사하고 있다. 곱은옥은 석관묘나 지석묘에서 주로 출토되고 있으며, 부여 송국리, 대전 괴정동, 승주 우산리, 함평 초포리, 부여 연화리, 영덕 오포동, 창원 신촌리유적 등에서 출토되었다. 산청 묵곡리, 진주 대평리유적에서는 굽은옥의 제작지가 발견되었다. 대롱옥은 목걸이의 용도로 사용되었으며, 다른 옥과 결합되어 사용하기도 한다. 석관묘나 지석묘에서 출토되고 있으며, 나진 초도, 공주 봉안리, 당진 소소리, 부여 송국리·합송리, 장수 남양리, 승주 우산리, 여천 오림동·봉계동·평려동, 영덕 오포동, 창원 덕천리·신촌리유적에서 출토되었다. 여천 평려동이나 창원 덕천리 지석묘에서는 150여 점 이상이 출토되었다. 부여 합송리유적의 대롱옥은 성분 분석 결과 중국 유리와 같은 납과 바륨 계통으로 확인되었다. 둥근옥은 다른 옥과 결합하여 목걸이로 사용하거나, 단독으로 귀걸이로 사용되기도 한다. 주로 석관묘, 지석묘 등에서 출토 예가 많으며, 마산 신촌리, 고성 두호리, 진주 대평리, 산청 묵곡리, 사천 이금동, 여수 봉계동·오림동, 승주 우산리유적 등 남부지방에서 출토되고 있다.

　청동기시대에는 베틀을 이용한 방직기술이 개발되었으며, 사계절 패션이 가능하게 되었다. 식물성 섬유를 이용하여 각종 옷감을 만들었다. 이 시기에는 무산 호곡, 나진 초도유적에서 베실, 북청 토성리 2호 주거지에서 유물을 포장한 천, 함평 초포리유적에서 섬유 조각이 출토되어 방직기술이 일반화되었음을 짐작할 수 있다. 실을 뽑는 도구는 신석기시대 이래 가락바퀴[紡錘車]가 사용되었다. 가락바퀴는 원판형, 구슬형, 원추형, 주판알형 등 다양한 형태를 보이고 있다. 중앙에 구멍이 뚫려 있으며, 이곳에 축으로 쓰는 나무를 꽂아 회전력을 이용해 베실을 뽑아내는 용도이다. 이러한 실은 바느질실이나 그물에 사용할 실로 사용하기도 하고, 천과 천을 잇대어 옷감을 만들기도 한다. 여기에 사용할 뼈바늘[骨針]도 유적에서 많이 출토되고 있다. 선봉 서포항, 나진 초도유적에서는 바늘통과 함께 뼈바늘이 출토된 바 있다.

6. 농사가 본격화되다

1) 논농사

신석기시대 후기 이후 농경은 잡곡을 중심으로 이루어졌으나, 청동기시대에는 보리, 밀, 조, 수수, 기장, 콩류 등의 밭농사와 함께 본격적으로 논농사가 시작되었다. 초기에는 밭농사가 중심을 이루지만, 점차적으로 논농사로 확대되었다. 한반도에서 벼농사는 서북부, 중서부지방에서 시작되어 남부지방으로 확산된 것으로 보인다. 전래의 루트는 여러 설이 있으나 대체적으로 중국의 산동반도山東半島나 요동반도遼東半島를 거쳐 들어온 북방설이 유력하다.

논농사의 흔적은 논 유적과 출토된 탄화미炭化米의 흔적으로 파악할 수 있으며, 또한 토양 분석을 통한 벼의 플랜트 오팔plant opal을 검출하는 방법에 의해서도 알 수 있다. 이러한 논농사의 흔적은 춘천 천전리, 보령 관창리, 논산 마전리, 부여 구봉리, 대구 동천동, 울산 무거동 옥현·야음동, 밀양 금천리, 함안 도항리유적 등에서 조사되었다. 탄화미의 흔적은 평양 남경, 강릉 교동, 여주 흔암리, 부여 송국리유적에서 단립형의 탄화미가 발견되었으며, 부안 소산리유적에서는 무문토기의 저부에서 볍씨 자국이 확인되기도 하였다. 안동 저전리유적에서는 다량의 벼 껍질이 출토되었다.

청동기시대 논은 구릉 사면 말단의 골짜기를 개간하거나 중·소 규모의 하천이 범람하는 곳에 위치한다. 논의 형태는 울산 야음동이나 논산 마전리유적에서와 같이 계단식과 울산 무거동 옥현유적에서와 같이 부정형으로 구획된 소규모의 논이 있다. 계단식은 논의 너비가 좁아서 관개灌漑시설이 확인되지 않지만, 부정형의 논은 수로, 저수장 등의 관개시설이 확인되기도 한다. 계단식 논은 한반도에서만 확인되고 있어, 한반도 고유의 논 형태로 보인다.

논농사를 지었던 몇 유적을 보면, 논산 마전리유적에서는 15개의 소규모

논이 조사되었으며, 사람의 발자국도 확인되었다. 구릉 상단에는 면적 40㎡ 정도의 계단식, 구릉 말단부에는 면적 50㎡ 정도로 구획된 논이다. 또한 마전리유적에서는 논과 관련된 관개시설이 확인되었다. 수로와 수문의 수리시설과 함께 물을 저장하였던 저수장, 저목장 등이 발견된 논의 형태를 보이고 있다. 저목장에서는 목제 도끼 자루와 목제품이 출토되었다. 이 유적에서는 우물 2기도 조사되었으며, 우물 내부에서는 송국리식토기와 각종 석기가 출토되었다.

울산 무거동 옥현유적에서 발견된 논은 기원전 7~6세기경의 것이며, 경사를 따라 계단을 이루면서 10㎡ 정도의 소구획된 논이다.〈사진4-29〉 평면 형태는 방형, 장방형, 부정형이며, 논바닥에서는 발자국, 경작 흔적 등이 발견되었으며, 공렬문토기, 적색마연토기, 그물추, 석기 등도 출토되었다. 이곳에서는 논둑을 끊어 만든 수구水口와 수로水路도 확인되었다. 수로는 구릉과 골짜기의 경계 지점에 설치되었으며, 확인된 길이만도 450여m에 달한다. 이 유적에서는 청동기시대의 논의 구조나 조성, 관개시설을 파악할 수 있으며, 일본 초기의 소구획 논의 기원이 한반도에 있음을 밝힐 수 있는 증거가 확보되었다.

〈사진4-29〉 울산 무거동 옥현유적 논

밀양 금천리유적은 신석기시대 만기에서 청동기시대 초기에 걸친 논 유적과 수리시설을 갖춘 오래된 마을 유적이다. 논은 면적 20㎡ 정도 크기 70면 이상이 조사되었으며, 평면 형태는 장방형이 주류를 이룬다. 논에서는 2줄의 수로가 발견되었으며, 하나는 논의 경계 둑과 나란히 흘러가며, 또 하나는 논의 중앙 부분을 동서 방향으로 관통하고 있다.

2) 밭농사

청동기시대 초기에는 밭농사를 중심으로 이루어졌으며, 곡물은 밀, 보리, 기장, 조, 수수, 팥, 콩, 들깨 등이 재배되었다. 재배종에 따라서 이랑과 고랑에 식재할 수 있으며, 밭의 형태에 따라 경작 방법도 차이가 있는 것으로 알려지고 있다. 밭으로 경작된 곳은 강변이나 대지의 낮은 구릉지대에 조성된 경우가 많으며, 집 주위에 소규모로 이용되기도 하였다.

밭 유적으로는 진안 여의곡, 대구 동천동·동호동, 진주 대평리 어은지구·옥방지구, 산청 묵곡리유적에서 경작된 밭 유구를 확인할 수 있다.〈사진4-30〉 대평리 어은지구유적에서는 강가의 모래사장에서 2,000평 정도의 밭이 조사되었으며, 남강변을 따라 소규모의 밭이 조성되어 있다. 이곳에서는 이랑과 고랑이 뚜렷하게 보이고 있으며, 밭의 흔적이 상하로 중복되어 있기도 하여 오랫동안 반복되어 경작이 이루어졌음을 알 수 있다. 밭에서는 탄화된 쌀과 보리, 수수, 조, 명아주속의 씨앗, 견과류 등이 출토되었으며, 수확을 위한 반달형 돌칼, 돌낫 등의 농경구도 출토되었다. 어은지구와 연결되는 옥방지구에서도 밭의 흔적이 조사되었다. 진안 여의곡유적의 밭 유구는 1,300평 정도가 확인되었으며, 이랑과 고랑이 남아 있다. 채집된 토양의 식물 규소체 분석 결과, 벼, 조, 피, 율무, 기장이 재배되었을 가능성이 제기되었다.

이외에도 평양 남경유적에서는 탄화된 쌀 이외에도 조, 수수, 콩, 기장 등이 출토되었으며, 여주 흔암리유적에서도 탄화된 쌀, 보리, 조, 수수 등의 곡

〈사진4-30〉 진주 대평리 옥방유적 밭 경작지

물이 발견되어 밭농사가 본격화되었음을 알 수 있다. 진주 옥방지구에서 보리·팥·조·수수, 울산 다운동에서 콩, 춘천 천전리에서 팥 등의 곡물이 출토되기도 하였다.

7. 청동기인의 신앙과 예술

1) 각종 의례가 시작되다

농경사회가 정착되고, 마을 단위의 공동체 의식이 증가하면서 신앙과 관련된 의례가 본격화되었다. 의례에 사용된 적색마연토기赤色磨硏土器, 채문토기彩文土器, 고배高杯 등을 무덤의 주변에 폐기하는 양상이다. 무덤 내부에 부장품으로 매장하는 간돌검 중에는 문양이나 투조透彫 장식이 있는 비실용적인 경우도 있고, 일부러 파손하거나, 특정 위치에 매장하는 경우도 있다. 논산 원북리유적에서는 세형동검을 일부러 부러트려 다른 장소에서 처리하고, 나머지를 목관 안에 부장하기도 하여 당시의 매장 의례의 일면을 볼 수 있다.

산청 묵곡리유적에서는 인위적으로 만든 구상유구溝狀遺構와 수혈유구竪穴遺構에서 청동기시대에서 삼국시대에 이르기까지 폐기된 많은 유물이 수습되어 의례 공간으로 파악되고 있다. 그 양도 방대하여 수천 점에 이르며, 청동기시대에 사용된 대부분의 유물이 수습되었다. 이곳에서는 물과 관련되면서 농경이나 옥제품 제작의 복합적인 의례가 이루어진 것으로 추정된다. 또한 논산 마전리 논유적에서는 나무 우물이 조사되었으며, 의례와 관련된 적색마연토기와 우물 외부에서 새 모양의 목제품이 출토되었다. 아마도 우물의 정화작용이나 농경 의례에 사용된 것으로 추정된다.

청동 유물인 방패형 동기防牌形銅器, 검파형 동기劍把形銅器, 원형유문동기圓形有文銅器, 나팔형 동기喇叭形銅器, 견갑형 동기肩甲形銅器, 원개형 동기圓蓋形銅器에서 보이는 독특한 형태나 특수한 문양에서도 의례적인 면모를 추정할 수 있다. 대전 부근에서 출토된 것으로 전해지는 방패형 동기는 의례에 사용된 것으로 보인다. 우측 상부에는 머리에 깃털을 꽂은 채 따비로 밭을 경작하는 모습이 보이고, 그 아래쪽에는 괭이를 사용하는 인물이 묘사되어 있다. 좌측에는 토기에 추수한 곡물을 담는 여성의 모습이 보이고, 뒷면에는 새가

마주하는 모습이 새겨져 있다. 이 동기는 지도자가 농경 의례 시에 수확과 풍요를 기원하는 의미로 사용된 것으로 보인다. 아산 남성리와 예산 동서리유적의 검파형 동기에는 사슴과 사람의 손 모양이 표현되어 있으며, 시베리아의 샤머니즘과 관련되는 문양이다. 익산 지역에서 출토된 것으로 전해지는 원형 유문동기는 태양을 상징하는 방사상 문양과 십자형 문양이 조합된 십자일광문十字日光文이 시문되어 있다. 이러한 문양은 시베리아 지역에서도 보이고 있으며, 북방적인 요소가 채택된 흔적으로 이해할 수 있다. 예산 동서리 석관묘에서 출토된 나팔형 동기는 의기로 보여지나, 중국 요령 지역에서는 말머리 장식으로 사용되고 있다. 경주에서 출토된 것으로 전해지는 견갑형 동기는 표면에 호랑이와 사슴이 그려져 있다.〈사진4-31〉 사슴은 화살을 맞은 모습이며, 수렵과 관련된 의기로 추정된다. 원개형 동기는 표면이 완곡되어 튀어나온 원형의 뚜껑 형태이다. 금이 가거나 깨진 형태로 발견된 것으로 보아 꼭지에 고리를 걸어 두드려 소리를 내는 의기로 추정된다. 중국 심양 정가와자鄭家窪子유적에서 유사한 동기가 출토되었으며, 한반도에서는 대전 괴정동, 예산 동서리, 부여 합송리유적에서 출토된 바 있다. 한반도의 청동 의기들은 십자일광문, 사슴, 손, 수렵문 등이 시문되고 있다. 이러한 문양은 북방적인 요소를 가지며, 시베리아의 여러 종족에게 퍼져 있던 샤머니즘과 관련이 있는 문양으로 볼 수 있다. 이러한 의기의 소유자는 제정祭政을 함께 관장하는 신분이었을 것으로 보인다.

〈사진4-31〉 견갑형 동기

　신앙과 관련된 청동방울은 청동거울, 청동검 등과 함께 샤먼의 필수 도구이다. 청동방울은 팔주령八珠鈴, 간두령竿頭鈴, 쌍두령雙頭鈴, 조합식쌍두령組

合式雙頭鈴이 있으며, 이들은 모두 의례 의식에 사용된 것으로 보이며, 점뼈[卜骨]는 동물의 견갑골肩胛骨을 사용하였으며, 불로 지져서 생긴 균열의 흔적을 가지고 한 해의 길흉화복을 점치는 도구이다. 점뼈는 무산 호곡유적에서 2점이 출토된 바 있으며, 불로 지진 흔적이 20여 개 이상 확인되고 있다. 중국에서는 신석기시대에도 사용되지만, 한반도에서는 대개 청동기시대 후기부터 원삼국시대에 걸쳐 많이 보이고 있다.

2) 암각화가 등장하다

청동기시대의 예술과 관련된 암각화岩刻畵는 15개소 이상 알려져 있으며, 주로 하천변의 암벽면에 새겨져 있다. 한반도에서는 농경사회가 시작되면서 물이 신성시 되었으며, 농경과 관련하여 풍요를 기원하는 암각화를 새긴 것으로 보인다. 암각화는 동물의 형상, 인물상, 어로, 수렵 등의 사실적인 표현

〈사진4-32〉 고령 양전동 암각화

이 있으며, 대표적으로 울산 대곡리 암각화를 들 수 있다. 울주 천전리 암각화는 동물의 형상 이외에도 삼각형, 십자형, 마름모형, 원형, 동심원을 포함한 기하학적인 문양이 표현되어 있으며, 농경과 관련된 것으로 추정되고 있다. 동심원과 십자형, 인면人面이나 방패와 유사한 신상神像과 같은 추상적인 문양도 존재하는데, 고령 양전동·안화리, 포항 칠포리, 남원 대곡리, 영천 보성리, 경주 석장동·상신리, 함안 도항리 암각화가 있다.〈사진4-32〉 이러한 암각화는 기법, 표현방식 등이 시베리아 일대의 북아시아 암각화와 관련이 있을 것으로 추정된다. 시기에 있어서 함안 도항리의 경우는 동심원이나 홈 구멍을 새긴 연대를 기원전 5세기 정도로 파악하고 있으며, 고령 양전리, 경주 상신리·석장동 암각화는 후기의 무문토기와 관련되는 것으로 보고 있다.

　지석묘의 상석에서도 암각화가 확인되고 있다. 여수 오림동 지석묘에서는 간돌검, 돌화살촉이 새겨져 있으며, 간돌검 앞에 무릎을 꿇고 칼을 숭배하는 듯이 기원하는 인물상이 있다. 포항 인비리 지석묘에서도 간돌검, 돌화살촉이 새겨져 있다.

V

원삼국시대 사람들은 어떻게 살았을까?

1. 원삼국시대의 흐름
2. 철기는 어떻게 확산되었는가?
3. 초기의 고구려
4. 부여
5. 낙랑
6. 마한
7. 진한과 변한
8. 삼한의 농경, 그리고 음식과 조리
9. 삼한의 신앙과 음악
10. 외래 문물의 교류는 어떻게 이루어졌나?

1. 원삼국시대의 흐름

원삼국시대原三國時代는 고대국가로 정립되기 이전의 시기이며, 기원전 1세기에서 기원후 3세기경에 해당하고 있다. 이 시기는 한국사에서 삼한시대三韓時代로 부르기도 하지만, 삼한은 남한 지역에 국한하는 구분으로 북한 지역까지 아우르는 시대 구분으로는 적절치 않다는 견해가 있다. 그런 의미에서 김원용은 삼국시대의 원초기라는 의미에서 이 시기를 원삼국시대라 명명하였다. 지역적으로 마한馬韓, 진한辰韓, 변한弁韓이 속하는 남한 지역은 물론, 낙랑樂浪, 대방帶方, 동예東濊, 옥저沃沮가 속한 북한 지역과 고구려高句麗, 부여夫餘가 속한 중국 동북지방까지 포함하는 광의의 개념으로 이해할 수 있다. 원삼국시대의 명칭은 아직까지 고고학계에서 널리 통용되고 있는 시대 구분이나, 청동기가 소멸하고 철기의 제작이 본격화되고 있으므로 철기시대鐵器時代로 구분하자는 제안도 있다.

원삼국시대에는 철기가 본격적으로 발달하게 된다. 이 시기의 철기문화는 낙랑의 한식 문물과 밀접한 관련이 있다고 볼 수 있다. 원삼국시대에 출현하는 목관묘木棺墓에는 청동기와 철기, 무문토기와 함께 전기 와질토기瓦質土器가 부장된다. 또한 이 시기부터 낙랑과의 교섭을 통해 한식 문물이 출현하여 위신재로서 분묘에 부장되기 시작한다. 그러나 2세기경에는 목곽묘木槨墓가 등장하게 되어 남부지방 상위 계층의 분묘로서 출현하게 된다. 이 시기에는 단조철기鍛造鐵器의 제작이 주류를 이루고 있으며, 환두대도環頭大刀를 비롯하여 철검鐵劍, 쇠투겁창[鐵矛], 쇠화살촉[鐵鏃] 등의 새로운 무기류가 만들어진다. 무기의 발달은 전쟁을 통한 사회의 통합과 재편성을 이루는 계기가 되었다. 이 시기에는 쇠삽[鐵鍤], 쇠낫[鐵鎌], 쇠괭이[鐵鍬], 쇠스랑, 따비 등의 철제 농구류가 다량으로 제작되어 농업 생산력의 증대를 가져왔다.

고분으로 마한 지역에는 토광목관묘土壙木棺墓, 주구토광묘周溝土壙墓, 적석분구묘積石墳丘墓, 옹관묘甕棺墓 등이 있다. 특히 주구토광묘는 매장주체부를 도랑[周溝]으로 둘려서 보호하는 형태로 최근에 호서와 호남 지역에서 많이 조사되는 마한 토착세력의 고분이다. 강돌을 쌓아 축조한 적석분구묘는 한강 중·상류역에 분포하고 있다. 진한·변한 지역은 목관묘, 목곽묘, 옹관묘가 존재하고 있으며, 그 중심은 목곽묘이다. 부장 유물로는 철기류, 농구류가 새롭게 추가되고, 대부장경호臺付長頸壺, 화로모양토기[爐形土器], 새모양토기[鳥形土器] 등의 후기 와질토기가 출토된다. 목곽묘는 이전 단계 목관묘의 문화를 계승하면서 새로운 요소가 가미되고 있다. 고고학적인 입장에서 보면, 진한과 변한의 구분은 뚜렷하지 않으며, 문물에 있어서 공통적인 양상을 보인다.

토기 제작에는 중국의 회도灰陶 기법이 가미되었으며, 높은 온도에서 굽는 도질토기陶質土器가 생산되었다. 토기요지는 등요登窯이며, 고온에서 소성되어 회색, 회청색의 토기가 생산된다. 토기 제작에는 회전대를 사용하였으며, 대량생산이 가능해졌다. 서북한 지역에서는 화분형토기와 회백색의 단지가 세트로 출토되기도 하며, 중부지방에서는 경질무문토기硬質無文土器, 타날문토기打捺文土器, 승석문토기繩蓆文土器, 낙랑계토기樂浪系土器가 출토된다. 남부지방에서는 주머니호, 대부장경호, 장경호長頸壺, 우각형파수부호牛角形把手附壺, 원저단경호圓低短頸壺, 고배高杯, 화로모양토기, 새모양토기, 시루 등이 보이고 있다.

원삼국시대에는 한사군漢四郡 설치 이후, 평양을 중심으로 한 낙랑 지역에서 한식 문물이 적극적으로 유입되었으며, 삼한사회 전반에 걸쳐 그 영향력은 확대되어 갔다. 교류와 관련되는 문물은 토기, 철기, 청동기, 장신구 등과 화폐나 한경漢鏡, 점뼈[卜骨]와 같은 유물도 출토되어 삼한의 전 시기에 걸쳐 다양하게 교류가 이루어졌다. 기원 전후에 낙랑계토기, 철경동촉鐵莖銅鏃, 전한경前漢鏡, 점뼈, 화폐 등이 유입되어 낙랑과의 교류가 시작되며, 철기 제작의 기술이 들어와 각종 무기류와 농·공구류가 제작된다. 1세기 후반~2세기 중반까지는 낙랑에서 후한경後漢鏡과 함께 유리제 대롱옥이 유입되고, 방제경이 제작되기 시작한다. 왜에서 들어오는 교역품은 실용성이 퇴색된 광형청동투겁창[廣形銅矛]과 청동꺾창[銅戈], 그리고 방제경倣製鏡, 야요이토기弥生土器 등이 있다. 이로 미루어, 낙랑 지역에서 한강 유역의 중서부, 서남해안, 남해안, 일본 규슈로 이어지는 당시 문물 교류의 양상을 파악할 수 있다.

2. 철기는 어떻게 확산되었는가?

철기의 수용은 청동기시대 후기인 기원전 3세기경에 중국 요동지방과 한반도 서북지역에 명도전明刀錢, 주조철기鑄造鐵器, 회색토기와 공반하면서 이루어지기 시작한다. 기원전 2세기경 위만衛滿이 유이민을 이끌고 고조선으로 망명하게 되는데, 이 시기 대동강 유역에 전국계戰國系의 철기와 세형동검細形銅劍, 점토대토기粘土帶土器가 공반되는 철기문화가 유입된다. 평양의 정백동 고분군에서 연나라 계통의 말 가면, 진나라 계통의 청동꺾창[銅戈]이 공반되고 있는 것을 보면, 위만조선의 철기문화는 고조선과 연나라의 전통적인 문화에 진秦·한漢 교체기의 새로운 문화 요소를 수용한 것으로 추정된다.

위만은 동북아시아의 강자로 부상하면서 한때는 한의 세력을 위협하기도 하였지만, 결국은 철기문화의 완전한 단계를 이루지 못하고 기원전 108년 한에 의해 멸망하고 말았다. 이로 인하여 낙랑군, 현도군, 임둔군, 진번군의 한사군漢四郡이 설치되며, 이중에 평양을 중심으로 한 낙랑군의 세력이 강하였다. 이즈음에 유이민 파동과 함께 고구려와 부여가 철기의 보급으로 인해 강한 연맹왕국으로 성장하였으며, 특히 강성해진 고구려에 의해 임둔군과 진번군이 폐지되고 현도군은 요동으로 밀려나게 되었다. 그 여세를 몰아 313년 미천왕대에는 한사군의 마지막 세력인 낙랑을 축출하게 된다. 당시 동북아시아의 여러 소국 중에 고구려는 철기를 가장 적극적으로 수용하였으며, 이 철기문화를 기반으로 주위의 부여, 옥저, 동예 등의 소국들을 아우르면서 점차 고대국가로 성장하게 된다.

남한 지역에서는 낙랑의 영향을 많이 받았으며, 마한, 진한, 변한의 연맹왕국이 형성되었다. 중부지방 이남에서는 호서 지역을 중심으로 기원전 2세기경에 철기문화가 전파되고 있으며, 약간 늦은 기원전 2세기 말경에는 남부지방에도 철기문화가 보급된다. 기원전 1세기경에는 낙랑문화가 직접 유입되고 철기가 본격적으로 제작되기 시작한다. 그러나 한반도의 중서부와 서남부지역보다는 철 생산이 많은 영남 지역의 진한·변한 세력이 철기문화를 더 적극적으로 수입한 것으로 보인다.

기원전 1세기 후반부터 유행한 목관묘木棺墓에서 보면, 청동 유물이 점차 소멸되고 다수의 철기가 부장되고 있다. 청동 무기류는 실용성을 벗어나고 있으며, 낙랑문화의 영향에 의해 한경漢鏡, 수레 부속품인 거여구車輿具, 띠고리[帶鉤], 청동종방울[銅鐸] 등이 수입되고, 한경을 모방한 방제경이 새롭게 제작되었다. 철기가 확산된 이 시기의 문화상은 기존 청동기시대 후기의 토기 기형이 남아 있고, 또한 세형동검문화의 기반 위에 철기문화가 발전한 것으로 보인다. 이 시기의 집단은 수장을 중심으로 한 계층과 하호층으로 분화가 이루어졌다. 수장세력의 집단은 낙랑으로부터 한식 문물을 수입하여 토착 사회에서 영향력을 과시하였을 것이다.

특히 남한 지역의 원삼국시대 목곽묘木槨墓에서 출토되는 유물 중에는 철기 제품이 다량으로 매장되어 있으며, 무기류와 공구류의 단조철기鍛造鐵器가 주류를 이루고 있다. 『三國志 魏書 東夷傳』변진조弁辰條에서 알 수 있듯이 경주와 울산, 김해 등지는 철 생산의 중심지였으며, 낙랑, 대방, 예, 왜에서 철기 재료를 수입하여 갔다. 경주 사라리 130호분이나 울산 하대고분 76호분의 경우는 바닥에 판상철부板狀鐵斧가 깔려 있는 상태이며, 1차적으로 단조한 이 판상철부를 주변 지역에 공급하였다. 이 시기에는 철검[鐵劍], 쇠투겁창[鐵矛], 쇠화살촉[鐵鏃] 등의 무기류가 제작되었으며, 많은 철제 무기류의 확보는 강대한 군사력의 기반이 되었다. 농구류도 다량으로 제작되었으며, 경작에서부터 수확에 이르기까지 철제 농구가 사용되었다. 철제 농구의 사용으로 인하여 석기나 목기를 사용하던 때보다 노동력과 시간이 절약되었으며, 작업 능률도 향상되었다. 또한 땅을 깊게 갈 수 있어 토지의 비옥도를 높였으며, 농업 생산력이 증대되었다.

3. 초기의 고구려

1) 초기 고구려의 모습은?

고구려는 주몽에 의해 기원전 37년 현재의 중국 환인桓仁 지역인 졸본卒本에서 건국하였다. 건국 초부터 송양 세력을 통합하였으며, 이후 유리왕대(3년)에 집안集安으로 수도를 옮긴 후 비약적으로 발전하였다. 태조왕대(56년)에는 동옥저를 정복하였으며, 요동으로 진출하는 발판을 마련하였다. 차대왕대(146년)에는 압록강 하구의 서안평을 공격하였으며, 미천왕대(313년)에는 한나라의 세력을 축출하였다. 그러나 전연 모용황의 공격으로 인하여 환도산성이 점령(342년)당하였으며, 백제의 근초고왕의 공격을 받아 고국원왕이 전사(371년)하는 시련을 겪기도 하였다. 소수림왕대에는 정치제도의 정비가 이루어졌고, 불교 수용(372년)과 더불어 율령이 반포(373년)되었다. 안정된 정치를 기반으로 광개토왕은 백제를 공격(396년)함은 물론, 후연의 모용성을 공격(400년)하여 요동 지역을 장악하였다. 이렇듯 고구려는 시련을 겪으면서도 집안의 국내성을 중심으로 중국 동북지방과 한반도의 중부지방까지 영토를 확장하였다.

고고학적인 자료는 창건 시기의 수도였던 환인과 이후 천도에 의해 세워진 집안, 평양의 각 시기에 고분과 산성의 조사에 의해 유구와 유물이 축적되었다. 그러나 초기 고구려의 유적은 중국에 위치해 있어서 우리의 연구자가 적극적으로 연구하고 접할 수 있는 기회가 매우 적다. 초기 고구려의 모습은 환인 지역과 집안 천도 초기의 고분과 산성에서 찾아볼 수 있다. 초기의 고구려 고분은 3세기 말까지 사용되는 수혈식 적석총竪穴式積石冢이 대표적이며, 환인의 혼강渾江을 따라 많은 고분이 분포하고 있다. 고구려 초기의 수혈식 적석총은 환인과 집안 일대에 12,000여 기 정도 있는 것으로 알려져 있으며, 형태에 따라 무기단식, 기단식, 계단식 적석총으로 구분되고 있다. 환인

지역의 고분은 혼강변에 분포하고 있으며, 그중에 대표적인 것이 고력묘자高力墓子고분군이다. 집안 지역의 초기 고구려 적석총은 칠성산七星山, 마선구麻線溝, 우산하禹山下고분군을 들 수 있다. 이후 3세기 말에서 5세기까지는 석실적석총石室積石塚, 석실봉토분石室封土墳, 벽화분壁畵墳이 공존하는 양상을 보인다.

고구려의 산성은 초기에는 환인, 집안, 통화 지역에 많이 분포하고 있으며, 초기부터 평지성과 산성이 공존하는 도성체계를 갖추었다. 특히 산성의 경우에는 절벽과 가파른 산의 자연지형을 이용하여 쐐기돌을 이용하여 각층마다 들여쌓기를 하는 방식이다. 환인의 도성은 평지성으로 하고성자토성下古城子土城이 비정되고 있으며, 산성은 오녀산성五女山城이 알려져 있다. 이후 집안에는 평지성인 국내성國內城, 산성인 환도산성丸都山城, 평양에는 평지성인 안학궁성安鶴宮城, 산성인 대성산성大城山城이 축조되어 평지성과 산성이 공존하는 양상을 보이고 있다. 평상시에는 평지성에서 군사, 행정 업무를 보지만, 전쟁 시에는 배후의 산성으로 진지를 옮겨 군사적인 초소와 평지성을 방어할 목적으로 사용되었다. 이외에 산성의 내부 조사 시에 궁터, 병영터, 창고, 온돌 주거지 등이 출토되기도 하여 초기 고구려의 생활상을 파악해 볼 수 있다.

2) 고구려 초기의 무덤은 적석총

초기의 고구려 고분은 3세기 말까지 사용되는 수혈식 적석총竪穴式積石冢이 주류를 이루고 있으며, 이 시기는 고구려가 성립하여 발전해 가는 단계에 해당한다. 고분은 주로 압록강의 중·상류와 그 지류에 분포하고 있다. 이 시기의 적석총은 대부분 평지나 경사가 완만한 산기슭에 입지하고 있다. 매장은 지상에 돌을 깔고, 시신을 안치한 후, 다시 그 위에 돌을 덮는 형태이다. 이러한 적석총의 기원에 대해서는 천산산맥에서 집안에 이르는 지역에 보이는 청동기가 부장된 기원전 4~3세기경의 적석묘에서 구하고 있다. 특히

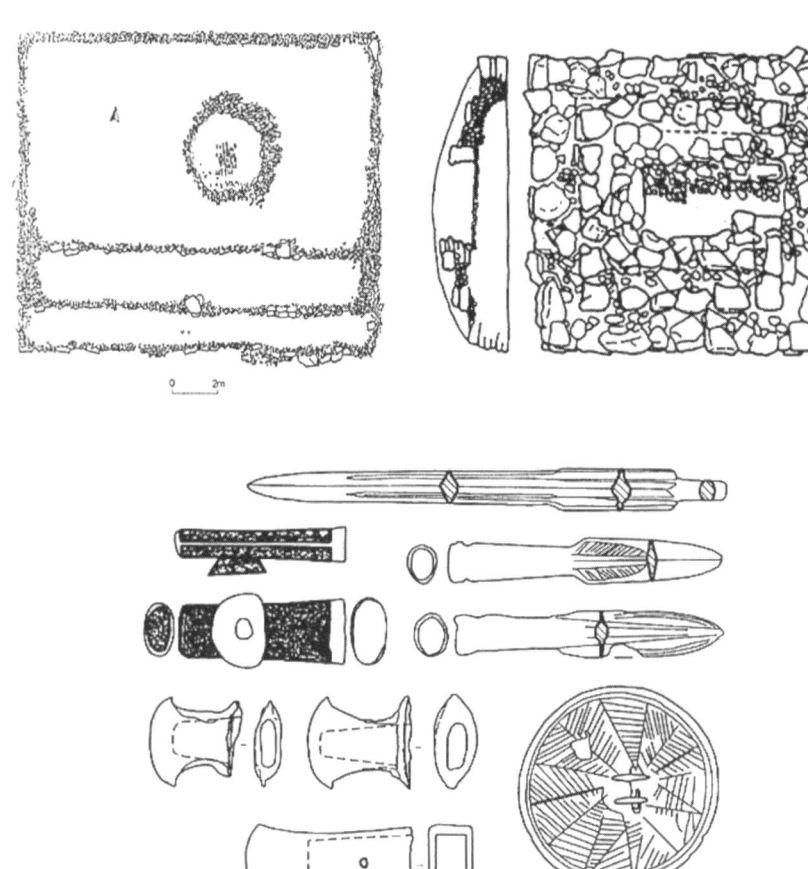

〈도면5-1〉 오도령구문 적석총 출토 유물 (한국고고학 강의, 2007 인용)

집안 오도령구문五道嶺溝門 적석총이 고구려 적석총의 시원으로 여겨지고 있다.〈도면5-1〉 적석총은 중국의 묘제와는 상이하며, 그 독자성이 엿보이고 있다. 무기단식에서 기단식, 계단식으로 분화되면서 정형성을 보이며, 문화적인 전통을 가지고 성장하고 있음을 보여 주고 있다.

초기 고구려 고분의 적석총은 요령성 환인현의 혼강을 따라 고력묘자高力墓子, 연강連江, 이도령二道嶺, 마대영馬大營, 손가가孫家街, 대우구大牛溝 등지에 분포하고 있다. 대부분 산기슭에 분포하며, 많게는 수백 기가 집중되기도

〈사진5-1〉 환인 고력묘자고분

한다. 이중에 고력묘자고분군이 초기 적석총의 전형적인 모습을 보인다.〈사진5-1〉 고력묘자고분군은 환인의 혼강변에 위치하며, 북쪽 5km 지점에 오녀산성이 자리한다. 묘역은 남북 길이가 1km에 달하며, 모두 적석총을 이루고 있다. 동군에서 10기, 북군과 남군에서 수백 기, 남단에 70기 정도가 분포한다. 이 고분군에서는 기단식에서 계단식으로 발전해 가는 모습을 파악할 수 있다. 출토 유물은 환두대도環頭大刀, 철제띠고리[鐵製帶鉤], 쇠화살촉, 금동장식품, 재갈 등이 있다.

집안 지역의 초기 고구려 적석총은 칠성산七星山, 마선구麻線溝, 우산하禹山下고분군이 존재한다. 칠성산고분군에는 1,600여 기의 고분이 존재하고 있다. 그중에 가장 큰 칠성산 211호분은 방형 계단식 적석총이며, 유물 중에 진晉의 자기편, 시유토기施釉土器가 포함되어 있다. 시기는 3세기 후반으로 보고 있고, 서천왕릉으로 추정하기도 한다. 집안 서쪽 칠성산 부근 마선구麻線溝 묘역에서는 2,500여 기의 고분이 있으며, 그중에 서대묘, 천추총이 유명하다. 서대묘西大墓는 방형 계단식 적석총이며, 한 변이 55m, 잔존 높이 9m

〈사진5-2〉 집안 서대묘

에 이른다.〈사진5-2〉 조사 시에 많은 기와편과 함께 명문이 새겨진 와당이 출토되었다. 규모가 큰 계단식 적석총 중에는 많은 기와, 와당이 출토되는 것으로 보아, 분구의 정상에 기와를 얹은 건축물이 있었을 것으로 추정하고 있다. 근래에 이르러 서대묘를 미천왕릉으로 파악하기도 한다. 천추총千秋塚의 규모는 한 변이 80~85m, 잔존 높이 11m에 이르는 10단 내외로 추정되는 방형 계단식 적석총이다. 이 고분에서는 전돌에 천추만세영고千秋萬歲永固라고 새겨진 명문이 발견되었으며, 소수림왕릉으로 비정되기도 한다. 우산하禹山下고분군은 집안에서 가장 밀집도가 높은 곳이며, 3,400여 기가 존재하고 있다. 이중에 무기단식 365기, 기단식 398기, 계단식 231기가 확인되었다. 대표적으로 태왕릉, 장군총, 임강총, 우산하 992호분, 2110호분 등이 있으며, 이들은 모두 왕릉으로 비정되고 있다. 특히 임강총臨江塚은 한 변이 71~76m에 이르며, 잔존 높이 10m 정도의 계단식 적석총이다. 출토된 유물은 금반지, 금동제 장식품, 철제 띠고리, 수많은 기와편, 토기편, 꺽쇠, 못, 송곳, 재갈 등이 출토되었다. 3세기 초·중반에 재위했던 산상왕릉이나 동천왕릉으로 비정하기도 한다. 이 시기는 고구려가 강대하여 낙랑을 축출한 시기의 전후에 해당하며, 초대형 계단식 적석총을 왕릉으로 비정하는 논의가 진행되고 있다.

이후 3세기 말에서 5세기까지는 석실적석총石室積石塚, 석실봉토분石室封土墳, 벽화분壁畵墳이 공존하는 양상을 보인다. 방형 계단식 적석총에 석실이 등장하여 이후 석실적석총으로 발전해 간다. 또한 당시 동북아시아에서 유행하는 합장용 석실봉토분과 벽화분의 새로운 묘제를 받아들여 기존의 적석총과 공존하면서 발전한다.

3) 평지성과 산성이 공존하다

고구려의 산성은 초기에는 환인桓仁, 집안集安, 통화通化 지역에 많이 분포하고 있으며, 각 지방에도 전 영역에 성을 축조하여 성을 단위로 통치가 이루어졌다. 고구려성은 초기부터 환인의 하고성자토성과 오녀산성, 집안의 국내성과 환도산성, 평양의 안학궁성과 대성산성이 축조되어 평지성과 산성이 공존하는 도성체계가 이어지고 있다. 하고성자토성下古城子土城은 환인현 하고성자촌에 있는 평지성으로 5km 정도의 거리에 오녀산성五女山城이 자리한다. 잔존 길이 1km, 잔존 높이 2m 정도의 토성은 장방형을 이루고 있으며, 혼강변의 동벽을 제외하고는 잘 남아 있다. 성문은 동벽과 남벽의 중앙에 있으며, 성 외부에서는 성 주변을 돌린 해자의 흔적이 확인된다. 성의 내부에서는 초기 고구려의 막새기와를 비롯한 많은 유물이 출토되었다. 오녀산성과 세트를 이루는 도성체계였던 것으로 보인다.

오녀산성은 고구려 첫 수도인 환인에 위치하며, 해발 820m의 산성 정상은 남북 1km, 동서 300m 정도의 넓은 평탄 대지가 자리하고 있다.〈사진5-3〉서벽과 북벽, 그리고 남벽의 서측은 깎아지른 절벽을 그대로 성벽으로 사용하였으며, 경사가 완만한 동쪽 및 남벽 동단에 성돌로 축성하였다. 산성의 동

〈사진5-3〉 환인 오녀산성

쪽, 남쪽, 서북쪽에 각 1개소씩 성문을 설치하였으며, 남문의 경우는 성문을 어긋나게 배치하였다. 동쪽에 성벽, ㄱ자형 옹성 등이 자리하고 있으며, 성의 내부에는 궁터, 병영터, 창고, 온돌 주거 등이 조사되었다. 천지로 불리는 연못이 있으며, 출수구도 확인되었다. 오녀산성에서는 기원 전후의 시기인 오수전五銖錢, 대천오십大泉五十의 동전이 공반되고 있으며, 초기의 고구려 토기인 파수부호형토기把手附壺形土器, 심발형토기深鉢形土器, 철기로는 주조철부鑄造鐵斧, 철검鐵劍, 쇠낫[鐵鎌], 쇠삽[鐵揷], 쇠투겁창[鐵矛] 등이 출토되었다.

집안으로 천도한 후에는 국내성과 배후의 산지에 있는 환도산성丸都山城이 축조되었다. 국내성國內城은 집안 남쪽으로 흐르는 압록강과 그 지류인 통구하通溝河가 만나는 지점의 평지성이다.〈사진5-4〉 국내성은 둘레 2.7km 정도의 방형의 성이며, 성벽에는 일정한 간격으로 치雉가 설치되어 있다. 석축 성벽 아래에서 고구려 건국 이전의 토성 흔적이 발견되었으며, 국내성은 이 토성을 기준으로 제1차, 제2차 석성이 축성되었다. 집안으로 천도한 후에 축성된 것으로 보이는 제1차 축성 시에 사방의 성벽에 치가 설치되어 있으며, 옹

〈사진5-4〉 집안 국내성

성을 만든 독특한 축성술을 보이고 있다. 성문은 어긋나게 설계하여 적의 접근이 용이하지 못하도록 하였으며, 환인의 오녀산성에서도 같은 축성 기법을 볼 수 있다. 성의 내부에서는 집안시청이 있던 곳이 발굴되었으며, 이곳에서 건물터, 기와 등이 다량으로 출토되었다.

환도산성은 집안 국내성의 서북쪽 2.5km 지점의 해발 676m의 환도산에 위치하고 있다. 이 산성은 험준한 자연지세를 이용하여 축조하였으며, 지세가 낮은 남문이 열려 있는 형국이다.〈사진5-5〉 남문 앞으로는 통구하의 하천이 흐르고 있어, 환도산성은 방어체계에 유리한 성으로 알려져 있다. 성의 둘레는 6,951m이며, 성의 내부는 경사가 완만하고 넓은 산기슭이 있다. 성벽은 들여쌓기를 하였으며, 옹성, 여장 등이 확인되었다. 성문은 7개소에서 확인되었으며, 문지 주변에서 기와편이 많이 수습된 것으로 보아 문루가 있었던 것으로 보인다. 남문에서는 평대平臺, 옹문甕門, 배수구 등이 조사되었다. 성 내부에서는 궁터, 병사 거주지, 장대將臺와 고분 37기, 연못 1개소, 우물 2개소가 조사되었다. 특히 궁터는 대형 건물로 95×62m의 규모이며, 3단의 대지

〈사진5-5〉 집안 환도산성 남문

위에 조성되어 있다. 이 건물지에서 소형小兄이란 명문이 있는 와당이 출토되기도 하였다. 적의 동태를 감시하는 장대는 한 변 6m 정도이며, 정상부에 올라서면 멀리 국내성이 바라다 보인다.

4) 고구려 초기에 발견되는 유물들

고구려의 유물은 고분의 부장품이 많으며, 시기에 있어서도 4~5세기에 집중되고 있다. 고구려의 토기는 흑회색 혹은 황갈색을 띠고 있으며, 띠 모양의 손잡이인 대상파수帶狀把手를 붙이는 특징을 가지고 있다. 초기 고구려의 토기는 시중 노남리유적에서 출토된 노남리형토기魯南里型土器를 표지로 삼고 있으며, 시기적으로 초기 고구려의 적석총 출현 시기와 거의 일치하고 있다. 노남리유적의 토기 중에는 특히 대상파수帶狀把手가 붙어 있는 흑색마연토기가 다량으로 출토되었다. 고구려의 토기는 중국 회도의 영향을 받으면서도 고구려 특유의 요소를 보이고 있는데, 사이장경호四耳長頸壺, 장경호長頸壺, 장경옹長頸甕, 이부호耳附壺, 심발형토기深鉢形土器 등은 초기 고구려부터 출토되는 기종이다. 4세기 이후에는 구형호球形壺, 직구호直口壺, 광구호廣口壺, 동이, 시루, 완椀, 이배耳杯, 원통형 삼족기三足器, 호자虎子, 솥, 화덕 등 다양한 토기가 출토된다.〈사진5-6〉 유약을 바르는 시유토기施釉土器는 녹갈색이나 황갈색을 띠며, 장경호, 이배, 시루, 솥, 화덕 등의 기종에서 확인되고 있으며, 주로 고분에서 출토되는 것으로 보아 부장용으로 사용되었을 것이다.

〈사진5-6〉 국내성 출토 쇠솥

철기는 초기의 적석총에서 쇠도끼[鐵斧], 쇠괭이[鐵鍬], 쇠낫[鐵鎌] 등이 출토되며, 4세기경이 되면 삼각형 보습[犁先], 쇠스랑, 쇠호미[鐵鋤] 등은 중국과 다른 고구려의 특징을 보여 주게 된다. 무기 중에는 쇠화살촉이 가장 많으며, 종류도 다양하다. 이중 도끼날 모양의 쇠화살촉은 초기 고구려부터 사용되었다. 쇠투겁창[鐵矛]은 쇠화살촉과 공존 출토되며, 연미형燕尾形 쇠투겁창과 반부盤部 쇠투겁창이 있다. 환두대도와 대도는 2세기 이후 부장되고 있으며, 철제대도와 소환두대도, 쇠투겁창 등은 주로 4세기 이후 고분에서 마구, 갑주甲胄와 공반 출토된다. 제철유구와 관련해서는 시중 노남리유적에서 제철로 1기가 확인되었다. 노남리 주거지에서도 쇠도끼, 쇠화살촉, 쇠낚시바늘[鐵釣針], 띠고리[帶鉤] 쇠송곳[鐵錐], 꺾쇠 등의 철제품이 출토된 것으로 보아 이미 초기 고구려시기에 철기 제작이 일반화된 것으로 추정된다.

청동 용기는 중국 동진제의 것과 유사한 청동세발솥[銅鼎], 청동솥[銅鍑], 청동자루솥[鐎斗]이 고분에서 출토된다. 특히 청동솥은 북방계의 취사도구로 북방 유목민과의 교류가 지속되었음을 알 수 있다. 청동합[銅盒]은 십자형 손잡이가 달려 있으며, 이러한 형태는 초기 신라의 황남대총 남분, 천마총, 호

우총 등의 고분에서도 출토되고 있어 비교 자료로 주목되고 있다.

갑주甲冑와 마구馬具는 중국 북방의 요소와 관련되고 있으며, 갑주는 초기 고구려인 환인 지역에서부터 출토 예가 있다. 마구류는 재갈, 등자, 안교, 행엽, 운주 등이 출토되고 있으며, 3세기의 고분에서도 보이지만 4세기 중엽부터 본격적으로 부장된다.

장신구는 주로 고분에서 출토되고 있으며, 금속제관, 관장식[冠飾], 귀걸이[耳飾], 띠꾸미개[帶金具], 팔찌, 신발 등이 있다. 태왕릉에서 출토된 금동관은 새날개 모양의 관장식, 삼엽문三葉文이 장식되어 있으며, 초기 신라의 관장식에도 영향을 주었다. 귀걸이는 태환太環 귀걸이와 세환細環 귀걸이가 공존하고 있으며, 고구려 귀걸이의 제작 기법이 초기 신라 귀걸이에 영향을 준 것으로 보인다. 집안의 마선구麻線溝 1호분의 태환 귀걸이는 초기 신라 황남대총 북분의 귀걸이와 유사한 점이 있다. 띠꾸미개는 진식晉式 띠꾸미개와 역심엽형이 있으며, 이중에 진식 띠꾸미개는 4세기대에 집안 적석총을 중심으로 출토되고 있다.

고구려의 기와는 회색 혹은 붉은색을 띠며, 안쪽의 포목흔과 외부에 승문繩文과 격자문格子文이 시문되어 있다. 초기 고구려의 무기단적석총 분구에서 기와가 수습되고 있으며, 지금도 초기 고구려의 적석총에서는 기와편이 보이고 있다. 이에 비해 막새기와는 4세기대부터 사용되기 시작한다. 국내성과 계단식 적석총에서 권운문卷雲文의 수막새가 수습되었으며, 연화문蓮花文 와당은 국내성, 환도산성, 천추총, 태왕릉, 장군총 등에서 출토되었다. 전돌은 건물지나 사찰지에서 출토되고 있다. 형태는 방형, 장방형, 삼각형, 부채형 등 다양하며, 문양은 승문繩文, 능형문菱形文 연화문蓮花文 등이 있다.

4. 부여

1) 부여는 어떠한 나라인가

　부여는 기원전 3~2세기경 송화강松花江 유역, 송요평원松遼平原을 중심으로 존재하였으며, 700년 이상 지속되었다. 동부여에서 고구려의 주몽 집단이 나와 고구려가 출현하기 전까지는 핵심 세력으로 지탱되었다. 압록강 유역에 있던 비류집단이 한강 유역으로 내려가 백제를 세웠고, 후대에 고구려를 계승한 발해도 부여를 조상의 나라로 인식하였다. 이렇듯 부여의 세력은 고구려, 백제를 세우고 발해까지 이어 갔으며, 우리 고대국가 시점에 중요한 디딤돌이었다. 부여의 영역은 길림성을 중심으로 흐르는 송화강과 그 유역이며, 사방 2,000리 지역을 차지하였다고 하나, 점차 주변 세력들에 의해 세력이 약화되었다. 부여의 생업은 주로 밭농사와 초원지대에서의 목축이 성행하였다.

　고고학적인 연구에 의하면, 부여의 성장 기반은 청동기시대의 서단산문화西團山文化에 있으며, 전한 시기의 부여인들이 포자연문화泡子沿文化로 발전시켰다. 포자연문화는 기원전 2세기 초~기원후 2세기까지 지속된 것으로 추정된다. 노하심老河深, 서차구西岔構, 모아산帽兒山고분에서 출토된 철제 무기와 농기구는 한의 철기문화를 바탕으로 문화가 발전하였음을 알 수 있다.

　문헌에서 보면, 고구려 대무신왕은 부여를 공격(21년)하였으며, 선비 모용외에 의한 1차 공격(285년), 선비 모용황에 의한 2차 공격(346년)이 가해지기도 하였다. 4세기 들어서는 고구려의 공격이 빈번해지고, 이후 부여는 중심지가 성산자산성城山子山城, 요원遼源 지역으로 이동된 것으로 보인다. 부여는 동으로는 읍루挹婁, 서로는 선비鮮卑, 남으로는 고구려와 관계를 유지하였지만, 고구려 광개토왕에 의해 고구려에 편입(410년)되었으며, 494년에 고구려와 통합되기에 이르렀다. 부여와 고구려의 통합은 중국 동북지역에서 우리 민족의 역사적인 흐름이 동일하다는 점을 시사하고 있다. 그렇지만 근래의 동북공정에서 고구려사를 매개로 고조선과 부여의 역사를 왜곡하여 그 의미를 희석시키고 있는 것은 안타까운 일이 아닐 수 없다.

2) 한문화와 유목문화가 접목된 고분

부여의 초기 중심지는 길림시 동단산성東團山城, 남성자고성南城子古城, 용담산성龍潭山城 일대에 해당하며, 포자연문화로도 불린다. 이 시기의 고분으로는 노하심老河深, 서차구西岔構, 모아산帽兒山고분, 장사산長蛇山, 서황산둔西荒山屯, 대청산大靑山유적이 알려져 있다. 특히 노하심, 서차구유적에서는 유목문화와 관련된 선비鮮卑의 유물이 혼재되어 있는 양상으로 출토되었으며, 이는 부여와 선비가 지속적인 교류가 있었음을 의미한다.

길림성 유수시 송화강 북안의 노하심老河深유적에서는 전한 말기에서 후한 전기에 걸쳐서 축조된 129기의 고분이 조사되었다. 구조는 토광묘와 토광목관묘 혹은 토광목곽묘를 이루고 있으며, 단독장과 다장이 사용된다. 유물은 4,200여 점이 출토되었으며, 생활 용구는 두豆, 관罐, 호壺, 배杯, 반盤, 완盌, 충盅 등의 토기류와 쇠송곳[鐵錐], 청동솥[銅鍑], 청동거울[銅鏡], 오수전五銖錢이 있다. 무기류는 환두소도, 철검, 쇠투겁창, 쇠화살촉, 화살통, 투구, 갑옷, 공구류는 쇠낫[鐵鎌], 쇠괭이[鐵鍬], 쇠끌[鐵鑿], 숫돌[砥石], 거마구車馬具는 청동재갈, 수레 부속 장식품, 장신구로는 금·은·동제 귀걸이[耳飾], 금·은제 반지, 패식[牌飾], 청동팔찌[銅環], 띠고리[帶鉤], 청동단추[銅泡], 마노주瑪瑙珠 등이 있다. 이 고분에서는 북방 유목민과의 교류를 보이는 동물 문양의 패식과 한과의 교류를 나타내는 방격규구사신경方格規矩四神鏡의 청동거울이 확인되었다. 또한 이 고분에서는 환두소도, 마노주, 오수전 등을 일부러 훼손하여 부장하는 풍습을 엿볼 수 있으며, 흉노와 선비의 문화와도 관련성이 있다.〈도면5-2〉

서차구西岔構유적은 요녕성 집중촌에 위치하며, 63기의 토광묘가 조사되

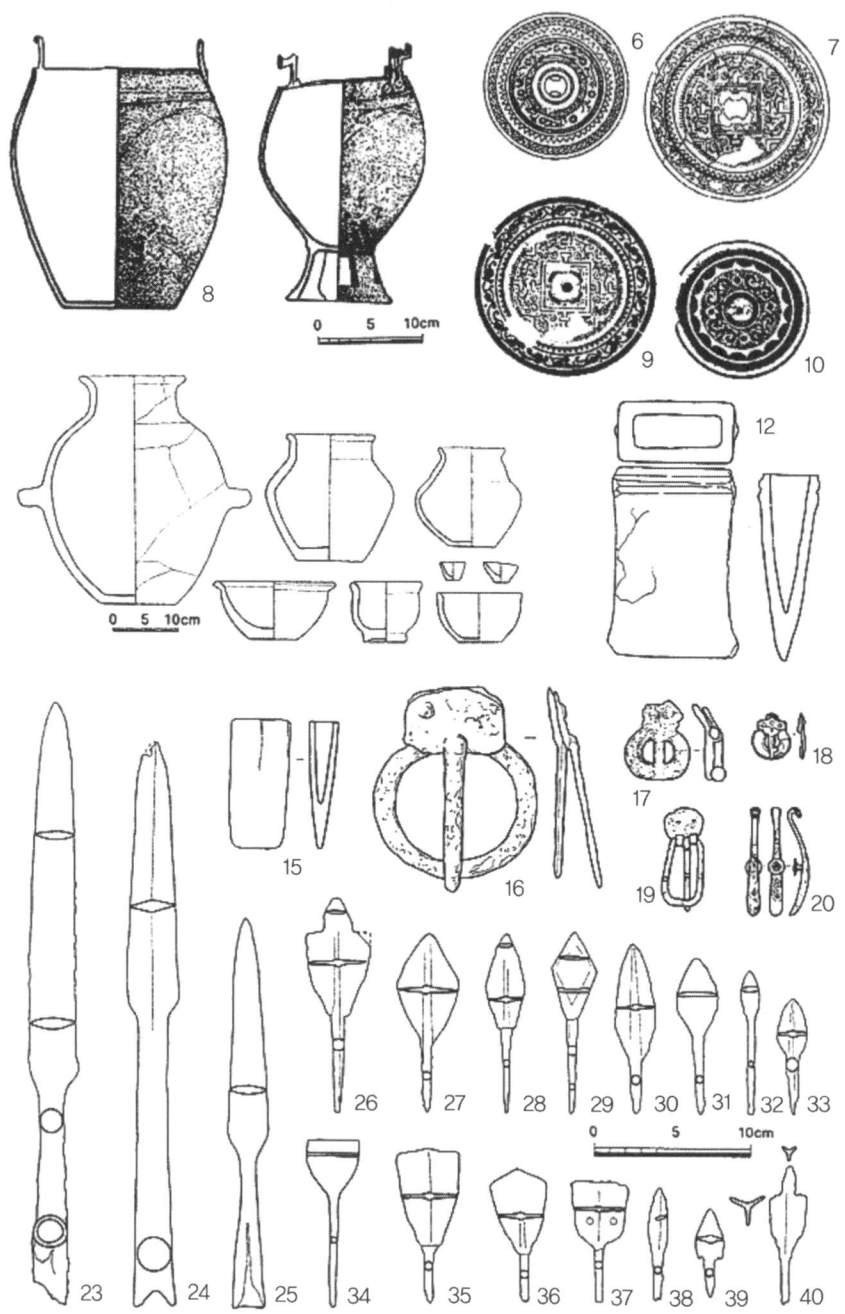

〈도면5-2〉 유수 노하심유적 출토 유물 (한국고고학 강의, 2007 인용)

었다. 말 뼈가 출토되기도 하여 말을 순장殉葬하는 풍습이 있었음을 알 수 있다. 유물은 13,850점이 출토되었으며, 토기류, 무기류, 마구류, 장신구가 주류를 이룬다. 토기류는 관罐, 호壺, 배杯, 완盌, 격鬲, 두豆 등이 있으며, 무기류는 철제 환두대도, 쇠손칼[鐵刀子], 철검, 쇠투겁창, 쇠화살촉, 촉각식 동검觸角式銅劍, 청동도끼, 청동거울, 마구류는 철제 재갈, 청동제 말 가면, 운주, 장신구는 청동장식판, 청동단추, 청동거울, 청동팔찌, 각종 패식牌飾, 마노, 옥석, 유리질 관상주管狀珠 등이 있다. 유물 중에 철제 공구나 마구류, 일광경日光鏡, 백유경百乳鏡 등의 청동거울, 반량전, 오수전 등의 화폐는 한식 유물의 특징을 보이고 있다. 시기는 기원전 2세기 말~기원전 1세기 중엽에 해당한다.

모아산帽兒山고분군은 길림시 송화강변의 동단산 남성자고성에서 동남쪽 1km 지점에 있으며, 동단산과 마주보고 있다. 고분은 1,000여 기에 이르며, 129기가 조사되었다. 이중에 토광목관묘 혹은 토광목곽묘가 가장 많다. 출토 유물은 생활 용구, 무기류, 공구류, 거마구, 장신구 등 다양하게 출토되었다. 생활 용구는 두豆, 관罐, 호壺, 옹甕 등의 토기와 쇠솥[鐵鍑], 청동솥[銅鍑], 청동거울, 칠기, 목기, 방추차가 있으며, 무기류는 창, 환두도, 공구류는 쇠삽, 쇠괭이, 손칼[刀子], 청동삽, 거마구는 청동재갈, 비녀장[車轄], 띠고리[帶鉤], 등자, 안장, 장신구로는 금·은 패식, 금제 관장식, 금동장식, 은제 팔찌, 청동팔찌, 청동단추 등이 있다. 이외에도 왕망의 신新에서 사용한 화폐인 화천貨泉이 출토되어 고분의 연대가 후한의 시기임을 알 수 있다.

3) 송화강변의 부여 산성

길림시 송화강 변의 동단산 남성자고성南城子古城은 부여궁성으로 비정되고 있으며, 그 동쪽에 동단산성東團山城은 도성에 해당한다. 남성자고성은 길림성 유수현 남성자둔에 위치하며, 고성의 서쪽으로 송화강이 흐르고 있다.

성의 형태는 장방형이며, 판축기법에 의해 축조된 토축산성이다. 규모는 남북 300m, 동서 150m, 둘레 900m 정도이며, 문지는 동벽 중앙부에 있다. 성의 내부에서는 기와편, 회색토기편, 동전 등이 출토되었다. 이 고성은 초기 부여의 궁성으로 비정되고 있다.

동단산성은 길림시 영한촌 동단산에 위치하며, 용담산성龍潭山城과는 2.5km 정도의 거리에 있다. 산성의 서쪽으로 송화강이 흐르고, 산성은 강변의 독립된 구릉에 있다. 3중으로 성이 둘러져 있으며, 외성은 동서 230m, 남북 115m, 둘레 689m 정도이며, 중성은 동서 170m, 남북 62m, 내성은 동서 62m, 남북 15m 정도이다. 성의 내부에서는 청동기시대의 유물부터 고구려의 적색 기와편에 이르기까지 많은 유물이 발견되었다. 이 산성은 부여와 관련된 시기에도 산성으로 활용한 것으로 보인다.

용담산성은 길림시 동쪽 7km 정도 떨어진 용담산에 위치한다. 용담산은 화분형이며, 깊은 골짜기를 형성한다 성의 서쪽으로는 송화강이 흐르며, 동단산과 인접해 있다. 성의 둘레는 2,936m이며, 가장 높은 곳의 성벽은 10m에 이른다. 성벽 네 모서리에 평대平臺가 축조되어 있으며, 이곳에서는 적색 기와가 수습되었다. 성 내부에서는 적색 기와편과 함께 고구려 이전의 돌칼, 돌도끼, 한대의 토기편, 발해 기와 등이 발견되었다. 출토된 유물로 미루어 보아 부여 시기에도 활용한 것으로 보인다.

5. 낙랑

1) 낙랑은 어떠한 나라인가

위만 조선의 붕괴 후에 한무제는 기원전 108년 그 영역에 낙랑, 진번, 임둔, 현도군을 설치하였다. 이중에 진번군, 임둔군은 기원전 82년에 폐지되고, 기원전 75년에는 현도군마저 고구려에 의해 서북지역으로 밀려나고 말았다. 따라서 한사군으로 대표되는 고조선 지역의 군현 설치는 사실상 낙랑으로 대표되었으며, 낙랑은 한나라가 멸망한 후에도 그 세력을 유지하였다. 그 영역은 청천강 유역에서 황해도 지역까지 달하였으며, 그 중심은 평양을 위시한 대동강 유역이었다. 낙랑은 세력을 넓혀 함경남도까지 확대되었으며, 기원후 3세기경에는 황해도 지역에 대방군이 설치되기도 하였다. 그러나 낙랑은 313년 강력한 철기문화를 기반으로 한 고구려에 의해 병합되었다.

일제시대와 해방 후 평양에서는 낙랑과 관련된 많은 유적조사가 진행되었다. 특히 대동강 남안의 낙랑 구역인 오야리, 정백리, 석암리 등지에서는 많은 낙랑 고분과 낙랑의 치소로 알려진 낙랑토성 등에 대한 조사가 이루어졌다. 낙랑 고분은 목곽묘木槨墓와 전실묘塼室墓가 주류를 이루고 있다. 목곽묘는 단장목곽묘와 합장목곽묘가 있으며, 합장목곽묘는 다시 병혈합장並穴合葬과 동혈합장同穴合葬으로 분류되고 있다. 이러한 목곽묘의 대표적인 예는 평양 정백동貞柏洞 37호분, 평양 석암리石巖里 9호분, 평양 왕광묘王光墓 등이 알려져 있다. 목곽묘는 부장품의 기년명을 가진 칠기와 한경에서 보면, 전한 말에서 후한에 걸친 100여 년간에 걸쳐 조영된 것으로 보인다. 2세기 이후 3세기대에는 동혈합장의 목곽묘에 후행하여 전실묘가 성행한다. 전실묘에서는 연호, 피장자, 축조자와 관련된 명문이 새겨진 전돌이 출토되기도 하였으며, 조영 시기를 가늠하는 데 중요한 자료를 제공하고 있다.

평양 근교에는 한사군 설치와 관련하여 치소와 관련된 토성이 존재하며,

평양의 낙랑토성樂浪土城, 은율 운성리토성雲城里土城, 온천 성현리토성城峴里土城, 봉산 지탑리토성智塔里土城 등이 알려져 있다. 이중에 낙랑토성에서는 대규모의 건물 유구와 함께 각종 화폐, 낙랑예관樂浪禮官 등의 명문이 새겨진 와당, 낙랑군 소속의 현을 나타내는 봉니封泥 등이 출토된 점으로 보아 낙랑의 치소가 있던 곳으로 추정되고 있다. 지탑리토성에서는 광화 5년光和五年(182년), 태시 7년泰始七年(271년) 등의 연호가 전돌에서 확인되고 있으며, 주변에 대방태수 장무이묘張撫夷墓를 비롯하여 한묘漢墓가 많은 것으로 보아 대방군의 치소로 비정되고 있다.

2) 목곽묘에서 전실묘로

낙랑의 고분은 지역적으로 청천강 이남에서 멸악산맥 이북 사이에 주로 분포하고 있다. 그중에 중심은 낙랑토성의 남쪽 지역인 대동강 주변 평양의 낙랑 구역에 해당한다.〈사진5-7〉 해방 이전 조사 시에 2,000여 기의 고분이 있었던 것으로 알려졌으며, 해방 후에도 많은 조사가 이루어졌다. 낙랑 고분

〈사진5-7〉 평양 대동강 주변 낙랑 고분군

은 목관묘木棺墓, 목곽묘木槨墓, 전실묘塼室墓가 주류를 이루고 있으며, 여기에 수는 적지만 옹관묘甕棺墓, 소형 와관묘瓦棺墓, 소형 전곽묘塼槨墓가 존재한다.

목관묘는 판재나 통나무 목관을 안치하고 묘광이나 목관 사이에 유물을 부장하는 형태이다. 낙랑 고분 중에 가장 오래된 시기이며, 세형동검과 관련된 단계의 토광묘와 계승관계가 엿보인다. 유물은 세형동검과 관련된 청동기류와 화분형토기花盆形土器, 단경호短頸壺 등이 출토되고 있으며, 목곽묘 단계까지 이어진다. 낙랑 고분의 고식古式으로는 평양 정백동 494호분, 평양 토성동 113호분이 있으며, 시기적으로 목곽묘에 선행한다.

목곽묘木槨墓는 단장목곽묘와 합장목곽묘로 구분되며, 합장목곽묘는 다시 병혈합장竝穴合葬과 동혈합장同穴合葬으로 분류되고 있다. 단장목곽묘는 판재를 잇대어 만든 판재식, 각재로 묘광내에 축조한 것, 그리고 귀틀목곽묘로 구분한다. 그 내부에 목관을 안치하며, 목곽과 목관 사이에 부장품을 넣은 공간이 있다. 내부에서는 세형동검의 청동기류, 화분형토기, 단경호가 출토되고 있으며, 유물의 조합으로 보아 낙랑 이전에 사용되었을 가능성이 높다. 단장목곽묘는 평양 상리, 평양 동대원리 허산유적이 대표적이다. 병혈합장은 선행 축조된 묘광 옆에 나란히 묘관을 축조하는 것이며, 부부합장이나 친족 중심의 매장을 기본으로 한다. 유물은 세형동검을 비롯하여 철제 무기, 공구류, 거마구, 화분형토기, 단경호 등이 출토된다. 유물의 양상은 고조선 이래의 전통이 유지되고 있다. 이러한 고분은 평양 정백동 37호분, 53호분이 이에 해당하며, 시기는 기원전 1세기가 중심을 이룬다. 동혈합장은 규모가 큰 목곽을 먼저 설치하고 그 내부에 다시 목곽을 안치하여 방대형의 봉분을 만드는 구조이다. 부장품은 청동용기, 장옥葬玉, 칠기, 각종 장신구가 보인다. 주요 고분은 평양 정백리 2호분·127호분·205호분, 평양 석암리 9호분·205호분·219호분이 이에 해당하며, 시기는 기원후 1~2세기가 중심을 이룬다.

2세기 이후 3세기대에는 동혈합장의 목곽묘에 후행하여 전실묘塼室墓가 성행하고 있으며, 황해도와 평안남도 일대에까지 분포한다. 전실묘는 지하에 깊이 1m 정도의 묘광을 파고 내부에 장방형의 벽돌을 쌓아 지상 위까지 올린 형식으로, 묘광의 숫자에 따라 단실묘單室墓와 이실묘二室墓로 구분된다. 묘광 바닥에 전돌을 깔고, 널받침[棺臺]을 설치하였으며, 사방 벽으로 전돌을 올려 궁륭상의 천정을 이루는 형태이다. 부장품으로 마구, 부뚜막, 가마, 집 등의 모형이나 동물을 형상한 개, 돼지, 닭, 곰의 모형이 출토되기도 한다. 전실묘의 부장품 중에는 가평 2년嘉平二年(250년), 경원 원년景元元年(260년) 등 위魏의 연호가 쓰인 전돌이 있으며, 서진西晉의 연호도 많이 보이고 있다. 또한 서진의 건흥 4년建興四年(316년), 동진東晉의 원흥 3년元興三年(404년) 등이 새겨진 전돌이 출토된 것으로 보아 낙랑의 치소가 폐지된 이후에도 전실묘는 계속해서 조영되었음을 알 수 있다.

3) 낙랑군 예하의 치소가 있던 토성

낙랑의 토성은 낙랑군 설치 지역에 분포하는 평지성이며, 형태는 방형을 이루고 있다. 낙랑의 고분군과 인접하여 있으며, 군현 지배와 관련된 치소治所가 있었던 것으로 보인다. 낙랑의 토성은 평양 낙랑 구역 낙랑토성樂浪土城, 은율 운성리토성雲城里土城, 온천 성현리토성城峴里土城, 신천 청산리토성, 봉산 지탑리토성, 금야 소라리토성 등이 알려져 있다.

낙랑토성樂浪土城은 평양의 낙랑 구역인 대동강의 남안에 위치하고 있으며, 토성리토성으로도 불린다. 성의 규모는 동서 700m, 남북 600m 정도로 중국의 토성과 비교하여 규모가 작은 편이다. 토성 내에서는 곳곳에서 건물지가 중복되어 조사되었으며, 공방터를 비롯하여 전돌이 깔린 보도, 우물 등이 발견되었다. 출토 유물은 환두대도環頭大刀, 청동화살촉[銅鏃], 청동거울[銅鏡], 청동팔찌[銅環], 청동방울[銅鈴], 봉니封泥, 화폐, 금목걸이, 와당 등 다양하다. 여기서 출토된 화폐는 왕부王扶, 동인銅印, 우심전藕心錢, 반량半兩, 소천직일小泉直一 등의 동전이 있다. 낙랑예관樂浪禮官, 낙랑부귀樂浪富貴 등의 명문이 새겨진 와당이 출토되기도 하였으며, 낙랑태수장樂浪太守章을 비롯하여 낙랑군 소속의 현을 나타내는 봉니가 다수 발견되었다. 이러한 유물은 토성 남쪽에 분포하는 2,000여 기의 낙랑 고분 출토의 유물과도 대비되고 있다. 이 낙랑토성은 낙랑군의 행정 중심의 기능과 물자를 만드는 생산기지의 역할도 담당한 것으로 보인다.

운성리토성雲城里土城은 은율읍에서 4.5km 정도 거리의 운성리에 위치한다. 구릉지대에 펼쳐진 토성은 내성과 외성 이중구조의 장방형을 이루고 있다. 외성의 둘레는 1km 내외이며, 내성은 동서 170m, 남북 60m 정도의 규모이다. 동쪽 성벽 외부에서는 해자도 확인되었다. 내성에서는 관청 건물지, 배수로 시설이 조사되었으며, 쇠손칼, 쇠화살촉, 쇠낫, 보습, 화분형토기, 완형토기, 와당, 전돌 등이 출토되었다. 특히 천추만세千秋萬歲라 새겨진 명문의 와당이 출토되었다. 토성 내부에서 출토된 유물들은 남쪽 400m 지점의 낙랑 고분인 운성리고분군에서 출토된 것과도 대비되는 것이다. 운성리토성과 운성리고분군의 유물 조합은 평양의 낙랑토성과 그 주변의 고분군이 하나의 세트를 이루는 것과 비교되는 것으로써, 당시 낙랑군 예하의 치소가 있었던 곳으로 추정된다. 이 토성의 축조 시기는 기원전 2세기로 보고 있다.

성현리토성城峴里土城은 남포시 온천군 성현리의 낮은 구릉 위에 위치하며, 어을동토성으로도 불린다. 성의 둘레는 1.5km 정도이며, 내성은 동서 170m, 남북 120m, 외성은 동서 450m, 남북 300m 정도이다. 토성 내부에서는 많은 건물터와 전돌을 깐 시설물이 조사되었다. 관청 건물터의 규모는 길이 10.4m, 너비 6.8m 정도이다. 유물은 세형동검 검자루끝장식[劍把頭飾], 화분형토기, 소형단경호 등이 출토되었다. 이 토성 서남쪽 485m 지점에서 점제현신사비黏蟬縣神祠碑가 발견되어 이 성을 점제현의 치소로 추정하고 있다.

지탑리토성智塔里土城은 동서 700m, 남북 600m 정도이다. 출토 유물은 화분형토기, 회색토기, 와당, 전돌 등이 나왔다. 특히 광화 5년光和五年(182년), 태시 7년泰始七年(271년) 등의 연호가 전돌에서 확인되고 있으며, 서북쪽 5km 지점의 전실묘에서 대방태수장무이묘帶方太守張撫夷墓를 비롯하여 한묘漢墓가 많은 것으로 보아 대방군의 치소로 비정되고 있다.

4) 한문화의 진수를 엿볼 수 있는 각종 유물들

낙랑에서는 진·변한과 철을 매개로 교역이 이루어졌으며, 낙랑의 철기문화가 수용되는 과정에서 삼한과의 관련성이 주목되어 왔다. 낙랑에서는 전국계의 철기 유물인 쇠창[鐵戟], 쇠투겁창[鐵矛], 철검鐵劍, 쇠손칼[鐵刀子], 쇠화살촉[鐵鏃] 등의 무기류와 쇠도끼[鐵斧], 쇠낫[鐵鎌], 쇠삽[鐵揷] 등의 농구류가 있다. 삼한 지역에서는 낙랑과 관련된 주조철부鑄造鐵斧, 철경동촉鐵莖銅鏃, 쇠솥[鐵鍑] 등의 유물이 출토되어 낙랑과의 교류가 지속적으로 이루어졌음을 알 수 있다.

낙랑 지역의 청동기는 청동꺾창[銅戈], 청동투겁창[銅矛], 청동검[銅劍], 청동화살촉[銅鏃], 청동솥[銅鍑], 청동세발솥[銅鼎], 청동호[銅壺], 청동술병[銅樽], 청동대야[銅洗], 청동거울[銅鏡], 청동방울[銅鈴], 동전[銅錢], 쇠뇌[弩機]의 부속구 등이 있으며, 이러한 청동기류는 중국식이지만 낙랑 지역에서 제작한 것이 주류를 이룬다. 세형동검은 낙랑군 설치 이후에도 지속적으로 제작되고 있다. 한경으로 일광경日光鏡, 소명경昭明鏡, 명광호문경明光弧文鏡, 방격규구사신경方格規矩四神鏡, 이체자명대경異體字銘帶鏡 등이 있다.

낙랑토기는 중국의 한식토기와 형태 및 제작 기법에서 구분되는 기종이 대부분이다. 원통형토기, 완형토기, 화분형토기, 단경호, 시루, 고배, 대옹大甕, 도옹陶甕, 도관陶罐, 이배耳杯, 부뚜막형토기 등이 있다.〈사진5-8〉

칠기는 주로 낙랑 고분에서 출토 예가 많으며, 칠이배漆耳杯·칠반漆盤·칠안

〈사진5-8〉 낙랑토기

漆案·칠명漆皿 등의 식기류, 칠갑漆匣·칠합漆盒·칠곽漆槨·칠통漆桶·칠협漆篋 등의 보관함, 칼집[劍鞘]·찰갑札甲 등의 무구류 등이 확인되고 있다. 칠기는 평양 왕광묘(정백리 127호분)에서 82점, 평양 석암리 194호분에서 81점, 석암리 205호분에서 58점이 출토되었으며, 그 외의 낙랑 고분에서 많은 양이 출토되고 있다. 또한 제작 연대의 명문이 새겨진 칠기가 출토되는 특징을 보이고 있는데, 대개 기원전 85년에서 기원후 102년 사이에 제작된 칠기 67점이 현존하고 있다.

장신구로는 은제품의 장식품이 다수 확인되고 있다. 평양 정백동 37호분의 장방형의 띠고리는 구름 문양과 호랑이를 장식하였고, 정백동 92호분에서도 호랑이와 용이 새겨진 장방형의 띠고리가 출토되었다. 낙랑 구역의 남사리 29호분에서는 구름과 용이 음각된 단조기법의 은제 그릇이 출토되기도 하였다. 옥과 관련하여서는 옥돈玉豚, 옥인玉印, 벽옥碧玉 장옥葬玉 등 다양하게 출토되고 있다. 장옥은 평양 남사리 29호분과 전오동 5호분에서 보이고 있다. 장옥은 죽은 신체에 악귀가 들어가지 못하도록 신체 구멍에 옥으로 만든 기물로 막는 도구이다. 장옥은 한나라의 풍속이며, 낙랑의 묘제에도 영향을 주고 있다. 왕광묘에서는 양산日傘 자루, 화장용 솔과 붓이 출토되어 당시의 생활상을 생생하게 전하고 있다.

낙랑 지역에서의 와당은 원와당圓瓦當이 출토되고 있으며, 문양에는 고사리문, 운기문雲氣文, 사엽좌문四葉座文 등이 시문되고 있다. 평양 출토의 와당에는 낙랑예관樂浪禮官, 천추만세千秋萬歲의 명문이 새겨진 것도 있다. 평기와는 대부분 와통을 사용하지 않으며, 성형 과정에서 승문繩文의 내박자를 사용하고 있다.

낙랑의 건물과 고분에는 전돌을 많이 사용하고 있다. 기본적으로 거푸집[鎔范]을 이용하여 한 장씩 찍어내는 기법이며, 제작 과정에서 승문繩文의 타날 흔적이 남는다. 전돌의 문양은 기하학문幾何學文과 능형문菱形文이 많이 보이고 있다. 봉산 지탑리토성에서는 광화 5년光和五年(182년), 태시 7년泰始七年(271년)의 명문이 새겨진 전돌이 출토되었고, 고분의 전실묘 전돌에서는 가평 2년嘉平二年(250년), 경원 원년景元元年(260년), 건흥 4년建興四年(316년) 등의 연호가 새겨져 있어 당시의 사용 시기를 짐작할 수 있다.〈사진5-9〉

〈사진5-9〉 명문이 새겨진 낙랑 전돌

6. 마한

1) 마한은 어떠한 나라인가

　마한은 기원전 1세기경『三國志 晉書 東夷傳』에 그 존재가 알려져 있으며, 54개 소국 중에 목지국目支國의 지배자가 진왕辰王으로 추대되어 삼한 중에 두각을 나타냈다. 2세기에 들어서는 한강 하류역에 위치한 백제가 성장하기 시작하였다. 소국들에는 각 나라의 대표성을 가진 군장君長이 있었다. 종교적으로는 천군天君이라 부르는 제사장이 있었고, 소도蘇塗라 부르는 제사 지역을 관할한 이른바 제정 분리祭政分離가 이루어진 사회였다. 생업은 농경과 잠상蠶桑이 주류를 이루며, 5월과 10월에는 군중이 모여 신에게 제사를 지냈다.

　마한은 백제가 국가체제를 갖추기 이전의 기원전 1세기~3세기까지 금강과 한강 유역을 중심으로 다양한 문화가 전개되었다. 고고학적으로 보면, 토착문화와 융합되면서 사회가 발전하였으며, 철기문화에 기반을 둔 새로운 정치세력이 등장하였다. 이 시기에 전국계戰國系의 철기문화가 수용되었으며, 서북한 지역에서 진·변한보다 먼저 철기문화를 수용하였다. 특히 마한 목지국의 진왕은 금강 유역을 중심으로 철기문화를 받아들였으며, 공주 봉안리, 당진 소소리, 부여 합송리, 완주 갈동, 장수 남양리유적 등에서 보이듯이 초기의 철기문화를 발전시켜 갔다.

　한강 유역에는 여자형呂字形, 철자형凸字形의 주거지가 존재하고 있으며, 2세기 중반 이후에는 임진강과 남한강 유역에 적석분구묘積石墳丘墓로 불리는 수장급의 무덤이 확인되고 있다. 한강 유역을 제외한 중서부지역에서는 장방형의 주거지가 주류를 이루고 있다. 중서부지역의 주요 유적은 서울 풍납토성, 하남 미사리, 화성 기안리, 화성 발안리, 안성 도기동, 용인 상갈동, 오산

수청동유적 등이 있다.

　금강 유역의 호서 지역에는 2세기 중반 이후에 유적이 형성되고 있다. 주거지는 방형을 이루고 있으며, 기둥구멍이 4개인 4주식 주거지가 폭넓게 분포하고 있다. 주구토광묘周溝土壙墓는 매장주체부를 활 모양과 같은 ㄷ자형의 도랑을 두른 청당동형 주구묘와 매장주체부의 사방에 도랑을 두른 관창리형 주구묘로 구분된다. 근래에 아산 갈매리, 아산 명암리유적 등에서는 생활 유적과 주구토광묘가 대규모로 조사되었으며, 낙랑과 관련된 유물이 출토되고 있다. 호서 지역의 주요 유적은 아산 갈매리·갈산리·명암리, 천안 장신리·청당동, 보령 관창리, 공주 지산리·장선리·장원리, 서천 오석리·봉선리·송내리·지산리, 연기 용호리, 대전 구성동·용계동, 청주 송절동·봉명동, 오창 송대리, 충주 금릉동유적 등이 있다.

　호남 지역에서는 3세기대의 유적이 주류를 이루며, 백제의 영향을 많이 받은 4세기 이후에도 지속적으로 발견되고 있다. 주거지는 원형 내지는 말각방형의 주거지가 조사되고 있다. 주거 내부에는 벽구壁溝 시설이 있으며, 부뚜막과 외부로 빠지는 배수구가 있는 경우도 많다. 내부에서는 장란형토기長卵形土器, 심발형토기深鉢形土器, 시루[甑]가 많으며, 양이부호兩耳附壺, 주구토기注口土器도 출토되고 있다. 고분은 주구토광묘周溝土壙墓, 옹관묘甕棺墓, 분구묘墳丘墓가 있다. 남해안 지역에서는 해남 군곡리패총에서와 같이 패총 유적이 조사되고 있으며, 이곳에서는 다양한 토제품을 비롯하여 골각기, 장신구, 철기, 석기, 점뼈 등이 출토되고 있다. 호남 지역의 주요 유적은 군산 관원리, 군산 남전패총, 익산 사덕·율촌리·영등동, 완주 상운리, 전주 송천동, 남원 세전리, 부안 하입석리·장동리, 고창 교운리·만동, 영광 군동, 담양 태목리, 순천 대곡리·덕암리, 함평 소명동·중랑·월야·만가촌고분, 나주 용호, 영암 내동리·금계리, 보성 도안리, 장흥 지천리·상방촌유적 등이 있다.

　마한 시기에 있어서는 중서부지역의 한강 유역은 3세기 중엽을 원삼국시대의 하한으로 볼 수 있으나, 호서, 호남 지역은 백제가 미치는 영향력에 의해 차이가 있다. 특히 호남 지역은 문헌상에서는 4세기 중반경에 백제에 의해 멸망한 것으로 되어 있다. 그러나 고고학적인 정황으로 보면, 영산강 유역을 중심으로 하는 지역은 백제의 통치 영역에서 멀리 벗어나 있어서 마한의 독자적인 문화가 6세기 초까지 이어지고 있는 양상을 보인다. 근래에는 마한 지역에서 중국, 낙랑, 왜와 관련된 유물이 출토되고 있어, 마한에 대한 위상이 높아지고 있다.

2) 다양한 구조의 주거 형태가 발견되다

마한의 마을 유적은 주로 하천 충적지와 해안의 사구에 위치하기도 하며, 경사가 완만한 구릉에 입지하는 경우가 많다. 마한의 주거 형태와 내부 구조 등은 지역에 따라 다르게 나타나고 있다. 주거의 형태에 있어서는 경기 남부 지역을 중심으로 북쪽에 철자형凸字形이나 여자형呂字形 주거지 등이 있으며, 그 이남 지역과 호남, 호서 지역의 마한의 주거 형태는 방형, 장방형의 계통이 주류를 이루고 있다. 내부 구조에서도 주거의 평면 형태에 따라 기둥구멍의 위치나 화덕자리의 위치가 정해지기도 하고, 화덕시설이 점차 발전하여 부뚜막시설이 가미되는 모습을 보여 주고 있다.

철자형凸字形 주거지는 출입구로 추정되는 부분이 돌출된 구조를 보이고 있다. 중서부지역의 특징적인 주거지이며, 초기 한성백제의 주거로 이어지고 있다. 凸자형 주거지는 파주 주월리, 연천 강내리, 서울 풍납토성·몽촌토성, 하남 미사리, 남양주 장현리, 가평 항사리·대성리, 용인 수지, 여주 연양리, 화성 발안리·당하리, 천안 용원리, 원주 가현동, 춘천 율문리유적에서 조사되었으며, 홍성 성산리와 춘천 하중도유적에서도 呂자형 주거지와 공반 출토되고 있다. 남양주 장현리유적에서는 85기에 이르는 대규모 마을 유적이 조사되었으며, 대부분 출입시설이 마련된 凸자형 주거지이다.〈사진5-10〉 주거 내부에는 화덕자리, 구들, 벽구壁溝 등이 확인되었으며, 유물은 중도식中島式

〈사진5-10〉 남양주 장현리유적 凸자형 주거지

경질무문토기硬質無文土器, 타날문토기打捺文土器, 뚜껑[蓋杯], 토제 거푸집과 슬러그편이 확인되었다. 연천 강내리유적에서는 63기의 凸자형 주거지와 2기의 呂자형 주거지, 7기의 방형 주거지가 출토되어 규모가 큰 마을을 형성하고 있다. 주거지 내부에서는 화덕자리, ㄱ자형 구들, ―자형 부뚜막이 확인되었고, 유물은 경질무문토기, 타날문토기 등이 출토되었다.

여자형呂字形 주거지는 중서부지역에서 많이 출토되고 있으며, 서울 풍납토성·몽촌토성, 하남 미사리, 가평 항사리·대성리, 파주 주월리, 포천 자작리유적 등이 있다. 특히 하남 미사리 1호 주거지의 경우는 돌을 깔아 만든 화덕자리와 I자형의 구들이 있는 원시적인 온돌이 설치되어 있어서 화덕의 발전된 형태를 보이고 있다. 주거의 내부에서는 경질무문토기, 타날문토기, 쇠손칼, 숫돌, 쇠화살촉, 방제경倣製鏡 등이 출토되었다.〈사진5-11〉 가평 대성리유적에서는 呂자형과 凸자형 주거지가 공반하고 있으며, 주거 내에서는 쇠화살촉, 철경동촉鐵莖銅鏃, 쇠괭이, 쇠낫, 쇠손칼, 쇠끌, 쇠낚시바늘[鐵釣針]의 철기류와 경질무문토기, 타날문토기와 더불어 낙랑 계통의 화분형토기花盆形土器, 일

〈사진5-11〉 하남 미사리유적 呂자형 주거지

본 야요이토기彌生土器가 동시에 출토되어 주목을 끌고 있다. 呂자형 주거지는 영서 지역의 횡성 둔내, 정선 예미리, 홍천 성산리, 춘천 하중도, 영동 지역의 강릉 동덕리·안인리유적 등 강원도 지역에서 조사되기도 하였다. 근래에 조사된 춘천 하중도유적은 북한강과 소양강이 합류되는 충적대지에 위치하며, 35기의 주거지가 조사되었다. 주거지는 凸자형과 呂자형 주거지가 공존하고 있으며, 화덕자리는 점토띠, 무시설식, 부뚜막으로 구분되고 있다. 내부에서는 경질무문토기, 타날문토기, 원저단경호, 시루, 쇠손칼, 쇠낫, 쇠화살촉, 옥 등이 출토되었으며, 2~3세기경의 생활상을 보여 주고 있다. 이러한 呂자형 주거지는 강원도 지역에도 폭넓게 보이고, 때로는 凸자형 주거지와 공반되며, 낙랑계토기가 출토되기도 하여 예濊와 관련된 주거지로 보기도 한다. 하지만 중서부지역에서도 상당수유적에서 출토되고 있어, 향후의 지속적인 조사와 연구가 필요한 실정이다.

호서 지역에서는 2세기 중반에서 3세기 후반에 유구가 집중되고 있으며, 주거지는 낮은 구릉지대에서 발견되고 있다. 평면 형태는 원형과 방형의 주거지가 주류를 이루며, 방형 주거지가 많은 편이다. 방형 주거지는 기둥구멍이 4개의 4주식이며, 한쪽 벽면에 부뚜막시설이 존재한다. 주거지는 금강 이북 지역에서는 진천 삼룡리, 천안 장산리·용원리·두정리, 연기 응암리, 금강 이남에는 공주 장선리, 논산 정지리, 대전 용계동·노은동·장대동·대정동유적에서 조사되었다. 특히 대전 용계동유적에서는 443기의 주거지와 환호環濠시설, 토기 가마 등 대규모의 마을 유적이 조사되었다. 형태는 방형, 장방형, 원형이 있으며, 기둥은 기본적으로 4주식이다. 이곳에서는 I자형과 ㄱ자형의 외줄 구들이 확인되었으며, 출토 토기는 장란형토기, 심발형토기, 시루가 주류를 이룬다.

호남 지역에서는 2세기 이후에 마을 유적이 형성되며, 3세기 이후에는 보성 도안리유적과 같이 산사면 하단에 대규모의 마을이 등장한다. 익산 사덕, 담양 태목리, 함평 중랑유적에서와 같이 200여 기 이상의 주거지가 발견되기도 한다. 주거지의 평면 형태는 원형과 방형으로 구분되며, 시기가 지날수록 규모가 커지고 부뚜막과 벽구가 설치된다. 구들은 I자형이 보편화되었으며, 주거 외부로 빠지는 배수구가 있는 경우가 많다. 기둥구멍은 4개인 주식이 주류를 이루고 있으며, 고상가옥高床家屋이 보이기도 한다. 주거 유적은 군산 관원리, 익산 사덕, 전주 송천동, 김제 대목리, 부안 장동리·부곡리·신리, 고창 성남리·신송리·신덕리·교운리·우평리·봉덕, 정읍 관창리, 남원 세전리, 담양 태목리, 순천 대곡리, 광주 쌍촌동, 무안 양장리, 함평 중랑유적 등이 조사되었다. 시기는 2세기 중반에 시작되며, 4세기 전후에 가장 번성한 것으로 이해된다.

3) 주구토광묘에서 합구식 옹관까지

① 토광목관묘

토광목관묘土壙木棺墓는 장방형의 토광을 파고 목관을 만들어 시신을 넣어 매장하는 것이며, 토광목곽묘土壙木槨墓는 목곽을 넣고 시신은 따로 목관에 넣어 안치하는 형태이다. 또한 토광의 주변을 할석으로 채운 경우도 조사되고 있다. 원삼국시대의 목관묘에서는 이전 단계의 청동기 유물이 점차 줄어들고 다수의 철기가 부장되고 있다. 그리고 실용적인 철기문화의 성행으로 청동기는 형식적이고 퇴화된 형태로 이행하고 있다. 이 시기 마한 토광목관묘의 유적은 천안 청당동, 아산 용두리, 청원 송대리, 서천 오석리, 고창 예지리 유적 등이 있다.

아산 용두리 진터유적에서는 토광묘 44기, 주구토광묘 19기, 옹관묘 13기가 조사되었으며, 토광묘는 관곽의 유무에 따라 토광목관묘와 토광목곽묘로 구분된다.〈사진5-12〉 토광목관묘에서는 쇠투겁창[鐵矛], 철검[鐵劍], 손칼[小刀子], 쇠낫[鐵鎌], 쇠도끼[鐵斧], 쇠화살촉[鐵鏃], 마형띠고리[馬形帶鉤]가 출토되었으며, 주로 철기 유물이 부장된다. 토광목곽묘는 쇠화살촉, 쇠투겁창, 철검, 쇠낫 등 철기류에 더하여 원저단경호, 유개대부직구호有蓋臺附直口壺, 옹형토기甕形土器 등의 토기류가 추가된다.

청원 송대리유적에서는 37기의 토광묘가 조사되었으며, 그중에 목관묘가 6기, 목곽묘가 31기 정도가 파악되고 있어 목곽묘의 비율이 높다. 또한 토광묘 중에는 청당동형 주구토광묘 10기가 포함되어 있다. 관곽이 갖추어진 경

〈사진5-12〉 아산 용두리 진터유적 토광목관묘

우도 있으나 대부분 관이 없이 곽내에 토기를 부장하고 있다. 부장품은 토기의 경우 원저단경호, 경질무문토기, 심발형토기가 세트를 이루는 경우가 많다. 무기류는 쇠투겁창, 쇠화살촉, 환두대도, 재갈, 농공구류는 쇠도끼, 쇠끌, 쇠낫, 장신구는 마형띠고리가 출토되고 있다. 유적의 시기는 3세기 중반~4세기대에 이르고 있으며, 주변의 청주 송절동유적과도 공통된 양상을 보이고 있다.

② 주구토광묘

주구토광묘周溝土壙墓는 매장주체부를 도랑과 같이 주구周溝로 돌려서 보호하는 특이한 형태로 호서와 호남 지역에서 많이 보이며, 최근에는 김포 운양동유적과 같이 한강 유역에서도 조사되는 마한 토착세력의 고분이다. 주구토광묘는 매장주체부를 활 모양과 같은 ㄷ자형의 도랑을 두른 청당동형淸堂洞型 주구묘와 매장주체부의 사방에 도랑을 두른 관창리형 주구묘로 구분된다.

청당동형 주구묘는 매장주체부가 토광이며, 옹관은 주구에 추가장으로 발견되기도 한다. 주로 천안, 공주, 청주 등 내륙 지역에서 많이 보이고 있다. 주요 유적은 오산 수청동, 용인 상갈동, 천안 청당동, 아산 명암리 밖지므레·용두리 진터, 공주 하봉리·장원리, 청원 송대리, 청주 송절동, 서천 오석리유적 등에서 조사되었다. 부장 유물은 원저단경호圓低短頸壺, 심발형토기深鉢形土器가 조합되어 출토되는 특징을 보인다. 환두대도, 쇠투겁창 등 철제 무기와 공구류, 옥이 공반되고 있다.

천안 청당동유적에서는 주구토광묘 25기가 조사되었다.〈사진5-13〉 묘광의 평면 형태는 말각장방형이며, 매장주체부를 ㄷ자형의 도랑으로 두르고 있다. 매장주체부는 목관 19기, 목곽 3기가 확인되었다. 부장 유물은 원저단경호, 심발형토기가 공반된 양상을 보이며, 철기류는 환두대도環頭大刀, 쇠투겁창[鐵矛], 쇠화살촉, 농공구류는 환두도자環頭刀子, 손칼[小刀子], 쇠도끼, 쇠끌

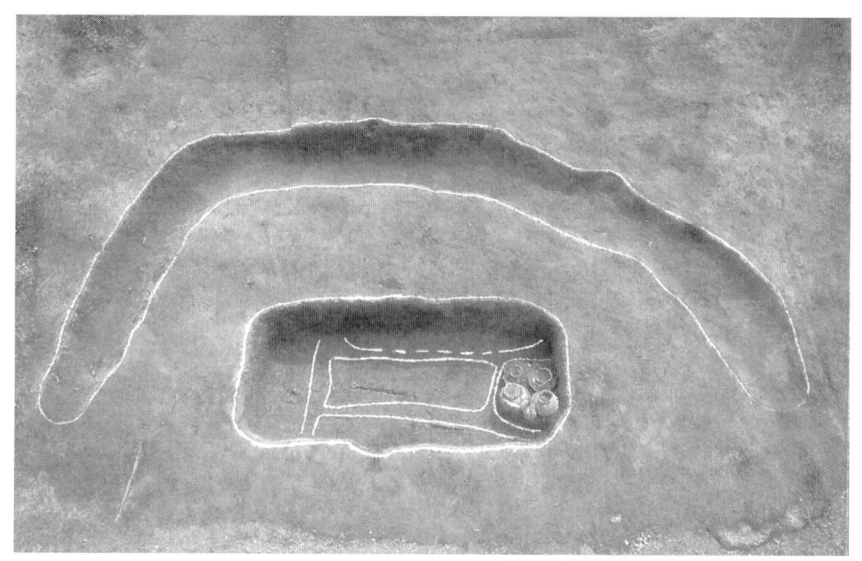

〈사진5-13〉 천안 청당동유적 주구토광묘

[鐵鑿], 쇠낫, 따비, 장신구류는 금박유리, 마노제 구슬, 청동제 마형띠고리[馬形帶鉤], 곡봉형띠고리[曲棒形帶鉤] 등이 출토되었다. 유물 중에는 11점이 출토된 청동제 마형띠고리는 마한의 특징을 보이며, 동일한 거푸집으로 만든 것이 없다. 또한 원저단경호와 심발형토기가 세트를 이루어 서북지방의 목관묘 유적과의 관련성을 엿볼 수 있으며, 금박유리와 곡봉형띠고리는 대외 교류를 파악하는 데 중요한 자료로 평가된다. 시기는 2세기 후반~3세기 후반으로 편년되고 있다.

아산 명암리 밖지므레유적에서는 69기의 주구토광묘가 조사되었으며, 청당동형과 관창리형이 공존하는 다양한 평면 형태를 띠고 있다. 매장주체부는 목관묘이며, 유물은 원저단경호, 심발형토기, 원통형토기, 새모양토기, 환두대도, 쇠투겁창, 쇠도끼, 쇠낫, 쇠손칼, 쇠끌, 쇠화살촉, 마형띠고리, 청동방울, 옥류 등이 출토되었다.

관창리형寬倉里型 주구묘는 매장주체부가 토광이 주류를 이루나 확인되지 않는 경우도 있다. 유적으로는 김포 운양동·양곡리·학운리, 인천 동양동·

운서동, 아산 명암리 밖지므레, 보령 관창리, 공주 장원리, 서천 당정리, 부여 중산리, 익산 영등동, 부안 대동리, 고창 예지리·광대리·성남리, 무안 인평리, 영광 군동유적 등 주로 서해안을 따라 발견되며, 군집을 이루고 있다. 주구토광묘는 매장주체부가 토광을 위주로 한 단독 묘의 형태를 보이지만, 점차로 옹관 등을 주구에 추가하는 형태로 변화하기도 한다. 이후에는 옹관이 고분의 중심에 자리하며, 옹관고분으로 발전하여 간다. 시기적으로는 기원전 1세기~기원후 3세기까지 유행하고 있다.

보령 관창리유적에서는 99기의 주구토광묘가 조사되었다. 매장주체부의 사방에 도랑을 두른 형태가 많아 그 특징을 살려 관창리형 주구묘로 구분하고 있다. 출토 토기는 옹형토기甕形土器, 원형점토대토기圓形粘土帶土器, 두형토기豆形土器, 흑색마연토기黑色磨硏土器, 호형토기弧形土器, 대옹大甕이 있다. 그중에 제사용으로 추정되는 두형토기가 가장 많으며, 두형토기는 원형점토대토기와 흑색마연토기와 공반되기도 한다.

한강 유역의 김포 운양동유적에서도 26기의 주구토광묘가 출토되고 있으며, 매장주체부에서는 원삼국시대 후기로 추정되는 환두대도, 철검, 쇠투겁창, 쇠손칼, 쇠도끼, 쇠낫, 쇠화살촉, 회백색 단경호, 금제 귀걸이, 유리구슬 등의 유물이 출토되었다. 그간 주구토광묘는 호서 이남 지역에서 주로 확인되었으며, 한강 유역의 경우는 적석분구묘積石墳丘墓 분포권으로 이해되어 왔기 때문에 운양동유적의 주구토광묘는 마한 묘제의 연구에 중요성을 더하고 있다.

③ 적석분구묘

적석분구묘積石墳丘墓는 임진강과 한강 중·상류역의 하안 사구에 축조되고 있다. 구조는 자연 사구의 상면을 정지한 다음에 강돌을 쌓아 축조하였으며, 매장주체부에는 두껍게 돌을 쌓았다. 기존에 즙석식 적석묘葺石式積石墓로 불리던 고분이다. 적석분구묘는 서울 석촌동고분군과 같은 기단식 적석총의 선행 단계인 무기단식 적석총으로 분류하는 견해가 있지만, 유물의 성격은 한성 백제와 연결시키기에 어려운 점이 있다. 이러한 연유로 이 고분을 예계濊系의 집단 세력으로 보기도 한다. 시기는 대략 2세기 중반 이후에 축조되고 있으며, 유적으로는 연천 삼곶리, 연천 학곡리, 양평 문호리, 제천 양평리고분 등이 있다.

연천 삼곶리유적은 임진강 북안의 충적대지에 위치하고 있으며, 구릉 경사면을 따라 강돌을 겹겹이 쌓아서 만든 수혈식 석곽이다.〈사진5-14〉 적석의 길이는 12m, 너비 6m 정도이며, 매장주체부는 동쪽과 서쪽에서 확인되었다. 내부에서는 유엽형의 쇠화살촉, 유리·호박·마노제의 목걸이[頸飾], 청동팔찌[銅環]가가 출토되었으며, 석곽의 주변에서는 단경호短頸壺, 경질무문토기硬質無文土器, 숫돌 등이 출토되었다.

연천 학곡리유적은 임진강변의 낮은 사구에 위치한다. 적석묘의 남사면과 동사면에 즙석시설을 한 것과 매장주체부를 이루는 적석으로 구성된다. 유

〈사진5-14〉 연천 삼곶리유적 적석분구묘

물은 매장주체부에서 타날문토기, 낙랑계토기, 청동방울, 청동팔찌, 금박유리가 출토되었다. 특히 낙랑계토기, 청동방울, 청동팔찌, 금박유리 등은 낙랑, 대방과의 교류의 흔적을 엿볼 수 있는 유물이다. 조영 시기는 2세기대로 추정하고 있다.

④ 옹관묘

원삼국시대의 옹관묘甕棺墓는 중심 묘제에 부수되어 나타나는 배장묘陪葬墓의 성격을 가진 것이 많다. 분구가 대형화하지 못하고 집단 묘지적인 성격을 띠고 있다. 이 시기에는 지표상에 얕은 토광을 파고 옹관과 부장품을 넣은 형태이나 합구식合口式과 합개식合蓋式, 대옹과 소옹의 크기 등 다양한 형태로 나타난다. 이 시기의 옹관묘는 대동강 유역의 평양 정백동, 장진리, 복사리, 한강 유역의 서울 가락동, 서울 석촌동, 호서 지역의 서천 오석리, 논산 가야곡, 호남 지역의 남원 두락리, 고창 예지리·신월리·송룡리, 광주 신창동, 영암 선황리, 화순 용강리, 영남 지역의 대구 팔달동, 경주 조양동, 부산 노포동·복천동, 김해 회현동·지내동·양동리, 창원 삼동동, 양산 신평, 사천 늑도패총 등에서 조사되었다. 이후 영산강 유역에서는 원삼국시대 후기가 되면 옹관을 매장시설로 하는 대형의 봉토고분으로까지 발전하여 마한의 특징적인 묘제가 된다. 이러한 현상은 중서부, 호서 지역과도 유사한 문화 양상을 보이고 있다. 이후 분구묘墳丘墓가 등장하고 그 대표적인 예가 함평 만가촌과 영암 만수리 4호분, 영암 신연리 9호분이다. 이 대형 분구묘에서는 토광묘가 매장주체부로 등장하게 되며, 이것이 옹관묘로 이동된 후에 거대화하는 양상을 보인다.

고창 예지리유적에서는 대옹과 소옹을 결합한 합구식 옹관묘 1기가 조사되었다. 이 옹관에서는 새모양토기가 부장되어 있었다. 한반도에서의 새모양토기는 3세기 중반부터 제작되는 것으로 보인다. 마한 지역에서는 아산 명암리, 서천 오석리, 익산 간촌리, 전주 송천동, 고창 예지리, 영광 군동·수동

〈사진5-15〉 광주 신창동유적 옹관묘

유적에서 새모양토기가 출토되고 있다. 새모양토기는 장례와 관련한 의식에 사용되었고, 피장자의 영혼 승천과 관련된 것으로 보인다.

광주 신창동유적에서는 53기의 옹관이 발견되었으며, 합구식 옹관이 주류를 이룬다.〈사진5-15〉 사용된 토기는 점토대토기와 송국리형토기의 속성을 보이는 것, 손잡이가 부착된 토기 등이 있다. 부장 유물은 철편과 토기편이 있고, 옹관 밖에서 철편, 동제 검자루끝장식[劍把頭飾], 소형토기, 돌도끼, 돌화살촉, 숫돌 등이 출토되었다.

4) 고온의 등요에서 구워진 토기

원삼국시대의 토기 가마는 낮은 구릉지역에 위치하며, 반지하식의 등요 登窯가 주류를 이룬다. 여기에는 등요의 등장과 함께 전국계의 회도灰陶기법이 가미된다. 토기 제작에 있어서 입자가 고운 정선된 점토를 사용하며, 회전대를 사용함으로써 토기 제작이 빨라지고 대량생산이 가능하게 되었다. 토기 소성 시에는 기존의 노천요와는 다른 등요를 사용함으로써 산소를 차단하고 고온에서 소성하게 되었다. 산소 공급이 많은 노천요는 점토 속의 철분이 산화해 적갈색을 띠는 토기가 생산되나, 등요에서는 고온이 되어 회색 내지는 회청색의 토기가 생산된다. 토기 성형 시에는 문양이 있는 타날구打捺具에 의한 타날문이 시문되는 특징이 있다. 가마의 평면 형태는 타원형 혹은 장타원형이며, 시기가 내려가면서 경사가 높아진다. 출토된 토기 가마는 진천 삼룡리, 진천 산수리, 화성 가재리, 공주 귀산리, 천안 용원리, 대전 용계동, 전주 송천동, 익산 왕궁, 부안 부곡리, 승주 대곡리, 순천 연향동, 영광 군동, 나주, 오량동, 해남 군곡리패총 등의 유적이 알려져 있다.〈사진5-16〉

마한의 토기는 한강 유역의 중서부와 호서, 호남 지역에서 경질무문토기와 타날문토기가 출토되고 있다. 서남해안 지역에서는 삼각형점토대토기三角形粘土帶土器가 출토되기도 하며, 중서부지역에서는 낙랑계토기가 출토되기도 한다.

경질무문토기는 중도식토기中島式土器로 불리는 것으로, 기종은 옹甕, 호壺, 발鉢, 완椀, 시루[甑], 뚜껑[蓋杯] 등이 있다. 기존의 무문토기와는 달리, 새로운 고화도의 소성기술이 가미되어 경질의 토기를 생산하게 되었다. 타날문토기는 철기의 보급과 함께 새롭게 출현하는 토기이다. 여기에는 등요의 등장과 함께 전국계의 회도기법이 가미된다. 타날문의 종류는 승석문繩席文, 격자문格子文, 평행선문平行線文 등이 있으며, 기면을 때려서 시문하기 때문에 타날의 단위가 확인되기도 한다. 특히 타날문 중에는 새 발자국

〈사진5-16〉 진천 산수리 토기가마

〈사진5-17〉 원저단경호

모양의 조족문鳥足文과 톱니날 같은 거치문鋸齒文이 타날문과 중복되어 시문되기도 하는데, 이는 마한토기의 특징적인 문양이다. 타날문토기의 기종은 심발형토기深鉢形土器, 장란형토기長卵形土器, 주구토기注口土器, 원저단경호圓底短頸壺, 양이부호兩耳附壺, 대옹大甕, 이중구연호二重口緣壺, 유공호有孔壺, 시루, 동이 등이 있다.〈사진5-17〉

중부지역에서는 낙랑, 대방과 관련된 토기가 출토되기도 한다. 기종은 평저호平底壺, 단경호短頸壺, 화분형토기花盆形土器가 있다. 목곽묘를 포함한 이러한 낙랑계 문물은 기원전 1세기 후반경에 한강 유역에 출현하고 있다. 낙랑계토기가 출토된 유적은 포천 금주리, 연천 학곡리, 화성 기안리·당하리, 수원 서둔동, 가평 대성리·달전리, 양평 양수리유적 등 주로 경기도 지역에서 출토되고 있다. 근래에는 춘천정거장 예정부지 유적의 원삼국시대 주거지에서 경질무문토기, 외반구연호, 타날문토기 등이 여러 점의 낙랑계토기와 함께 출토되었다. 이곳에서 출토된 낙랑계토기는 낙랑이나 대방과 한강 중상류 지역의 상호 교류관계를 반영하는 유물로 평가된다.

5) 철기 생산 집단이 생겨나다

① 무기류

마한 지역에서는 진한·변한 지역보다 철기문화가 뒤떨어져 있었으나, 2세기 이후에는 철기문화가 발전하여 종류와 수량이 증가하였다. 특히 3세기에는 중서부, 서남부지역을 중심으로 환두대도, 쇠투겁창, 쇠화살촉 등의 철제 무기가 제작되었다.

환두대도環頭大刀는 둥근 고리 형태의 손잡이를 가진 칼로 마한에 특징적으로 나타나는 무기이다. 대부분 지배층 고분의 부장품으로 발견되고 있다. 환두대도는 용인 상갈동, 아산 명암리, 천안 청당동, 청원 송대리, 서산 봉선리·기지리, 공주 하봉리, 충주 금릉동, 연기 응암리, 고창 남산리·예지리·만동, 해남 황산리·분토리유적 등에서 출토되었다.〈사진5-18〉 충주 금릉동, 제천 양평리, 연기 응암리, 고창 만동, 고산 남산리, 함평 만가촌, 해남 분토리유적에서는 환두소도環頭小刀가 출토되었다.

철검鐵劍은 자루가 있는 것과 없는 것으로 구분되고 있다. 철검은 연기 용호리, 고창 만동, 가평 달전리유적에서 출토되었다. 가평 달전리유적의 낙랑계 고분에서는 낙랑계의 토기와 함께 촉각식 철검觸角式鐵劍이 출토되어 낙랑과의 교류를 주목할 수 있다. 연기 용호리의 철검은 소용돌이 장식이 좌우에 대칭되어 붙어 있다. 이와 유사한 철검은 김해 양동리고분에서도 확인되었다. 쇠투겁창[鐵矛]은 자루 끝의 형태에 따라 직선형과 연미형燕尾形으로 구분

〈사진5-18〉 환두대도

되며, 청원 송대리유적에서 출토 예가 있다.

쇠화살촉[鐵鏃]은 하남 미사리, 연천 삼거리, 가평 대성리, 천안 청당동, 제천 양평리유적에서 출토되었으며, 동해 송정동유적에서 확인되고 있다. 특히 낙랑과의 교류를 엿볼 수 있는 철경동촉鐵莖銅鏃은 철원 오수리, 시흥 오이도, 포천 금주리, 양평 양수리, 가평 대성리, 광주 신창동, 제주 삼양동유적 등 주로 마한 지역에서 출토되고 있다.

② 농·공구류

쇠도끼[鐵斧]는 장방형과 부챗살 모양의 선형煽形, 날 부분이 퍼지는 사다리형[梯形]이 존재하며, 나무 자루를 끼우는 부분은 둥글게 말아 삽입이 용이하게 되어 있다. 청원 송대리, 중원 하천리, 제천 도화리·양평리, 고창 만동유적 등에서 출토되었다.

쇠삽[鐵鍤]은 말굽 모양의 철제 날을 나무 자루에 끼워 삽으로 논과 밭을 경작하는 데 사용한다. 철이 귀중한 시기에 날 부분만을 철제로 하여 편의성을 도모한 농기구이다. 형태는 U자형과 V자형으로 구분되며, 쟁기가 등장하기 전까지 사용되었다. 쇠삽이 출토된 유적은 북한 지역의 중강 토성리, 운성리, 가말뫼, 중원 하천리유적 등이며, 동해 송정동유적에서도 출토 예가 있다. 대개 2~3세기대의 시기에 해당된다. 쇠괭이[鐵鍬]는 아산 용두리, 중원 하천리유적에서 출토되었다.

쇠낫[鐵鎌]은 중원 하천리, 제천 양평리, 공주 하봉리, 화순 용강리, 동해 송정동유적에서 출토되었으며, 쇠끌[鐵鑿]은 제천 양평리유적, 쇠손칼[鐵刀子]는 하남 미사리, 가평 대성리, 중원 하천리유적에서 출토된 바 있다.

③ 제철 유적

마한 지역은 3세기 이후에 철기의 생산이 확대되었으며, 야금冶金기술을 익힌 장인 집단이 등장하였다. 특히 단조鍛造기술의 발달로 무기와 농·공구류가 대량생산되었다. 제철 관련 유적은 연천 삼곶리, 화성 기안리, 가평 대성리, 진천 삼룡리, 진천 산수리·석장리, 춘천정거장 예정 부지 유적 등이 있다.

연천 삼곶리에서는 철기 생산 집단의 마을 유적이 조사되었으며, 화성 기안리 제철 유적에서는 다량의 낙랑계토기와 함께 낙랑 기와의 제작기술과 철기 생산을 알 수 있는 송풍관, 철재, 노벽, 철편, 숫돌 등이 출토되었다. 제련에서 단야에 이르는 철기 생산의 공정을 살필 수 있으며, 낙랑의 전문 기술자가 남긴 유적으로 평가하고 있다. 진천 석장리유적에서는 제철과 관련된 지상식과 반지하식의 제련로 36기가 조사되었으며, 춘천정거장 예정부지 유적에서는 2기의 제련로가 확인되었다. 진천 삼룡리유적에서는 송풍관이 출토되었다. 이외에도 가평 대성리, 남양주 장현리, 여주 언양리유적의 주거 내에서도 제련로편, 슬래그 등이 발견되고, 단야 공정이 확인된 것으로 보아 철기의 보수나 간단한 단야 작업이 이루어졌음을 알 수 있다.

철 가공에 사용된 덩이쇠[鐵鋌]는 서천 오석리, 공주 남산리, 고창 만동유적에서, 집게, 망치, 끌, 줄 등의 단야구鍛冶具는 완주 상운리, 무안 사창리유적 등에서 출토되었다. 이외에도 주조철부鑄造鐵斧의 거푸집이 광양 도월리유적에서 출토되었다.

6) 여전히 청동기가 사용되다

마한 지역에서 청동 유물은 수량이 많지 않으며, 진한·변한 지역에 비교하면 청동검이나 한경漢鏡, 청동세발솥[銅鼎] 등의 유물은 없는 편이다. 전한경前漢鏡은 익산 평장리, 여수에서 출토 예가 있고, 후한경後漢鏡은 익산 연동리, 고흥 안동고분에서 출토되었다. 한경을 모방한 방제경倣製鏡은 하남 미사리, 영광 수동, 제주 산지항유적에서 출토되고 있다.

청동종방울[銅鐸]은 청주 봉명동, 청원 송대리, 오산 세교유적에서 출토되었다. 청원 송대리유적에서는 마형띠고리와 함께 청동종방울이 출토되었으며, 상부에는 반원형의 고리가 부착되고 기면에는 격자문格子文이 시문되어 있다. 청주 봉명동유적의 청동종방울은 기면에 사다리꼴의 문양과 구슬 문양이 시문되어 있으며, 그 안에 대길大吉이라는 명문이 새겨져 있다.〈사진5-19〉 오산 세교의 청동종방울은 공工자형의 명문이 새겨져 있으며, 내부에 또 하나의 작은 방울이 붙어 있다.

〈사진5-19〉 청주 봉명동유적 청동종방울

이외에도 조형청동기鳥形靑銅器는 영광 수동유적에서 출토되었다. 특히 영광 수동의 조형청동기는 고성 동외동유적에서 출토된 것과 동일하다. 청동팔찌[銅環]는 제천 도화리유적에서 출토된 바 있다.

7) 광주 신창동유적에서 출토된 목기들

목기는 선사시대에 일반적으로 사용되는 도구인데, 유기물질의 습성상 오래 보존되지 못하고 썩어서 없어지는 유물이다. 따라서 유적에서의 목제 유물은 저습지라는 특수한 자연환경에 놓여 있는 유적에서만 출토되고 있는 상황이다. 그러한 대표적인 유적이 광주 신창동유적이다. 이 유적은 영산강의 지류인 극락강변의 낮은 능선이 있는 사면에 위치하고 있으며, 그 주변의 저습지에서는 많은 농경 복합 유물이 조사되어 주목되고 있다. 특히 저습지와 공방터가 확인되었으며, 기원전 1세경의 생활상은 물론 자연환경에 대한 다양한 정보가 확보되었다.

신창동유적에서 출토된 목기는 무구류, 제사 용구, 농구류, 공구류, 용기류, 생활 용구류로 구분하여 볼 수 있다. 이러한 유물은 근래의 농촌에서도 사용한 생활 용구가 많으며, 기원전 1세기경에 목기의 사용이 일반화되었음을 짐작할 수 있다. 또한 목기의 제작 과정에 대해서도 많은 정보를 제공하고 있다.〈사진5-20〉

무구류는 목검木劍, 칼집[劍鞘], 칼손잡이[劍把], 검형목제품, 활 등이 있으며, 대개 세형동검의 형태를 모방하고 있다. 제사 용구에는 파문원형칠기巴文圓形漆器, 조형목제품鳥形木製品이 있다. 파문원형칠기는 내측에 파문巴文의 형태가 있으며, 외측은 거치문鋸齒文으로 돌리고 있다. 세문경의 문양을 충실히 따르고 있으며, 청동거울과 같은 의기적인 성격을 띤다. 조형목제품은 2점이 출토되었으며, 오늘날의 솟대와 같은 모습이다. 농구류는 괭이, 괭이 자루, 삽, 따비, 낫자루, 절구공이 등이 출토되었다. 괭이는 판상의 평괭이[平鍬]와 날이 2개 이상인 쇠스랑형괭이[叉鍬]가 있다. 따비는 대칭을 이루는 쌍날이며, 자루 결합부에 고정한 흔적과 끈을 동여맨 턱이 있다. 공구류는 직선형의 도끼자루[斧柄], ㄱ자형 자귀자루, 나무망치[木鎚] 등이 출토되었다. 용기

〈사진5-20〉 광주 신창동유적 목기류

류는 국자형목기, 통형칠기筒形漆器, 칠기절판漆器折板, 사각용기, 소형목합小形木盒, 대부호臺附壺, 목기뚜껑, 접시 등 다양하다. 이 시기에는 옷칠이 본격화되었음을 알 수 있으며, 칠을 담았던 용기와 머리카락을 이용한 붓털도 발견되었다. 생활 용구는 발화구, 신발골, 부채자루, 빗, 쐐기, 말목, 각종 끈, 방직구 등이 있다. 불을 일으키는 도구인 발화구는 발화대와 발화봉이 세트로 출토되었으며, 신발골은 가죽신을 제작할 때 형태를 유지하는 나무틀이다. 방직구는 바디[緯打具], 실감개[絲卷], 방추차 등이 있다. 이외에도 현악기, 수레바퀴통, 바퀴살 등의 수레 부속품인 거여구車輿具, 어구인 통발, 문짝, 빗자루, 새끼줄 등이 출토되었다.

8) 유리가 추가된 장신구와 띠고리

출토되는 장신구의 종류는 둥근옥[丸玉], 대롱옥[管玉], 다면옥多面玉, 굽은옥[曲玉], 연주옥連珠玉 등이 있으며, 재료로는 유리, 천하석, 마노, 연옥, 수정, 호박 등이 사용되었다. 유적에서는 대략 목관묘에서 유리옥, 굽은옥이 보이며, 목곽묘에서는 수정옥, 유리옥, 다면옥, 굽은옥 등이 출토되는 양상을 보인다. 옥은 연천 삼거리, 용인 상갈동, 천안 청당동, 연기 응암리, 충주 금릉동, 청원 송대리, 군산 남전, 남원 세전리, 고창 만동, 영광 수동, 함평 성남, 동해 송정동유적 등이 알려져 있다.

유리 장신구는 풍납토성, 천안 청당동, 익산 송학동, 장수 남양리유적에서 출토되었다. 중국이나 낙랑과의 교류를 엿볼 수 있는 금박유리옥金箔琉璃玉은 연천 학곡리, 천안 청당동·두정동, 서산 기지리, 고창 남산리, 영암 신연리 유적 등에서 출토되었으며, 이러한 장신구는 마한의 지배층 신분의 부를 상징하는 유물이다.〈사진5-21〉 또한 낙랑과 관련이 엿보이는 수정제 다면옥이 고창 만동, 영광 수동, 해남 군곡리패총에서 발견되었다. 유리의 제작 기법은 거푸집[鎔范]에 부어 제작하는 방법과 녹인 유리 용액을 봉에 말아 일정한 크

〈사진5-21〉 천안 청당동유적 금박유리옥

기로 자르는 방법이 확인되었다. 유리의 거푸집은 하남 미사리, 춘천 중도, 해남 군곡리패총에서 출토되었다.

띠고리[帶鉤]는 허리띠의 양 끝을 걸어 고정시키는 금속구이다. 청동제가 많지만 철이나 금, 은, 옥으로도 제작이 된다. 형태는 마형馬形, 호형虎形, 곡봉형曲棒形, 비파형琵琶形 등이 있으며, 청동기시대 후기부터 원삼국시대 전 시기에 걸쳐 출토된다. 한에서 수입된 띠고리는 평양의 왕광묘, 채협총, 석암리 등의 낙랑유적에서 출토되었으며, 평양 상리, 위원 용연동유적에서도 출토되었다. 또한 북방문화의 영향을 받은 마형, 호형의 동물형 띠고리는 아산 갈매리, 아산 용두리 진터, 평택 마무리, 연기 응암리, 천안 청당동, 청원 송대리, 청주 봉명동·산남동, 충주 금릉동유적에서 발견되고 있으며, 영남 지역의 영천 어은동, 대구 비산동, 경주 사라리, 김해 대성동고분 등에서 출토되었다.

특히 청원 송대리의 토광묘유적에서는 청동제와 철제의 마형띠고리가 공반 출토되었으며, 철제의 마형띠고리는 드문 예이다. 또한 연기 응암리유적에서는 그간 고분에서만 출토되었던 마형띠고리가 8호 주거지에서 13점, 9호 주거지에서 7점이나 폐기된 채로 출토되었다. 곡봉형曲棒形띠고리는 긴 막대기

〈사진5-22〉 천안 청당동유적 마형·곡봉형띠고리

형태에 앞쪽의 꺾어진 갈고리 모양을 한 허리띠이다. 곡봉형띠고리는 중국 전국시대에서 한나라에 걸쳐 유행한 장신구이며, 낙랑 지역에서는 평양 석암리 유적, 남한 지역에서는 천안 청당동과 창원 다호리유적에서 출토되었다. 천안 청당동유적에서는 청동제 마형띠고리와 곡봉형띠고리가 철기, 옥, 단경호 등과 함께 출토되었으며, 이러한 유물은 서북한 지역의 목관묘와 관련성이 있다.〈사진5-22〉 청동제 마형띠고리는 호서 지역 일대에서 발견되는 마한의 특징적인 유물이며, 곡봉형띠고리의 출토는 영남, 호서 지역과 중국과의 교류가 빈번히 이루어졌음을 알 수 있다.

7. 진한과 변한

1) 진한과 변한은 어떠한 나라인가

　문헌상에서의 진한은 대구와 경주를 중심으로 12개국이 알려져 있으며, 경주 일대의 사로국斯盧國이 2세기 초에 경산 지역의 압독국押督國을 복속하고, 3세기 중엽에 나머지 10여 국을 복속한다. 변한은 김해와 마산을 중심으로 12개국이 알려져 있으며, 3세기 중엽 왕이 존재하여 구야국狗倻國의 지배자로 추정된다. 마한과 마찬가지로 제정 분리가 이루어진 사회였으며, 농경과 잠상蠶桑이 주요 경제적 수단이었으며, 변한의 포는 낙랑에 수출하였다. 특히 철을 생산하여 낙랑, 대방, 마한, 예, 왜 등지에 수출하였으며, 낙랑과의 인적 교류도 활발하게 이루어졌다.
　철기의 사용은 기원전 2세기경으로 보는 견해와 한사군 설치 이후로 보는 견해가 있으나, 기원전 1세기경에는 낙랑과의 교류가 활발해지면서 한식 문물의 유입과 함께 유구와 유물에 있어서도 많은 변화가 보이고 있다. 이때에 낙랑의 영향으로 인하여 영남지방에 와질토기瓦質土器가 등장하는 것으로 파악되고 있다. 삼각형점토대토기와 공반되는 전기 와질토기는 원저단경호, 우각형파수부호牛角形把手附壺, 주머니호, 보시기 등의 기형이 보이며, 2세기 중엽 목곽묘와 함께 등장하는 후기 와질토기는 화로모양토기[爐形土器], 대부장경호臺附長頸壺, 새모양토기[鳥形土器] 등이 출토된다.
　진한과 변한이 속하는 영남 지역은 대체로 동일한 문화권에 속한다. 진한·변한의 주거지 형태는 주로 원형을 이루며, 후반기의 주거지는 방형이 주류를 이룬다. 내부에서는 화덕자리도 보이지만 부뚜막이나 구들이 보이기 시작하며, 점차로 일반화되어 간다.
　고분에 있어서는 목관묘木棺墓와 목곽묘木槨墓가 주류를 이루고 있다. 목관묘는 경산 임당동, 조영동고분 등에서 출토되며, 기원전 2세기~기원후 2세기경에 축조된다. 이 시기에는 부장품의 종류가 증가하고 철기의 부장이 일반화되기 시작한다. 게다가 낙랑과의 교섭을 통해 한식 유물이 분묘에 부장되기 시작한다. 이후 목곽묘는 2세기 중엽~4세기 중엽에 축조된다. 목곽묘는 묘광이 장방형을 이루고 낙랑 지역의 목곽묘와는 구별된다. 부장 유물로는 철제 농구와 환두대도, 쇠화살촉 등 새로운 무기가 추가되고, 대부장경호, 화로모양토기 등의 와질토기가 출토된다. 목곽묘는 이전 단계의 목관묘의 문화를 계승하면서 새로운 요소가 가미되고 있으며, 매장의 관념은 낙랑의 영향을 받고 있다. 3세기 후엽의 김해 대성동고분에서는 순장殉葬의 흔적이 확인되기 시작한다.

고고학적인 입장에서 보면, 진한과 변한의 구분은 뚜렷하지 않으며, 문물에 있어서 공통적인 양상을 보인다. 그러나 3세기 후반경에는 경주와 김해를 중심으로 고분이나 유물에 있어서 도질토기, 낙랑의 한식 문물, 무구류 등의 양상에서 지역성이 나타나기 시작한다. 아마도 진한과 변한이 신라와 가야로 이어지면서 각지에서 점차 다른 특징적인 요소가 가미되는 현상으로 보인다.

2) 주거와 마을 유적

마한의 주거지는 방형 내지는 장방형의 형태에 4주식 기둥을 기본으로 하고 있지만, 진한·변한의 주거 형태는 시기에 따라 약간의 차이가 엿보인다. 전기의 주거 평면 형태는 원형이 주류를 이루고 있으며, 면적은 25㎡ 전후의 크기를 보인다. 사천 늑도유적의 Ⅳ지구에서는 원형 주거지가 조사되었으며, 내부에서는 부뚜막과 판석으로 만든 외줄 구들이 확인되고 있다.〈사진5-23〉 유물은 삼각형점토대토기三角形粘土帶土器를 비롯하여 고배高杯, 뚜껑[蓋杯], 시루 등의 토기가 다량으로 출토되었고, 일본과의 교류를 보여 주는 야요이토기弥生土器도 출토되었다. 대구 봉무동유적에서는 17기의 주거지가 조사되었으며, 정형화된 마을이 형성된 것으로 보인다. 주거의 평면 형태는 원형이 주

〈사진5-23〉 사천 늑도패총 주거지

류를 이루고 있다. 내부 시설은 기둥구멍, 화덕자리, 벽구 등이 확인되었으며, 기둥구멍은 4주식, 외주식과 벽주식으로 구분되고 있다. 출토 유물은 장란형토기, 옹형토기 등 다양하며, 동물의 두개골과 점뼈 등이 출토되기도 하였다.

후기 주거지의 형태는 방형이 주류를 이루고 있으며, 40㎡ 이상의 대형 주거지가 등장하기도 한다. 구들이 일반화되기 시작하며, 외줄 구들에 대신하여 ㄷ자형이나 곡선형으로 변화한다. 이 시기의 유적은 경주 황성동, 경산 임당동, 대구 시지지구, 양산 평산리, 울산 달천유적이 있다. 경주 황성동유적에서는 원형 또는 타원형 주거지 18기와 방형 주거지 2기가 조사되었다. 출토 유물은 무문토기, 대옹, 주머니호, 호형토기의 토기류와 쇠화살촉, 쇠낫, 쇠손칼, 단조철부鍛造鐵斧, 쇠끌 등의 철기류가 출토되었다. 사천 늑도 Ⅰ지구에서는 방형, 장방형 주거지 11기가 조사되었으며, 기둥구멍은 4주식이다. 유물은 삼각형점토대토기, 호형토기, 고배, 뚜껑, 우각형파수, 판상철부板狀鐵斧, 쇠손칼, 쇠낚시바늘 등의 철기류와 돌도끼, 돌낫 등의 석기류, 뼈화살촉[骨鏃], 뼈바늘[骨針], 골제첨두기 등의 골각기류가 출토되었다.

김해 봉황대·대성동, 양산 평산리·다방리, 창원 남산유적 등에서는 환호環濠나 목책木柵시설을 갖춘 마을 유적이 확인되고 있다. 양산 평산리유적에서는 19기의 주거지가 조사되었으며, 주거지 주위에는 환호와 목책이 둘러져 있는 양상이다. 환호는 120m 정도가 남아 있으며, 환호 안쪽으로 20~30cm 간격으로 목책열이 확인되고 있다. 환호의 바깥쪽에서는 토루시설이 발견되었으며, 망루시설도 조사되었다.

3) 목관묘에서 목곽묘로

① 토광목관묘

토광목관묘土壙木棺墓는 장방형의 토광을 파고 목관을 만들어 시신을 넣어 매장하는 것이며, 이 지역에는 기원전 2세기경에 나타난다. 목관묘는 묘광이 깊고, 요갱시설이 없는 경우가 많으며, 상자형 목관이 사용된다. 기원전 1세기경에는 판재로 만든 목관과 함께 창원 다호리 1호분, 경주 조양동 38호분과 같이 통나무를 파서 만든 목관이 보이기 시작하여 기원후 1세기경까지 축조된다. 이 시기에는 적석목관묘積石木棺墓(돌무지나무널무덤)가 점차적으로 쇠퇴하며, 와질토기가 부장되기 시작한다. 또한 이 시기에는 경주 조양동, 창원 다호리유적과 같이 혈연과 지연을 통한 집단 묘역을 이루게 되며, 부장품의 종류가 증가하고 철기의 부장이 일반화되기 시작한다. 또한 부장 유물에서 상·장례 의식에 사용되었을 것으로 보이는 각종 의기의 발달이 본격화된다. 1~2세기 전후 목관묘유적의 부장 유물은 철기와 더불어 실용성이 떨어지는 의기성 청동검, 청동꺾창, 청동투겁창 등의 무기류가 피장자와 같이 매장이 된다. 게다가 낙랑과의 교섭을 통해 한식 유물이 출현하여 분묘에 부장되기 시작하며, 낙랑의 묘제에서 필요한 부분만 수용하여 종래의 목관묘에 적용시킨 점이 특징이기도 하다. 진한·변한의 목관묘는 대구 팔달동, 경주 사라리, 경주 조양동, 경산 임당동, 경산 조영동, 성주 예산리, 김해 양동리, 창원 다호리, 영천 어은동유적 등을 들 수 있다.

경주 사라리유적에서는 7기의 목관묘가 조사되었다. 이중에 130호분은 묘광과 목관 사이에 흙과 작은 할석을 채웠으며, 목관의 바닥에는 70점의 판상철부를 7열로 깔아 놓았다.〈사진5-24〉 부장 유물은 목관의 위에서 8자형 동기, 재갈, 옹, 주머니호, 장경호 등 와질토기가, 목관의 내부에서는 철검, 청동검, 청동거울, 청동팔찌[銅環], 호형띠고리[虎形帶鉤] 등의 청동기류와 쇠솥, 철검, 마구 등의 철기류, 유리, 수정옥, 토기는 옹, 주머니호, 장경호류의 와질토기가 출토되어 실로 다양하다. 이 목관묘의 연대는 목곽묘로 바뀌어 가기 직전의 1세기 말~2세기 초로 추정되고 있으며, 낙랑의 영향이 미쳤음을 짐작할 수 있다.

경주 조양동유적에서는 28기의 목관묘가 조사되었으며, 형태는 장타원형 혹은 세장방형을 이루고 있다. 이중에 38호분에서는 우각형파수부호, 장경호, 단경호, 주머니호 등 고식의 와질토기류와 주조철부, 판상철부, 철검, 쇠손칼, 쇠낫, 쇠끌, 청동제 검자루끝장식, 청동팔찌, 한경, 마노옥, 유리옥 등

〈사진5-24〉 경주 사라리유적 토광목관묘

이 출토되었다. 특히 한경의 소명경昭明鏡, 일광경日光鏡 등은 중국 전한대前漢代의 고분에서 기원전 1세기 후반에 부장되는 것들이다.

경산 임당동고분군의 목관묘는 판재를 사용하고 있으며, 기원전 2세기~기원후 2세기 중엽에 조영되었다. 부장 유물은 고식 와질토기, 한경, 원통형 동기圓筒形銅器, 오수전五銖錢, 세형동검細形銅劍, 청동제 검자루끝장식[劍把頭飾], 청동종방울, 철검, 쇠투겁창, 쇠낫, 쇠도끼, 쇠종방울[鐵鐸], 칠이 입혀진 현악기 등 다양한 유물이 출토되었다. 이중에 현악기와 신락臣樂이라는 명문이 쓰인 원통형 동기는 낙랑과의 교류를 보여 주는 유물이다. 2세기 중엽~4세기 중엽까지는 목곽묘가 축조된다. 와질토기와 빠른 단계의 신라토기, 갑주甲冑 등 다양한 철기류가 출토된다. 저습지에서는 점뼈[卜骨]도 출토되었다. 이곳은 『삼국사기』에 보이는 압독국押督國에 해당하는 지역이며, 이후 신라에 복속된다.

창원 다호리유적에서는 44기의 목관묘가 조사되었으며, 구유형 목관이 주류를 이루고 있다. 그중에 1호분는 보존 상태가 좋으며, 길이 178cm, 폭 136cm 정도의 규모이다.〈사진5-25〉 통나무로 만든 목관과 함께 바닥 중앙에 설치된 구덩이에서 쇠도끼, 쇠투겁창, 청동투겁창, 청동거울, 청동팔찌[銅環], 청동종방울[小銅鐸], 청동띠고리[青桐帶鉤], 칠초청동검[漆鞘銅劍], 오수전, 붓 등 각종 칠기 등이 대나무 상자에 담긴 채로 발견되었다. 부장 유물의 대부분은 철기와 칠기이며, 토기는 후기의 무문토기와 와질토기가 출토되고 있다. 그러나 고분의 구조 및 부장 방법, 출토 유물 등에서 보면, 원삼국시대의 문화로 넘어가는 과도적인 특징

〈사진5-25〉 창원 다호리유적 목관

을 보여 주며, 성운경星雲鏡, 오수전, 청동종방울 등의 한식 유물은 경주 조양동유적에서도 출토된 바 있다.

② 목곽묘

목관묘 이후의 시기인 2세기경에는 길이가 3~10m 정도의 목곽묘木槨墓가 등장하게 된다. 목곽묘는 목곽을 시설하고, 시신은 따로 목관에 넣어 안치하는 형태이다. 울산 하대고분군이나 김해 양동리의 162호분과 같은 대형 목곽묘도 상위 계층의 분묘로서 출현하게 되며, 이러한 대형 목곽묘는 낙랑 상위 계층을 상징하는 분묘이고, 3세기대까지 축조되는 것이다. 그러나 남부 지방의 목곽묘는 묘광이 장방형을 이루고 부부 합장이 거의 없어 낙랑 지역의 목곽묘와는 구별되기도 한다. 부장 유물로는 철제 농구와 환두대도, 쇠화살촉 등 새로운 무기가 추가되고, 대부장경호, 화로모양토기 등 새로운 형태의 와질토기가 출토된다. 또한 목곽묘에서 의기성 철기 무기류가 부장되기도 한다. 미늘쇠[有刺利器]는 3세기 전반대에 목곽묘유적에서 나타나기 시작하며, 여기에 붙어 있는 고사리 모양의 장식은 실용성이 배제된 것이며, 의기적인 성격이 강한 것이다. 목곽묘 단계에는 제사 과정에서 대호大壺를 부장하거나, 목곽을 태우는 풍습이 있었다. 이러한 현상은 낙랑의 고분에서도 확인되고 있다. 목곽묘는 이전 단계의 목관묘의 문화를 계승하면서 새로운 요소가 가미되고 있으며, 매장의 관념은 낙랑의 영향을 받고 있다. 3세기 후엽에는 김해 대성동고분에서와 같이 순장의 흔적이 확인된다.

울산 하대고분에서는 80여 기의 목곽묘가 조사되었다. 유물은 환두대도, 장검, 쇠화살촉, 쇠스랑, 삽날, 따비, 재갈 등의 철기류와 대부장경호, 화로모양토기, 대부직구호臺附直口壺, 고배高杯, 양이부호兩耳附壺, 새모양토기 등의 토기류, 수정제 다면옥 등의 장신구류가 출토되어 다양한 부장 유물이 있음을 보여 주고 있다. 특히 43호분과 76호분에서는 삽날과 쇠스랑이 세트로 출토되어, 농구류에도 철기화가 상당히 진척되어 일반화 되었음을 보여 주고 있다. 또한 46호분에서는 장례, 의례용인 새모양토기가 출토되었다. 23호분이나 43호분에서와 같이 목곽을 불태운다든지, 44호분에서는 부장품을 의도적으로 분리하여 부장한 것도 있어 상·장례 의식이나 장법의 특수한 예가 존재함을 알 수 있다.

김해 양동리고분군에서는 17기의 목곽묘가 조사되었다.〈사진5-26〉 그중에 162호분의 묘광 바닥 네 모서리에서는 각각 10개씩의 판상철부가 깔려 있었다. 부장 유물은 철검, 한경, 방제경倣製鏡, 쇠솥[鐵鍑], 갑주류甲冑類, 환두대도, 옥류 등이 출토되었다. 특히 이 목곽묘에서 출토된 한경과 쇠솥은 변한의 대외관계를 잘 나타내고 있다. 다른 목곽묘에서도 칼[劍], 거울[鏡], 옥, 갑주류 등 수장급의 목곽묘가 조사되어 주목되고 있고, 왜계 유물인 광형청동투겁창[廣形銅矛] 등의 유물과 울산 하대고분에서와 같이 목곽을 태우는 장례 기법을 보여 주는 유구가 조사되었다.

김해 대성동고분군의 목곽묘 규모는 길이 9m, 너비 5m 내외이며, 깊이가 얕고 판재를 이용하여 목곽을 조영한 것과 부곽을 설치한 것이 있다. 부장

〈사진5-26〉 김해 양동리고분 토광목곽묘

유물로는 다량의 토기류, 철기류, 농공구류, 마구류 등이 출토되었다. 특히 29호, 47호분에서는 청동솥[銅鍑]이라고 하는 북방 유목민의 청동 용기와 23호분에서는 방격규구사신경方格規矩四神鏡의 한경이 출토되었으며, 낙랑에서 위세품으로 유입되어 부장된 것으로 보인다. 이 고분군에서는 낙랑에서 수입한 유물이나 왜로부터 유입된 유물들이 발견되어 구야국狗邪國 내지는 금관가야金官伽耶의 특성과 교류를 연구하는 데 귀중한 자료를 제공하고 있다.

가평 달전리유적은 경춘선 가평역사 부지에 위치하며, 이곳에서 낙랑계 목곽묘 4기가 조사되었다. 고분의 구조는 서북한 지역의 남포 태성리, 은율 운성리, 은파 갈현리 등의 낙랑 목곽묘와 동일한 구조를 보이며, 유물도 유사한 면을 보이고 있다. 이중에 2호묘의 내부에서는 화분형토기, 단경호, 환두소도環頭小刀, 촉각식 철검觸角式鐵劍, 쇠도끼, 쇠창[鐵戟], 쇠낫 등 낙랑계 유물이 주류를 이루고 있다. 이 유적에서는 낙랑계 문물이 중부지방에 기원전 1세기 후반경에 출현하였음을 보여 주고 있으며, 목곽묘가 주로 발견되는 영남 동남부지역과의 매개적인 양상의 유적으로 볼 수 있다.

③ 옹관묘

옹관은 타날문토기가 사용되지만, 영남 지역에서는 와질토기가 사용되기도 한다. 원삼국시대의 영남 지역이나 일본 규슈 지역에서는 유물의 질과 양에 있어서 수장급의 부장 유물 성격을 띠고 있는 것이 있어 주목되고 있다. 이 시기의 옹관묘는 대동강 유역의 평양 정백동·장진리·복사리, 한강 유역의 가락동·석촌동, 호서 지역의 서천 오석리·논산 가야곡, 호남 지역의 남원 두락리·고창 예지리·광주 신창동·영암 선황리·화순 용강리, 영남 지역의 대구 팔달동·경주 조양동·부산 노포동·복천동·김해 지내동·김해 회현동·김해 양동리·창원 삼동동·양산 신평·사천 늑도패총 등 전국에서 조사되고 있다.

대구 팔달동유적에서는 137기의 옹관묘가 조사되었으며, 보존 상태가 양호하다. 옹관으로 사용한 토기는 대부분 삼각형점토대토기이며, 이중 11기는 와질토기를 사용한 옹관이다. 3옹식 옹관 2기를 제외한 대부분이 합구식으로 이루어졌다.

창원 삼동동유적에서는 34기의 옹관묘가 조사되었다. 옹관묘가 처음에는 소형 합구식 옹관으로 시작되나 토광묘에 접하면서 굴장屈葬, 신전장伸展葬이 가능한 중·대형 합구식 옹관으로 발전한 것으로 보인다. 부장 유물은 와질토기류, 경질토기류, 쇠낫과 쇠손칼의 수확 용구가 있고, 12호, 25호, 31호 옹관에서는 옥류가 다량으로 출토되었다. 옥류는 수정, 마노, 유리 등으로 제작한 다양한 각종 옥류가 다량으로 검출되었다. 특히 18호 옹관에서는 부장품으로 중국 후한대의 방제경이 출토되어 3세기 전반의 시기임을 증명하고 있다.

4) 와질토기가 등장하다

진한·변한에는 원형점토대토기의 영향 아래 삼각형점토대토기三角形粘土帶土器가 나타나기 시작하며, 영남 지역의 해안에서 주로 보이고 있다. 구연부에 삼각형의 점토 띠를 붙이고 있으며, 옹형토기甕形土器, 발형토기鉢形土器가 주류를 이루고 있다. 또한 시루가 새롭게 만들어지며, 다양한 기종이 등장한다. 이 토기는 단조철기, 검자루끝장식, 청동검, 청동투겁창 등과 공반되고 있으며, 서북한 지역과 연관되고 있다. 삼각형점토대토기는 사천 늑도, 경산 임당, 경산 와촌유적 등지에서 출토되고 있다. 특히 사천 늑도패총에서는 낙랑계토기와 일본 야요이토기弥生土器가 다량으로 출토되어 활발한 교류를 보이고 있다.

이 시기에는 삼각형점토대토기에 이어서 와질토기瓦質土器가 등요登窯의 도입과 함께 새로운 기술로 제작되기 시작하였다.〈도면5-3〉와질토기는 회색 위주의 회흑색, 흑색의 색조를 띠며 기와와 유사하다 하여 붙여진 명칭이다. 기원전 1세기에서 기원후 2세기 전엽에 해당하는 삼각형점토대토기와 공반되

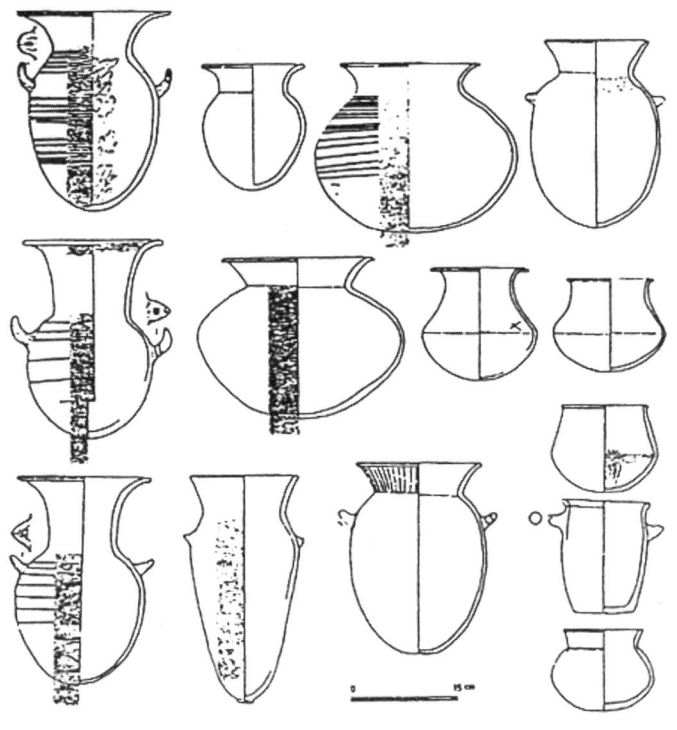

와질토기문화 전기의 토기군

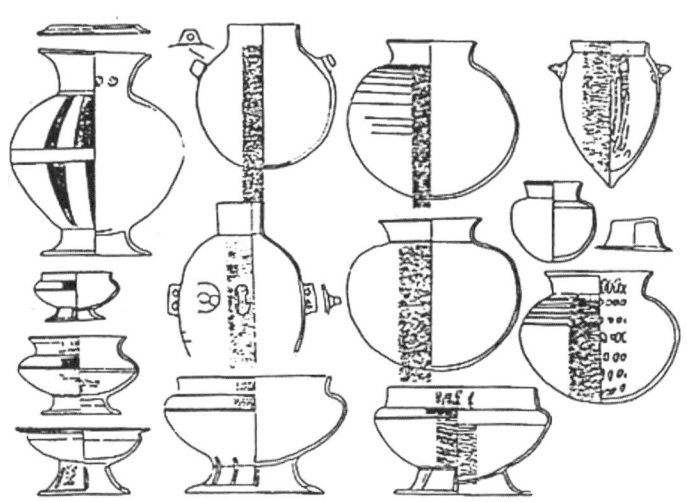

와질토기문화 후기의 토기군

〈도면5-3〉 원삼국시대의 토기(한국고고학사전, 2001 인용)

는 전기 와질토기는 원저단경호圓低短頸壺, 우각형파수부호牛角形把手附壺, 주머니호[袋狀壺], 보시기 등의 기형이 출토된다.〈사진5-27, 5-28〉 이 시기에 목관묘가 조영되면서 진한·변한이 성립한다.

후기 와질토기는 2세기 중엽 목곽묘와 함께 등장하며, 고분에서 출토 예가 많다. 주로 화로모양토기, 대부장경호臺附長頸壺, 새모양토기 등이 출토되며, 집선문集線文과 암문暗文이 주류를 이루고 있다.〈사진5-29〉

외래 문물의 낙랑계토기는 서북한 지역에서 화분형토기가 보이고 있으며, 기원 전후에 중국 한식의 회도기법이 가미되며, 2세기 중엽에는 낙랑토기의 영향을 받고 있다. 낙랑계토기가 출토되는 유적으로는 연천 학곡리, 가평 대성리·달전리, 강릉 안인리, 춘천 율문리, 동해 망상동, 광주 신창동, 순

〈사진5-27〉 김해 대성동고분 우각형파수부호

〈사진5-28〉 창원 다호리유적 주머니호

〈사진5-29〉 울산 중산리고분 새모양토기

〈사진5-30〉 강릉 안인리유적 낙랑 토기   〈사진5-31〉 사천 늑도패총 야요이토기

천 대곡리·낙수리, 진도 오산리, 해남 군곡리, 사천 늑도패총 등이 있다.〈사진 5-30〉 가평 대성리, 광주 신창동, 사천 늑도패총에서는 낙랑계토기와 일본 야요이토기弥生土器가 공반 출토되고 있다.〈사진5-31〉 왜계토기는 야요이토기와 하지키土師器가 출토되고 있다. 야요이토기는 가평 대성리, 남원 세전리, 광주 신창동, 울산 달천, 사천 늑도패총 등에 출토되었으며, 시기는 1세기대의 야요이 중기의 토기가 많이 보인다. 야요이토기보다 후대에 속하는 하지키는 군산 남전, 고창 장두리, 함평 소명유적에서 출토되었다.

5) 풍부한 철 자원으로 철기문화가 발달하다

① 무기류

기원전 1세기대는 낙랑군 설치 이후 철 자원이 풍부한 진한·변한 지역에서 중심적인 위치를 차지하였으며, 마한 지역보다 철기문화가 발달하였다. 각지에서 환두대도를 비롯하여 철검, 쇠투겁창, 쇠화살촉 등의 철제 무기가 제작되었다. 2세기 이전 목관묘 단계에는 철검, 쇠투겁창이 주류를 이루고 있다. 목곽묘 단계에서는 장검과 환두대도가 보이고 있으며, 쇠화살촉의 종

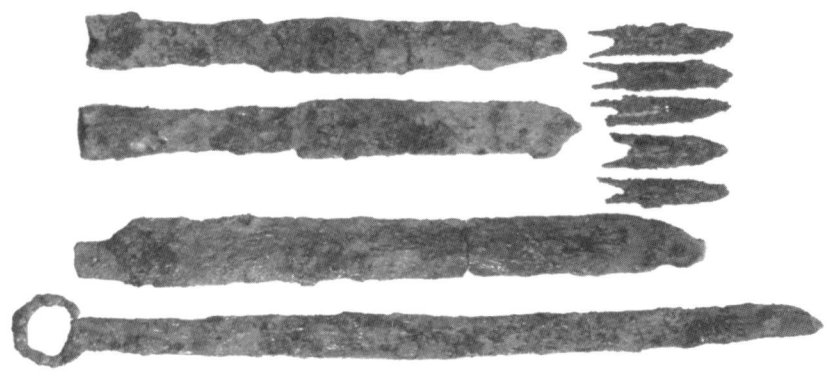

〈사진5-32〉 쇠화살촉, 쇠투겁창, 철검, 환두대도

류와 수량이 증가한다.

　환두대도는 김해 양동리, 울산 하대고분 등에서 출토되었으며, 철검은 경주 사라리, 김해 양동리고분 등에서 출토되었다. 김해 양동리고분에서 출토된 철검은 손잡이에 소용돌이 장식이 좌우에 대칭되어 붙어 있는데, 이와 유사한 철검은 마한 지역의 연기 용호리유적에서도 발견되었다. 이외에도 쇠투겁창[鐵矛]은 김해 양동리, 포항 옥성리유적에서, 쇠화살촉[鐵鏃]은 김해 양동리, 울산하대고분에서, 미늘쇠[有刺利器]는 김해 양동리, 포항 옥성리유적에서, 끌모양철기[鑿形鐵器]는 울산 하대고분에서 출토되었다.〈사진5-32〉

　제철과 관련된 유적으로는 경주 황성동·경주 월성·울산 달천·울산 검단리 유적 등이 있다. 특히 경주 황성동유적의 주거지에서는 기원전 1세기경부터 단야 공정이 이루어졌으며, 3세기경까지 주조와 단야에 이르는 공정이 대규모로 이루어졌다. 이곳에서는 용해로와 철광석을 제련하는 송풍관과 거푸집이 발견되었다. 울산 달천유적의 수혈유구에서는 철광석 덩어리가 다량으로 출토되었으며, 일본 야요이토기도 여러 점 출토되었다. 이곳은 기원전 1세기경의 채광유적으로『三國志 魏書 東夷傳』에 진한·변한 철산지와 관련된 기록을 고고학적으로 입증하고 있다.

② 농·공구류

전반적으로 철제 농기구와 무기들은 대형 고분에서 출토되는 특징을 보이고 있다. 특히 철제 농기구가 지배층의 고분에서 부장품으로 사용되는 것은 철제 무기 못지않게 정치적인 권위와 부를 상징하며, 지배층의 권력 기반을 다지는 계기가 되었음을 의미한다.

판상철부板狀鐵斧는 대형과 소형, 실용적인 것과 비실용적인 것으로 구분된다. 판상철부는 창원 다호리, 경주 사라리, 울산 하대, 김해 양동리, 사천 늑도패총 등에서 출토되고 있다. 판상철부는 목관묘 단계에서는 창원 다호리 1호묘에서와 같이 날이 세워진 상태여서 실제로 사용된 것으로 보이며, 나무에 장착되어 출토되기도 하였다. 경주 사라리 130호분 바닥에서는 70점의 판상철부를 7열로 깔았으며, 이외에도 목관 위, 목관 내부, 목관과 묘광 사이에서 다종 다량의 유물이 출토되었다. 출토된 판상철부는 날이 무디어져 있으며, 실용 도구로서의 기능은 상실하였다. 2세기 말 이후 목곽묘 단계에서는 폭이 좁아지고 두꺼워지면서 도구로서의 기능보다는 철의 중간 소재 용도로 교역에 사용되어 화폐의 기능도 하였을 것으로 추정된다.

쇠도끼[鐵斧]는 장방형과 부챗살 모양의 선형扇形, 날 부분이 퍼지는 사다리형[梯形]이 존재하며, 나무 자루를 끼우는 부분은 둥글게 말아 삽입이 용이하게 되어 있다. 대구 팔달동, 포항 옥성리, 김해 양동리, 울산 하대, 사천 봉선리유적에서 출토 예가 확인되고 있다.

쇠삽[鐵鍤]은 U자형과 V자형으로 구분되며, 쟁기가 등장하기 전까지 사용되었다. 쇠삽이 출토된 유적은 포항 옥성리, 김해 양동리, 울산 하대고분 등이며, 대개 2~3세기대의 시기에 해당된다. 쇠낫[鐵鎌]은 대구 팔달동, 김해 양동리, 포항 옥성리, 울산 하대고분에서, 쇠끌[鐵鑿]은 대구 팔달동유적에서 출토되었다.

이외의 농구류는 쇠스랑과 따비가 사용되었다. 쇠스랑은 오늘날 사용하는 농기구와 같으며, 울산 하대, 김해 양동리고분에서 출토되었다. 따비는 울산 하대, 김해 양동리, 포항 옥성리유적에서 출토 예가 있다. 특히 울산 하대고분에서는 쇠삽과 따비, 쇠스랑이 공반 출토되어 당시에 무기는 물론이고 농구류도 철기화가 상당히 진척되었음을 알 수 있다.

③ 마구류

재갈은 말을 제어하는 도구이며, 기원 전후에 제작되기 시작한다. 청동제의 재갈은 경주 탑리, 대구 평리동유적에 출토 예가 있으며, 철 제품은 평양 상리, 대구 평리동, 창원 다호리, 경주 사라리유적에서 출토되었다. 이 시기의 재갈은 S자형이 주류를 이루고 있다.〈사진5-33〉 경주 황성동, 울산 하대, 김해 양동리고분의 2세기대 목곽묘에서는 주로 고사리 문양이 장식되어 있는 재갈이 출토된다. 4세기대에는 의기적인 성격보다는 실용적인 재갈이 등장하고 있어 당시의 정세를 엿볼 수 있다.

〈사진5-33〉 경주 사라리유적 말 재갈

④ 용기

쇠솥[鐵鍑]은 북방 초원지대의 스키타이계 유목민문화에 기원이 있다. 쇠솥은 부여 지역의 길림시에 위치한 유적으로 서차구西岔構, 모아산고분帽兒山古墳 등지에서 출토되고 있다. 한반도에서의 출토품은 북한의 평양 정백동, 만경대, 석암리, 태성리유적 등이 있으며, 남한 지역에서는 경주 사라리, 김해 양동리고분이 있다. 경주 사라리 130호분에서 출토된 쇠솥은 묘

〈사진5-34〉 경주 사라리유적 쇠솥

광의 모서리와 목관 사이에서 출토되어 제례와 관련된 용기로 추정되고 있다.〈사진5-34〉 김해 양동리고분의 162호 대형 목곽묘에서도 쇠솥은 한경, 방제경, 철검, 옥종류와 공반 출토되어 당시의 낙동강 하류의 변한의 대외관계를 파악할 수 있다.

6) 낙랑의 영향을 받은 청동 유물

진한·변한 지역의 청동기는 기원전 2세기 말 이후 변화를 보이고 있으며, 특히 서북한 지역의 검자루끝장식[劍把頭飾], 칼집[劍鞘]장식, 청동검, 청동투겁창의 영향을 받기도 한다. 한경을 모방한 방제경이 제작되며, 낙랑의 영향을 받은 동제 재갈이나 삿갓모양동기, 수레 부속구 등도 보이고 있다. 그러나 동물 모양 띠고리[帶鉤], 유구동기有鉤銅器 등은 진한·변한 지역 고유의 청동 유물이다.

청동검[銅劍]은 대구 팔달동, 경산 임당, 경주 사라리 130호분, 김해 양동리 427호분, 대구 평리동, 마산 가포동유적에서 출토되었다. 특히 김해 양동리 427호 목관묘 출토의 청동검은 변형한 세형동검으로 낙동강 하류역에서 독특하게 보이는 것이다. 시기는 2세기 전반대에 제작된 것으로 추정된다. 이와 더불어 촉각식 동검觸角式銅劍은 대구 비산동, 경산 임당유적과 일본 대마도에서 출토되고 있는데, 이 청동검은 길림시 송화강 유역의 서차구유적에서와 같

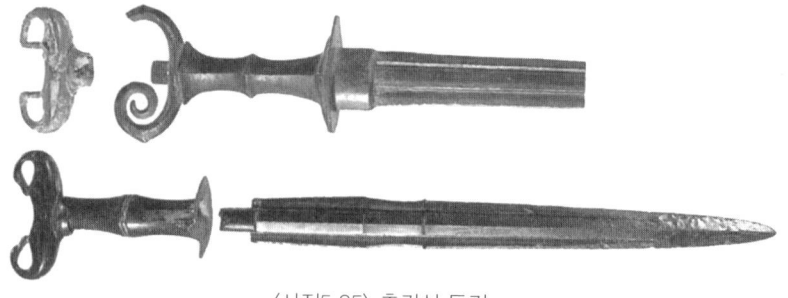

〈사진5-35〉 촉각식 동검

이 부여 지역에서 출토되는 특징적인 유물이다.〈사진5-35〉 이외에도 청동꺾창[銅戈]은 마산 가포동유적에서, 청동투겁창[銅矛]은 대구 팔달동·마산 가포동유적에서, 청동도끼[銅斧]는 경산 임당·대구 서변동유적 등에서 각각 출토되었다.

한경漢鏡은 북한 지역의 낙랑 고분에 많이 발견되고 있으며, 낙랑의 영향을 받아 남한 지역의 유적에서도 발견된다.〈사진5-36〉 전한경前漢鏡은 창원 다호리유적에서 출토된 성운문경星雲文鏡, 경주 조양동유적에서 출토된 가상부귀경家常富貴鏡·일광경日光鏡·소명경昭明鏡·사유경四乳鏡 등이 있다. 특히 경주 조양동유적의 38호 목관묘에서는 우각형파수부호, 주머니호, 철기와 더불어 한경이 출토되었으며, 시기는 1세기 사로국 단계에 해당하는 것으로 보인다. 후한경後漢鏡은 김해 양동리고분에서 출토된 방격규구사신경方格規矩四神鏡이 있으며, 김해 내덕리, 영천 어은동, 고성 동외동, 제주 건입동유적에서도 출토된 바 있다. 특히 영천 어은동유적의 한경은 1세기경에 제작된 것으로 추정되며, 공반된 마형띠고리, 호형띠고리, 청동마, 마구류, 청동단추[銅泡] 등의 청동 유물은 북방문화의 요소를 엿보게 한다.

한경을 모방한 방제경倣製鏡은 경주 사라리, 김해 양동리, 영천 어은동, 하남 미사리, 영광 수동, 제주 산지항유적 등 많은 유적에서 출토되고 있다. 영

〈사진5-36〉 김해 양동리고분 한경, 방제경

〈사진5-37〉 울산 하대고분 청동세발솥

천 어은동이나 김해 양동리 162호분에서와 같이 한경과 공반 출토되기도 한다. 2세기대로 추정되는 김해 양동리 427호 목관묘에서는 3점의 방제경이 출토되었으며, 이 방제경은 청동검과 옥을 공반하고 있어 수장급의 고분으로 판단된다. 방제경은 일본으로도 건너가 성행하였으며, 역으로 일본에서 제작된 방제경이 다시 한반도로 유입되기도 한다.

청동세발솥[銅鼎]은 중국 상주商周시대 이래 의기로 사용되었으며, 신분이나 정치적인 권위를 상징하기도 한다. 한반도에서는 평양 정백동, 김해 양동리, 울산 하대고분에서 출토되었다.〈사진5-37〉 이들 청동세발솥은 중국에서 기원 전후에 제작된 것으로 추정되고 있으며, 정치적 권위를 상징하는 위신재로 수입되었다. 청동세발솥의 제작 시기와 200여 년의 부장된 시기 차이가 있는 것으로 보아 전세품의 가능성이 있다. 김해 양동리고분 출토의 청동세발솥은 견부에 예서체로 쓰인 명문이 있으며, 울산 하대고분의 청동세발솥은 전한前漢 말기의 양식을 보이고 있다.

청동솥[銅鍑]은 중국의 북방 민족이 주로 사용하는 취사 용구이다. 김해 대성동 29호분, 47호분, 김해 양동리 235호분, 경주 입실리유적 등에서 보이고 있다. 부여의 노하심老河深유적에서 발견된 것과 맥을 같이하고 있다.

7) 신분이 높은 피장자에 사용되는 옥

장신구의 재료는 유리, 수정, 마노, 천하석, 호박 등 다양하며, 대략 목관묘에서는 유리옥琉璃玉, 굽은옥[曲玉]이 보이며, 목곽묘에서는 수정옥水晶玉, 유리옥, 다면옥多面玉, 굽은옥, 둥근옥[丸玉] 등이 출토되는 양상을 보인다. 옥은 경주 사라리 130호분, 김해 양동리 427호분에서 많이 출토되었다. 특히 김해 양동리고분의 427호 목관묘에서는 1세트의 둥근옥이 방제경, 청동검과 공반 출토되었으며, 162호 대형 목곽묘에서는 다면옥, 둥근옥 등이 한경, 방제경, 철검, 쇠솥, 판상철부와 함께 출토되었다. 수장급 무덤으로 평가되는 이곳에서 출토된 한경과 쇠솥은 변한의 대외관계를 알 수 있는 유물이며, 시기는 2세기 후반으로 추정된다. 창원 다호리유적 70여 기의 고분 중에 3기에서만 옥이 출토되어 옥은 신분이 높은 피장자에게만 귀중하게 사용된 것으로 보인다. 수정제 다면옥은 호남 지역의 고창 만동, 영광 수동, 해남 군곡리패총에서도 출토되지만, 경주 조양동, 대구 팔달동, 경산 임당동, 포항 옥성리, 울산 하대, 김해 양동리고분 등 주로 영남 지역에서 출토 예가 많으며, 대형 목곽묘에서 출토되고 있다.〈사진5-38〉 수정 및 마노제 다면옥은 목곽묘와 함께 유행하고 있으며, 특히 낙랑이나 중국의 다면옥과 유사한 형태를 보이고 있다.

〈사진5-38〉 포항 옥성리고분 목걸이

8. 삼한의 농경, 그리고 음식과 조리

1) 농경의 흔적을 엿보다

　문헌에 의하면 삼한 사람들은 쌀, 보리, 조, 콩, 기장의 오곡을 재배했다고 전하고 있다. 당시에 각종 철제 농기구가 보급되고, 논과 밭농사가 시행되면서 농경의 비중이 현저히 증가하였다. 이러한 삼한의 농업 생산력은 철제 농기구의 등장으로 인하여 발전되었다. 삼한의 철제 농기구는 기원전 1세기 경에 이미 판상철부板狀鐵斧, 쇠괭이[鐵鍬], 쇠낫[鐵鎌], 따비가 사용되었으며, 2세기 후반경에는 U자형 따비, 쇠스랑이 출현하였다. 3세기에는 철제 농기구가 기능에 따라 다양화되며, 목제 농기구가 철제로 대체된다. 이후에 4세기대에 살포와 쇠호미[鐵鋤], 6세기에 쟁기가 사용되면서 우경牛耕이 전국에 보급되었다.

　농경에 있어서 평야가 많은 마한 지역에 농업과 양잠이 주류를 이루고 있으며, 벼농사가 활성화되면서 수리시설도 축조되었다. 특히 광주 신창동유적에서는 흑갈색 유기물 부식토층에서 155cm에 이르는 압착된 벼 껍질층을 확인하였으며, 또한 이 유적의 밭 유구에서는 다량으로 벼의 플랜트 오팔plant-opal이 확인됨에 따라 밭에서도 벼[陸稻] 재배가 이루어진 것으로 보인다. 논과 밭의 유적으로는 천안 장산리, 연기 대평리, 서천 송내리유적이 있다. 천안 장산리유적 주거지에 인접한 골짜기의 저지대에서는 논 유적과 수로, 보, 집수시설이 조사되었으며, 연기 대평리유적에서는 주거지의 배후습지에서 논과 수로, 강 쪽에서는 밭 유구가 조사되었다. 서천 송내리유적에서는 주변에 소규모의 텃밭이 확인되었으며, 주거지에서도 탄화된 곡물이 다양하게 확인되었다.

　농경의 흔적은 목제 농경구 출토에서도 짐작할 수 있다. 광주 신창동, 무안 양장리유적에서는 목제 괭이, 괭이자루, 목제 삽, 따비, 나무쇠스랑, 고무래, 자귀자루, 낫자루, 절구 공이 등 다양한 목제 농기구가 출토되었고,〈사진5-39〉 강릉 강문동 저습지유적에서는 절구, 떡매, 괭이, 목제 용기류, 공구류와 더불어 망태기, 새끼줄 등의 유기물질도 출토되었다.

2) 어떤 음식을 먹었나?

원삼국시대에는 곡물의 증가와 함께 새로운 식량의 요리가 이루어졌고, 이에 더하여 부뚜막이 출현하면서 취사도구도 개량되었다. 마한의 주거지에는 벽가에 부뚜막이 있

〈사진5-39〉 광주 신창동유적 절구공이

으며, 부뚜막 아래에는 점토로 만든 아궁이 틀을 제작하였다. 연기를 배출하기 위해서는 토기로 만든 연통이 사용되었다. 부뚜막 주변에서는 취사 용기로 사용된 시루, 장란형토기, 발형토기가 출토되고 있으며, 토기를 엎어서 솥받침으로 사용하기도 한다.

유적에서 출토된 곡물류를 보면, 광주 신창동유적에서 다량의 벼 껍질, 탄화미, 보리, 밀, 조 등과 함께 오이, 들깨, 박씨 등의 밭작물도 출토되었다. 전주 송천동유적 주거지에서는 탄화미와 콩류가 화덕자리를 중심으로 다량으로 검출되었다. 탄화미는 국내 벼 품종에 근접한 쟈포니카, 콩은 야생 콩으로 판명되었다. 사천 늑도와 양산 평산리유적에서 탄화미, 보리, 밀, 콩, 밤 등이 출토되어 삼한시대의 식생활의 양상을 엿볼 수 있다. 부여 논치제사유적에서는 쌀, 보리, 팥, 조 등 많은 양의 곡식과 토기가 출토되어 농경신에 대한 제사가 이루어졌음을 알 수 있다. 이외에도 완주 용흥리유적에서는 탄화미·밀·팥·조·불에 탄 복숭아씨, 단양 애곡리유적에서 밀·팥, 단양 수양개유적에서 밀·녹두·팥·보리·콩, 양양 가평리유적에서 보리·콩, 춘천 율문리유적 주

거지에서는 콩·팥·새팥이 수습되기도 하였다.

조리기로는 시루[甑], 옹형토기甕形土器가 주로 사용되었다. 부뚜막의 등장으로 인하여 시루가 사용되기 시작하였으며, 비로소 찜을 하여 음식을 먹을 수 있게 되었다. 시루는 기원전 1세기부터 사용되기 시작하며, 기원후 3세기에 이르면 지역마다 다양한 형태로 특징을 보이고 있다. 시루는 많은 유적에서 일반적으로 출토되고 있으며, 호나 옹과 세트를 이루고 있다.〈사진5-40〉 물을 담아 수증기를 내는 토기는 부뚜막에 걸치고, 그 위에 시루를 얹어서 사용하는 방식이기 때문이다. 식기로는 발형토기鉢形土器, 두형토기豆形土器가 사용되었으며, 목기로는 사각용기, 오절판, 주걱, 국자 등이 출토되었다. 조리의 흔적은 토기에 음식물이 묻어 있는 경우, 토기에 담겨진 경우가 있다. 토기의 내부에 남아 있는 경우는 강릉 안인리 주거지 출토의 호형토기에서 조의 낱알이 덩어리로 발견되었으며, 양양 가평리 주거지의 화덕자리 옆에서는 탄화된 보리, 콩 등이 담긴 토기가 발견되기도 하였다.〈사진5-41〉

〈사진5-40〉 강릉 안인리유적 시루

〈사진5-41〉 양양 가평리유적 주거지 곡물 출토

9. 삼한의 신앙과 음악

1) 토기로 만든 영혼의 새

삼한에서는 농경을 위주로 한 농경 제사가 이루어졌으며, 또한 새를 숭배하여 여러 새를 만들어 공헌물로 사용하였다. 문헌에 나오는 소도蘇塗에서 새의 신앙과 관련된 솟대의 유래를 짐작해 볼 수 있다. 또한 『三國志 魏書 東夷傳』 변진조에서 「큰 새의 깃털을 사용하여 장사를 지내는데, 그것은 죽은 사람이 새처럼 날아다니라는 의미이다」라는 기사는 고고학적인 측면에서도 이를 입증할 수 있는 유물이 많이 출토되고 있다. 이와 관련한 새모양토기鳥形土器는 삼한의 많은 유적에서 출토되고 있다. 새모양토기는 3세기 중반부터 제작되고 장례와 관련한 의식에 사용되었다. 마한 지역에서는 아산 명암리, 서천 오석리, 익산 간촌리, 전주 송천동, 고창 예지리, 영광 군동·수동유적에서 새모양토기가 출토되고 있다.〈사진5-42〉 전주 송천동유적에서는 드물게 주거지 내에서 새모양토기가 출토되기도 하였다. 진한·변한 지역에서는

〈사진5-42〉 새모양토기

울산 하대, 울산 중산리, 경산 임당동, 경주 사라리, 부산 복천동, 김해 대성동고분 등에서 출토되고 있다. 새모양토기는 장례와 관련한 의식에 사용되었으며, 영혼의 승천을 돕고자 하는 뜻에서 피장자와 동시에 안치된 것으로 보인다.

이러한 유물은 제사장이나 수장급의 중요 인물이 소지하여 제사를 집행할 때 쓰였을 것이며, 또한 사후에는 피장자와 함께 매장했던 것으로 추정된다. 부장 유물 이외에도 농경 의례에 필요한 제기 등에도 사용되었다. 국가라는 권력체계가 생기면서 새모양토기는 재질이나 형태가 다양화되면서 금속류에도 사용되기 시작하며, 수장급의 권력의 상징물에 투영된 것으로 보인다. 조문청동기鳥文靑銅器는 영광 수동, 고성 동외동, 사천 늑도, 김해 봉황동 유적에서 출토되었다.

2) 뼈로 점을 치다

점뼈[卜骨]의 풍습은 동북아시아 지역에 폭 넓게 보이고 있으며, 철기문화와 함께 확산되었다. 점뼈는 멧돼지나 사슴의 견갑골肩甲骨에 불에 달군 도구로 지져서 균열이 생긴 흔적을 이용해 한 해의 길흉화복을 점치는 도구이다. 견갑골은 넓고 얇아서 점을 치기에 용이했다. 점뼈는 문자의 유무에 따라 유자복골有字卜骨과 무자복골無字卜骨로 분류되며, 이중에 중국 동북지역, 한반도, 일본에서는 무자복골이 출토되고 있다. 대개는 견갑골을 이용하고 있지만 군산 남전패총에서와같이 늑골肋骨이나 관골寬骨을 이용하는 경우도 있다. 점뼈는 광주 신창동유적을 제외하고는 군산 남전, 해남 군곡리, 보성 금평, 사천 늑도, 김해 부원동패총 등 주로 해안 지역의 패총에서 출토 예가 많다. 당시 해로와 관련이 있으며, 항해의 안전이나 무사 기원을 점치는 의례 등에 사용한 것으로 보인다.〈사진5-43〉

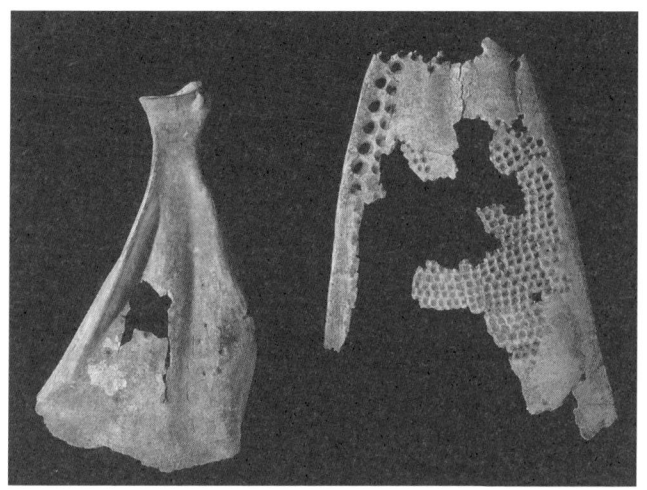

〈사진5-43〉 해남 군곡리, 군산 남전패총 점뼈

3) 사람을 죽여 순장하다

　순장殉葬의 풍습은 『三國志 魏書 東夷傳』 부여조에 「사람을 죽여서 순장을 하는데 많을 때는 백 명가량이나 된다」는 기록이 있듯이, 한반도에서도 3~5세기대 정도까지 행해지고 있었음이 조사되고 있다. 순장은 선사와 고대사회에 이미 중국의 은殷, 주周, 진秦에 걸쳐 성행한 것으로 알려져 있으며, 순장의 의미는 무덤에서도 현세와 같은 생활을 영위하려 하는 계세사상에 바탕을 두고 있다. 원삼국시대 말기에서 삼국시대에 걸쳐 축조된 경산 임당동, 경산 조영동, 김해 대성동고분 등지에서 순장고분이 조사되었으며, 삼국시대 초반의 경주 황남대총, 양상 부부총, 부산 복천동고분, 합천 옥전고분, 고령 지산동고분 등지에서도 조사된 바 있다. 그러나 이러한 순장은 지증왕 3년(502)에 법률로 금하는 명을 내림으로써 수백 년간 지속되어 온 순장제도가 소멸한다. 그 배경으로는 역시 농업을 국가 경제의 기반으로 삼겠다는 강력한 의지, 즉 우경의 시작과 함께 농경에 참여해야 할 인력의 확보가 큰 관건이었고 순장이라는 비인도적인 풍습으로 인하여 노동력을 낭비하는 폐습을 막는다는 데 의미가 있었을 것이다.

4) 현악기를 연주하다

삼한의 악기와 관련하여 『三國志 魏書 東夷傳』에는 비琵라는 현악기가 있었다고 전하고 있는데, 실물이 광주 신창동유적과 경산 임당동고분에서 출토되었다. 광주 신창동유적 저습지에서 출토된 현악기는 한반도에서 실물로 출토된 가장 오래된 것으로 주목을 받고 있다.〈사진5-44〉 벚나무로 제작된 현악기는 절반만 남아 있는 상태로 출토되었으며, 내부가 파인 상태로 현을 걸기 위한 작은 구멍이 남아 있다. 윗부분에 현을 거는 구멍이 있고, 아래에는 역삼각형의 돌출부를 만들고 두 개의 구멍을 뚫어 현을 고정하게 되어 있다. 현재 남아 있는 구멍은 6개이며, 복원 추정 결과 10줄의 악기로 판명되었다. 마찰면의 사용흔이 있는 것으로 보아 실제로 제례 등에 사용하였던 것으로 추정된다. 출토된 층위에서 보면 시기는 기원전 1세기경으로 추정된다. 경산 임당동 121호분에서도 현악기가 출토되었으며, 칠을 한 흔적이 남아 있다. 형태와 크기는 광주 신창동유적의 현악기와 동일하다.

그간 악기는 삼국시대의 토기나 토우에 연주하는 모습으로 남아 있어 그 형태를 짐작할 수 있었으나 실물이 출토됨으로써 그 중요성을 더하고 있다. 아직까지 중국이나 일본에서는 실물이 출토된 예가 없어서 삼한에서 독자적으로 제작하였을 가능성도 제기되고 있다. 『三國史記』에 가야의 가실왕 때 가야금이 제작되고, 진흥왕 때 신라에 전해진 것으로 기록되어 있는데, 이미 그보다 500여 년 이상 앞선 시기에 현악기가 사용되었음을 알 수 있다.

〈사진5-44〉 광주 신창동유적 현악기

5) 제사 유적의 흔적

제사 유적으로는 부여 논치유적이 있다. 해발 76m 정도의 산 정상부에 형성되어 있으며, 제사와 관련된 수혈유구 15기와 구상유구 등이 발견되었다. 수혈유구에는 의도적으로 훼손한 철기나 토기가 발견되었으며, 내부에서는 숯, 곡물, 자갈 등이 보이고 있다. 출토된 유물은 대호, 원저단경호, 장란형토기, 양이부호, 주구토기, 발형토기, 뚜껑, 시루 등의 토기류와 쇠손칼, 쇠도끼, 쇠낫, 덩이쇠, 쇠화살촉, 주조괭이 등의 철기류, 청동검, 청동팔찌, 다량의 석기, 석제품, 쌀, 보리, 팥, 조 등의 탄화곡물이 출토되었다. 이 제사유적은 『三國志 魏書 東夷傳』에 보이는 농경 의례와 관련된 것으로 보인다. 이외에도 제주 건입동 산지항과 여수 거문도유적에서는 한漢의 동전이 일괄 출토되었으며, 의례와 관련된 퇴장退藏유적으로 확인되었다. 특히 제주 신지항 유적의 절벽 동굴에서는 오수전五銖錢 4매, 화천貨泉 11매, 대천오십大泉五十 2매, 화포貨布 1매 등 18매의 화폐와 청동거울 2점, 청동검 부속기 1점이 공반 출토되었다.

10. 외래 문물의 교류는 어떻게 이루어졌나?

1) 한나라와 교류하다

한반도에서 고고학적인 조사가 진전됨에 따라 중국과 일본 지역의 유구, 유물의 비교가 활발해졌고, 이와 맞물리어 원삼국시대에 포함되는 낙랑과 대방, 삼한과 왜를 잇는 교류의 연구가 진행되고 있다. 한사군 설치 이후, 평양을 중심으로 한 낙랑 지역에서 한식 문물이 적극적으로 유입되었으며, 삼한사회 전반에 걸쳐 그 영향력은 확대되어 갔다. 기원전 1세기~기원후 1세기 중반까지는 낙랑계토기, 철경동촉鐵莖銅鏃, 전한경前漢鏡, 점뼈[卜骨], 화폐 등이 유입되어 낙랑과의 교류가 시작되었으며, 철기 제작의 기술이 들어와 각종 무기류와 농·공구류가 제작된다. 기원후 1세기 후반~2세기 중반까지 낙랑에서는 후한경後漢鏡과 함께 유리제 대롱옥이 유입되고, 방제경倣製鏡이 제작되기 시작한다. 일본 야요이토기弥生土器 등 왜계 문물이 보이면서 지역 정치제의 집단이 성장하게 된다.

중국 동북지방과 외래 문물의 양상을 파악할 수 있는 토기는 낙랑계토기이다. 서북한 지역에서는 기원전 1세기 전반까지 화분형토기가 출토되며, 기원 전후에는 중국 회도灰陶의 기법이 가미되어 회백색 단경호短頸壺, 백색 옹형토기甕形土器가 출토된다. 2세기 중엽에 이르면, 한식 낙랑토기의 영향이 강하게 나타난다. 유적으로는 연천 학곡리, 가평 대성리·달전리, 강릉 안인리, 춘천 율문리, 동해 망상동, 광주 신창동, 순천 대곡리·낙수리, 진도 오산리, 해남 군곡리, 사천 늑도패총에서 출토되었다.〈사진5-45〉해남 군곡리패총에서 출토된 원저단경호는 동일 층위에서 화천과 함께 발견된 것으로 보아, 기원후 1세기 중엽에 유입된 것으로 보인다. 가평 대성리, 광주 신창동유적에서는 낙랑계토기와 일본 야요이토기가 공반 출토되고 있으며, 이러한 현상은 사천 늑도패총에서도 보이고 있다. 연천 학곡리 적석분구묘에서는 낙랑계토기,

〈사진5-45〉 가평 달전리유적 낙랑계 토기

청동방울, 청동팔찌, 금박유리 등 낙랑과의 교류를 엿볼 수 있는 유물이 출토되었다. 가평 대성리유적에서도 낙랑 계통의 철경동촉, 화분형토기와 일본 야요이토기가 동시에 출토되어 주목을 끌고 있다. 낙랑 지역에서 한강 유역 중서부, 서남해안, 남해안, 일본으로 이어지는 당시 문물 교류의 흔적을 확인할 수 있으며, 시기는 기원 전후에서 기원후 2세기대로 추정된다.

철기와 관련된 것은 철경동촉鐵莖銅鏃과 쇠솥[鐵鍑]을 들 수 있다. 철경동촉은 형태에 있어서 대부분 양익형兩翼形이나 삼릉형三稜形이며, 쇠화살촉이 보편화되기 전에 진과 한에서 사용되었다. 낙랑 지역에서는 삼릉형이 주로 출토되고 있으며, 평양 정백동, 낙랑토성 등의 유적에서 많이 출토되었다. 남한 지역에서는 철원 오수리, 시흥 오이도, 포천 금주리, 양평 양수리, 가평 대성리, 광주 신창동, 제주 삼양동, 사천 늑도, 경주 구정동유적 등에서 출토되고 있다. 철경동촉은 주로 생활 유적에서 출토되고 있으며, 낙랑 설치 이전부터 남부지방에 유입된 것으로 보인다. 쇠솥[鐵鍑]은 북방 초원지대의 스키타이계 유목민문화에 기원이 있으며, 한반도에서의 출토품은 평양 정백동·석암리, 남포 태성리, 경주 사라리, 김해 양동리고분 등이 있다. 특히 김해 양동리고분의 162호 대형 목곽묘에서는 쇠솥과 함께 한경, 방제경, 철검, 옥류와 공반 출토되어 당시의 낙동강 하류의 변한의 대외관계를 파악할 수 있다.

청동기와 관련하여서는 촉각식 동검觸角式銅劍, 청동거울[銅鏡], 청동세발솥[銅鼎], 청동솥[銅鍑]을 들 수 있다. 촉각식 동검은 대구 비산동, 경산 임당유적과 일본 대마도에서 출토되고 있는데, 이 청동검은 길림시 송화강 유역의 서차구西岔溝유적에서와 같이 부여 지역에서 출토되는 특징적인 유물이다. 또한 근래에 가평 달전리유적의 낙랑계 고분에서는 낙랑계토기와 함께 촉각식 철검觸角式鐵劍이 출토되어 주목을 끌었다.

청동거울은 한경漢鏡과 방제경倣製鏡으로 구분된다. 북한 지역의 낙랑 고분에 많이 발견되지만, 낙랑의 영향을 받아 남한 지역의 유적에서도 발견되고 있다. 한경은 크게 전한경前漢鏡과 후한경後漢鏡으로 구분한다. 전한경은 익산 평장리의 반리문경蟠螭文鏡, 창원 다호리의 성운문경星雲文鏡, 경주 조양동의 가상부귀경家常富貴鏡, 일광경日光鏡, 소명경昭明鏡, 사유경四乳鏡 등이 있다.〈사진5-46〉후한경은 익산 연동리의 반룡경盤龍鏡, 고흥 안동의 연호문경連弧文鏡, 김해 양동리의 방격규구사신경方格規矩四神鏡이 있으며, 영천 어은동, 고성 동외동, 제주 건입동유적에서도 출토된 바 있다. 방제경은 경주 사라리, 김해 양동리, 영천 어은동, 하남 미사리, 영광 수동, 제주 산지항유적 등 많은 유적에서 출토되고 있다. 방제경은 일본으로도 건너가 성행하였으며, 역으로 일본에서 제작된 방제경이 다시 한반도로 유입되기도 한다.

〈사진5-46〉 창원 다호리유적 성운문경

청동세발솥[銅鼎]은 중국 상주商周시대 이래 의기로 사용되었으며, 신분이나 정치적인 권위를 상징하기도 한다. 한반도에서는 평양 정백동, 김해 양동리, 울산 하대고분에서 출토되었다.〈사진5-47〉이들 청동세발솥은 중국에서 기원 전후에 제작된 것으로 추정되며, 정치적 권위를 상징하는 위신재로 수입되었다. 청동솥[銅鍑]은 중국의 북방 민족이 주로 사용하는 취사 용구이다.

〈사진5-47〉 김해 양동리고분 청동세발솥

김해 대성동 29호분, 47호분, 김해 양동리 235호분, 경주 입실리유적 등에서 보이고 있다. 부여의 노하심老河深유적에서 발견된 것과 맥을 같이하고 있다.

 삼한 지역에서 발견되는 중국 화폐는 오수전五銖錢, 반량전半兩錢, 화천貨泉, 대천오십大泉五十, 화포貨布 등이 있으며, 모두 한대漢代에 주조된 것들이다. 화폐가 출토된 유적은 17개소에 이르며, 주로 해안, 강변에서 출토되고 있다. 중국 왕망의 신나라 때의 화폐인 화천, 오수전이 서울 풍납토성, 강릉 초당동, 해남 군곡리, 나주 랑동, 여천 거문도, 사천 늑도, 창원 성산·다호리, 김해 회현리, 경산 임당, 영천 용전리, 제주 금성리·종달리·산지항 등의 유적에서 출토되었다. 오수전은 한반도에서 출토된 화폐 중에 수량이 가장 많으며, 여수 거문도유적에서는 980점의 많은 양이 출토되기도 하였다. 또한 제주 신지항유적의 절벽 동굴에서는 오수전 4점, 화천 11점, 대천오십 2점, 화포 1점 등 18점의 화폐가 출토된 바 있다.〈사진5-48〉 수량은 적지만 완주 상운리, 사천 늑도패총에서는 반량전이 출토되기도 하였다. 특히 사천 늑도패총에서는 반량전과 함께 낙랑계토기, 점뼈가 출토되었으며, 일본의 야요이토기도 공반되어

〈사진5-48〉 사천 늑도패총 반량전

당시에 국제무역항이었음을 실감할 수 있다. 이러한 화폐는 서남해안을 연결하는 해로 교통의 요지에 있는 유적에서 발견되는 특징을 보이고 있다. 한대의 화폐는 재화 교환의 수단보다는 정치적 상징성이 강한 위세품으로 사용되었을 것으로 보는 견해가 있다. 기원 전후의 시기부터 해로를 통한 중국, 낙랑이나 왜와의 활발한 교류가 지속되었음을 의미한다.

장신구 중에 띠고리[帶鉤]는 청동제가 많지만 철이나 금, 은, 옥으로도 제작이 된다. 형태는 마형馬形, 호형虎形, 곡봉형曲棒形, 비파형琵琶形 등이 있다. 한에서 수입된 띠고리는 평양의 왕광묘(정백리 127호분)·채협총(남정리 116호분)·석암리 등의 낙랑유적에서 출토되었으며, 평양 상리, 위원 용연동유적에서도 출토되었다. 또한 북방문화와 관련 있는 동물형 띠고리는 삼한 전 지역에서 고루 출토되고 있다. 청원 송대리의 토광묘유적에서는 청동제와 철제의 마형 띠고리가 공반 출토되었으며, 철제의 마형띠고리는 드문 예이다. 특히 곡봉형 띠고리는 중국 전국시대에서 한나라에 걸쳐 유행하였으며, 낙랑 지역에서는 평양 석암리고분, 남한 지역에서는 천안 청당동과 창원 다호리유적에서 출토되었다.〈사진5-49〉

장신구의 옥류 중에서는 유리 종류가 문물 교류의 흔적으로 파악되고 있다. 유리의 제작기술은 제철기술과 함께 한이나 낙랑과의 교류로 인하여 이

〈사진5-49〉 곡봉형띠고리

루어진 것이다. 후에는 유리옥 등의 거푸집[鎔范]이 한반도 각 유적에서 출토되는 것으로 보아 자체적으로 생산이 이루어져 많이 사용된 것으로 보인다. 해남 군곡리패총에서 출토된 유리대롱옥은 전국계戰國系의 납바륨 유리로 밝혀졌다. 납바륨 유리의 제작은 고온의 열처리 능력을 갖춘 주조철기 생산 공인이 관여한 것으로 보고 있으며, 낙랑 설치 이전에 유입되었다. 금박유리옥은 제작 방법과 색상 조절에 있어서 고난도의 기술을 요한다. 한대漢代에 다양한 종류가 출토되며, 낙랑을 통해서 유입되었다. 금박유리옥은 평양 낙랑토성, 평양 정백동, 연천 학곡리, 천안 청당동·두정동, 서산 기지리, 고창 남산리, 영암 신연리유적 등에서 출토되었다. 이들은 주로 고분에서 출토되고 있으며, 낙랑 지역을 제외하면 마한 지역에 출토 예가 많다. 낙랑과의 관련이 엿보이는 수정제 다면옥은 마한 지역의 고창 만동, 영광 수동, 해남 군곡리패총에서도 출토되지만, 경주 조양동, 대구 팔달동, 경산 임당, 포항 옥성리, 울산 하대, 김해 양동리고분 등 주로 영남 지역의 고분에서 출토 예가 많으며, 2~3세기대의 대형 목곽묘에 부장품으로 사용하였다.

이외에도 청동종방울[小銅鐸], 인장印章, 청동단추[銅泡], 청동팔찌[銅環], 주조철부鑄造鐵斧, 말이나 수레의 부속품인 거여구車輿具, 양산[日傘]끝장식 등의 위세품이 발견되고 있으며, 이러한 유물은 한이나 북방지역과의 교류가 지속적으로 이루어졌음을 알 수 있는 유물이다. 한과의 가장 활발한 교류의 시기는 기원 전후이고, 2세기 중엽 이후에는 중국계의 유물이 줄어든 양상을 보이고 있다.

2) 왜와 교류하다

왜와의 교류에 있어서 주도적인 역할을 한 것은 김해와 창원을 중심으로 한 변한이었다. 변한은 기원전 1세기경부터 낙랑의 선진 기술을 도입하여 철 생산과 유통체계를 구축하였으며, 왜를 연결하는 거점지로도 성장하였다.

왜와의 교류 흔적이 많이 보이는 곳이 변한 지역이며, 마한 지역에서도 토기의 교류가 있었던 것으로 보인다. 왜에서 들어오는 교역품은 실용성이 퇴색된 청동제 의기류가 많으며, 무기의 기능을 상실한 광형청동투겁창[廣形銅矛], 광형청동꺽창[廣形銅戈] 등이 있다. 광형청동투겁창은 김해 양동리, 고성 동외동 유적에서 출토되었으며, 일본 지역과는 출토 양상에서 차이를 보이고 있다. 특히 김해 양동리고분에서는 왜계의 광형청동투겁창을 비롯하여 한경漢鏡, 청동세발솥[銅鼎], 쇠솥[鐵鍑] 등이 출토되었으며, 목곽을 불태우는 장례 의식을 보여 주는 유구는 당시 중국, 일본, 북방문화와의 교류가 활발하게 이루어졌음을 의미한다. 광형청동투겁창 외에도 대구 만촌동·비산동유적에서 중광형청동꺽창[中廣形銅戈]이 출토되었으며, 이는 일본 중광형청동꺽창의 원류일 가능성이 제기되었다.〈사진5-50〉

왜계토기는 야요이토기弥生土器와 하지키土師器가 출토되고 있다. 야요이토기는 가평 대성리, 남원 세전리, 광주 신창동, 울산 달천, 사천 늑도패총 등에 출토되었다.〈사진5-51〉 시기는 대개 1세기대의 야요이 중기의 토기가 많이 보인다. 가평 대성리유적에서는 철경동촉, 낙랑 계통의 화분형토기와 함께 야요이토기가 동시에 출토되었으며, 광주 신창동과 사천 늑도패총에서도 야요이토기와 낙랑계토기가 공반 출토되고 있어 낙랑 지역에서 한강 유역 중서부, 서남해안, 남해안, 일본으로 이어지는 폭넓은 교류가 이루어졌음을 알 수 있다. 광주 신창동, 울산 달천유적에서 출토된 야요이토기는 규슈 편년의 스구식토기須玖式土器에 해당하며, 남원 세전리의 세경호細頸壺는 시모오구마

〈사진5-50〉 대구 만촌동유적 중광형 청동꺽창

〈사진5-51〉 남원 세전리유적 야요이토기

식토기下大隈式土器에 해당한다. 울산 달천유적의 수혈유구에서는 다량의 철광석 덩어리와 함께 야요이토기가 여러 점 출토되어, 『三國志 魏書 東夷傳』에 진한·변한 철산지와 교역 관련된 기록을 고고학적으로 입증하고 있다. 야요이토기보다 후대에 속하는 하지키는 군산 남전, 고창 장두리, 함평 소명유적에서 출토되었다.

이외에도 김해 지내동과 김해 회현리패총에서 야요이 옹관弥生甕棺, 경산 임당동, 고성 동외동, 창원 삼동동유적에서는 방제경이 출토되기도 하였다. 장신구에 있어서 해남 군곡리패총에서 출토된 유리소옥은 일본 야요이시대 규슈 후타쓰카야마二塚山유적이나 스구須玖유적에서 출토된 것과 관련이 있는 것으로 연구되고 있다. 또한 일본 규슈의 니시진마치西新町유적에서는 마한계의 이중구연호二重口緣壺, 양이부호兩耳附壺가 출토되기도 하였으며, 규슈지방에서는 마한의 특징적인 조족문鳥足文을 시문한 토기도 확인되고 있다.

참고문헌

경성대학교박물관,『김해 대성동고분군 I』, 2000.
국립광주박물관,『국립광주박물관 도록』, 2003.
─────────,『신창동유적의 의의와 보존』, 2010.
─────────,『영산강의 고대문화-특별전』, 1998.
─────────,『한국의 옹관묘-특별전』, 1992.
─────────,『선·원사인의 도구와 기술-특별전』, 1994.
국립김해박물관,『변·진한의 여명-특별전』, 2003.
─────────,『비봉리』, 2008.
국립대구박물관,『사람과 돌-특별전』, 2005.
국립문화재연구소,『고성 문암리유적』, 2004.
─────────,『익산미륵사지석탑 사리장엄』, 2014.
─────────,『유적발굴과 물리탐사』, 2006.
─────────,『한국고고학사전』, 2001.
─────────,『한국고고학저널』, 2005~2011.
─────────,『한국고고학전문사전-고분편』, 2009.
─────────,『한국고고학전문사전-성곽·봉수편』, 2011.
─────────,『한국고고학전문사전-신석기시대』, 2012.
─────────,『한국고고학전문사전-청동기시대편』, 2004.
국립전주박물관,『마한 숨쉬는 기록-특별전』, 2009.
국립중앙박물관,『다호리-특별전』, 2009.
─────────,『한국고대국가의 형성-특별전』, 1998.
─────────,『한국의 선·원사토기-특별전』, 1993.
─────────,『한국 청동기문화-특별전』, 1992.
국사편찬위원회,『한국사 2 구석기문화와 신석기문화』, 1997.
군산대학교박물관,『진안 용담댐 수몰지구 조사보고서 Ⅳ-월계리 와요지』, 2001.
김경칠,『호남지방의 원삼국시대 대외 교류』, 학연문화사, 2009.
김권구,『청동기시대 영남 지역의 농경사회』, 학연문화사, 2005.

김성명·김상태,『구석기·신석기』, 국립중앙박물관 명품선집, 2008.
김원용,『한국고고학개설』, 일지사, 1986.
동삼동패총전시관,『동삼동패총문화』, 2008.
동아대학교박물관,『남강유역 문화유적 발굴도록』, 1999.
―――――――,『김해 양동리고분문화』, 2000.
마틴존스,『고고학자, DNA 사냥을 떠나다』, 바다출판사, 2007.
복천박물관,『고대 아시아 문물 교류-특별전』, 2002.
―――――,『동삼동패총 정화지역 조개팔찌』, 2014.
―――――,『고대의 언어 그림-기획전』, 2014.
―――――,『선사·고대의 요리-특별전』, 2005.
사회과학원 고고학연구소,『조선고고학개요』, 새날, 1977.
서국태,『조선의 신석기시대』, 사회과학출판사, 1986.
서길수,『대륙에 남은 고구려-특별전』, 2003.
신경철 외,『한국의 전방후원분』, 충남대학교 출판부, 1998.
신용민,『한대 목곽묘연구』, 학연문화사, 2000.
안승모,『동아시아 선사시대의 농경과 생업』, 학연문화사, 1998.
연세대학교박물관,『한국의 구석기』, 연세대학교 출판부, 2003.
울산암각화박물관,『한국의 암각화 II-대구, 경북편』, 2012.
이건무,『청동기문화』, 대원사, 2000.
이상균 외,『한국인의 죽음관』, 전주대학교 출판부, 1998.
이상균,『고고학탐구』, 전주대학교 출판부, 2013.
―――,『선사&역사고고학』, 전주대학교 출판부, 2012.
―――,『신석기시대의 한일문화교류』, 학연문화사, 1998.
―――,『전북 지역의 고고학』, 전주대학교 출판부, 2011.
―――,『한반도 신석기문화의 신동향』, 학연문화사, 2005.
―――,『한반도의 신석기문화』, 전주대학교 출판부, 2010.
이상균·이재운,『백제의 음식과 주거문화』, 주류성, 2005.
이영문,『한국 지석묘사회 연구』, 학연문화사, 2002.
―――,『한국 청동기시대 연구』, 주류성, 2002.
이전복,『중국내의 고구려유적』, 학연문화사, 1994.
임효재,『한국의 신석기문화』, 집문당, 2000.

장경희, 『평양 조선중앙역사박물관』, 예맥, 2009.
장용준, 『사람과 돌-특별전』, 국립대구박물관, 2005.
조선대학교박물관, 『빛나는 호남10만년-특별전』, 2009.
조법종 외, 『이야기 한국고대사』, 청아출판사, 2007.
조진선, 『세형동검문화의 연구』, 학연문화사, 2005.
주류성, 『계간 한국고고학』17, 2011.
전주대학교박물관, 『전주 송천동유적』, 2005.
최광남, 『문화재의 과학적 보존』, 대원사, 2001.
최몽룡 편, 『고고학연구 방법론』, 서울대학교 출판부, 1998.
최무장, 『한국의 구석기문화』, 예문출판사, 1986.
최성락, 『고고학입문』, 학연문화사, 2005.
─── , 『한국 원삼국문화의 연구』, 1993.
충북대학교박물관, 『선사유적 발굴도록』, 1998.
하인수, 「영남해안 지역 신석기문화연구」, 부산대학교 박사학위논문, 2006.
한국고고학회, 『한국고고학 강의』, 사회평론, 2009.
한국고대사학회, 『한국고대사 연구의 새동향』, 서경문화사, 2007.
히라오 편저, 『문화재를 연구하는 과학의 눈』, 학연문화사, 2001.
高橋豊 外, 「螢光X線分析에 의한 東三洞·凡方遺蹟出土 黑曜石産地推定」, 『韓國新石器硏究』 6, 2003.
工樂善通, 『水田の考古學』, 東京大學 出版會, 1991.
服部敬史, 『發掘と整理の知識-考古學シリーズ 2』, 東京美術, 1985.
鈴木公雄, 『考古學入門』, 東京大學 出版會, 1988.
町田洋 外, 『地層の知識-考古學シリーズ 8』, 東京美術, 1986.
佐賀県立名護屋博物館, 『縄文のシンフォニ, 特別展』, 1994.
荒木伸介, 『水中考古學』, ニュウ. サイエンス社, 1985.
横山浩一, 「考古學とはどんな學問か」, 『日本考古學を學ぶ(1)』, 有斐閣選書, 1978.
須藤隆, 「東北地方における縄文時代貝塚の研究」, 『國立歷史民俗博物館研究報告』29, 1993.
有光敎一, 『朝鮮古蹟硏究會遺稿Ⅲ』, 유네스코 동아시아문화연구센터, 2003.

사진출처

『고대 아시아 문물교류』 – 사진5-19, 31, 48, 49, 51
『고성 문암리유적』 – 사진3-11, 17
『구석기·신석기』 – 사진3-1, 21
『국립광주박물관 도록』 – 사진1-4, 5-20
『남강유역 문화유적 발굴도록』 – 사진3-5, 사진4-2, 3, 29
『다호리-특별전』 – 사진5-25
『대륙에 남은 고구려』 – 사진5-1, 3~6
『동삼동패총 정화지역, 조개팔찌』 – 사진3-18
『동삼동패총문화』 – 사진3-14, 16, 20
『마한 숨쉬는 기록』 – 사진5-11, 13, 16, 17, 21, 42, 44, 45
『변·진한의 여명-특별전』 – 사진5-47
『비봉리』 – 사진1-1, 사진3-7, 22
『사람과 돌』 – 사진3-15, 사진4-27, 28
『선사·고대의 요리』 – 사진3-2, 6, 사진5-23, 40, 41
『선사유적 발굴도록』 – 사진2-2, 3, 18~20
『신창동유적의 의의와 보존』 – 사진5-20, 39
『월계리 와요지』 – 사진1-6, 7
『전주 송천동유적』 – 사진1-9
『한국고고학저널』, 2005 – 사진1-3
『한국고고학저널』, 2007 – 사진3-3, 사진5-10
『한국고고학저널』, 2008 – 사진2-1, 5-12
『한국고고학저널』, 2009 – 사진1-8
『한국고고학저널』, 2011 – 사진3-19
『한국고대국가의 형성』 – 사진4-1, 사진5-14, 18, 22, 24, 26, 32~34, 36~38, 43, 46
『한국의 구석기』 – 사진2-4~17
『한국의 선·원사토기』 – 사진3-9, 10, 12, 사진4-7, 21~26, 사진5-15, 27~30
『한국청동기문화』 – 사진4-5, 8~20, 31, 사진5-50
『國立歷史民俗博物館硏究報告 29集』 – 사진1-10, 11
『繩文のシンフォニ』 – 사진3-8
『朝鮮古蹟研究會遺稿Ⅲ』 – 사진5-7

찾아보기

ㄱ

가덕도 장항 111, 112, 116, 141, 143
가락동식토기 159, 162, 166, 196, 198
가락바퀴 172, 209
가상부귀경 289, 302
가평 달전리 263, 264, 280, 283, 301, 302
각목돌대문토기 162, 165
간도끼 205
간석기 19, 21, 75, 100, 101, 111, 128, 130, 132, 133, 139
간돌검 166, 170, 172, 201, 202, 214, 217
간두령 176, 189, 190, 215
간빙기 38, 60, 61, 62, 63, 65
간석기 19, 21, 75, 100, 101, 111, 128, 130, 132, 133, 139
강계 공귀리 170, 197
강릉 안인리 253, 283, 284, 294, 300
강릉 지변동 126, 132
거여구 178, 194, 224, 269, 305
거푸집 175, 176, 179, 180, 184, 195, 248, 252, 257, 266, 269, 270, 285, 305
검은모루동굴 84
검자루끝장식 245, 261, 276, 277, 281, 288
검파형 동기 170, 192, 214, 215
격지 13, 38, 67, 68, 69, 74, 75, 76, 77, 85, 133, 134
견갑형 동기 192, 214, 215
결합낚시바늘 113, 117, 132, 133, 137, 138, 139, 140, 146
경산 임당동 272, 274, 275, 277, 291, 296, 297, 298, 307
경산 조영동 275, 297
경주 구정동 187, 195, 301
경주 사라리 224, 270, 275, 276, 285, 286, 287, 288, 289, 291, 296, 301, 302
경주 입실리 190, 191, 195, 291, 303
경주 조양동 189, 194, 195, 205, 260, 275, 276, 278, 280, 289, 291, 302, 305
경주 황성동 274, 285, 287
고고자료 12, 14, 15, 22, 26, 29, 31, 37, 45, 47, 49
고력묘자고분 226, 227, 228
고리형 귀걸이 111, 133, 139, 140, 141
고배 214, 221, 246, 273, 274, 278
고상가옥 167, 254
고성 문암리 107, 111, 118, 126, 137, 138, 139
고조선 161, 193, 223, 237, 241, 243
고창 교운리 250, 254
고창 남산리 264, 269, 305
고창 만동 250, 264, 265, 266, 269, 291, 305
고창 성남리 254, 258
고창 예지리 255, 258, 260, 280, 295
고창 죽림리 172, 173
고흥 안동 266, 302
곡봉형띠고리 257, 271, 304
곰배괭이 128, 130, 204
공귀리식토기 159, 196
공렬문토기 159, 165, 196, 197, 198, 211
공주 석장리 71, 76, 77, 81, 82, 84, 85, 86, 88, 92
공주 장선리 250, 254
공주 장원리 258
공주 지산리 250
공주 하봉리 256, 264, 265
광개토왕 225, 236
광주 신창동 199, 201, 260, 261, 265, 267, 280, 283, 284, 292, 293, 296, 298, 300, 306
광형청동투겁창 222, 279, 306

구들 166, 251, 254, 272, 274
국내성 225, 226, 230, 231, 232, 233, 235
군산 관원리 250, 254
군산 노래섬 118, 127, 138, 143
굴곡형토기 126, 127
굴장 112, 113, 116, 170, 281
긁개 38, 64, 74, 75, 76, 77, 85, 86, 87, 119, 130, 132, 133
금릉 송죽리 107, 109, 111, 118, 205
금박유리 257, 260, 301
금박유리옥 269, 270, 305
기둥구멍 38, 48, 105, 109, 110, 111, 166, 167, 251, 253, 254, 274
김해 대성동 270, 273, 278, 279, 290, 296, 297, 303
김해 봉황대 275
김해 수가리 118, 128, 134, 140, 143, 145, 146, 147
김해 양동리 194, 264, 275, 278, 279, 280, 285, 286, 287, 288, 289, 290, 291, 301, 302, 303, 305, 306

ㄴ

나주 용호 250
나진 초도 141, 190, 191, 196, 207, 208, 209
나진패총 124
나팔형 동기 179, 192, 214, 215
낙랑계토기 221, 253, 260, 262, 263, 266, 281, 283, 284, 300, 302, 303, 306
낙랑 고분 241, 242, 243, 245, 246, 247, 289, 302
낙랑예관 242, 245, 248
낙랑토성 241, 242, 244, 245, 301, 305
남성자고성 237, 239
남양주 장현리 251, 266
남양주 호평동 80, 81, 86
남원 세전리 250, 254, 269, 284, 306

노하심유적 236, 237, 291, 303
논산 마전리 29, 170, 174, 175, 205, 210, 214

ㄷ

다뉴세문경 179, 188
다면옥 269, 278, 291, 305
단독장 101, 112, 113, 116, 237
단사선문 124, 126, 127, 128, 196, 198
단양 구낭굴 88, 91
단양 금굴 71, 72, 73, 74, 84, 85, 92, 143
단양 수양개 71, 76, 77, 80, 86, 87, 92, 93, 293
단조철기 220, 224, 281
담양 태목리 250, 254
당진 소소리 183, 185, 188, 189, 194, 195, 200, 208, 249
대구 비산동 270, 288, 302
대구 팔달동 184, 186, 194, 195, 201, 260, 275, 280, 286, 288, 289, 291, 305
대롱옥 141, 170, 172, 176, 207, 208, 222, 269, 300
대부장경호 176, 221, 272, 273, 278, 283
대부직구호 278
대전 괴정동 170, 179, 182, 188, 190, 192, 193, 199, 200, 208, 215
대전 둔산동 166
대팻날 72, 130
대팻날도끼 170, 205
덕천 승리산동굴 66, 92
덩이쇠 266, 299
도도로끼B식 103, 127, 133
도작문화 158
도질토기 22, 221, 273
도토리 51, 100, 101, 115, 117, 119, 120, 121, 133, 148
돌팽이 204
돌끌 128, 130, 132, 133, 205
돌날 65, 68, 75, 76, 77, 78, 79, 83, 87

찾아보기 313

돌날기법 66, 68, 69, 74, 75, 77, 78, 79, 85, 86, 87
돌날문화 65, 66, 86
돌보습 114, 128, 130, 148, 204
돌삽 128, 130
돌작살 132, 135, 136, 137, 138
돌톱 132, 135, 137
동굴곰 62, 84, 93
동단산성 237, 239, 240
동예 220, 223
동이전 22, 224, 249, 285, 295, 297, 298, 299, 307
동해 망상동 126, 283, 300
동해 송정동 265, 269
두립문토기 126
두형토기 159, 199, 200, 258, 294
등요 22, 221, 261, 262, 281
따비 214, 220, 257, 268, 278, 286, 287, 292
뗀돌도끼 131, 132, 133
뗀석기 64, 70, 75, 78, 130, 132
뚜르개 74, 80, 81
띠고리 224, 234, 237, 239, 247, 269, 270, 288, 304

ㅁ

마형띠고리 255, 256, 257, 267, 270, 271, 289, 304
만가촌고분 250
맘모스 62
망치돌 68, 69, 75, 132
명도전 161, 193, 223
모룻돌 69, 70, 75, 133
모아산고분 236, 237, 239, 287
목지국 249
목책 165, 158, 168, 169, 275
몬테라우스 18, 33, 35
몸돌 37, 64, 67,, 68, 69, 70, 74, 76, 77, 84, 85, 86, 87
몽촌토성 251, 252
무산 범의구석 110, 124
무산 호곡 191, 193, 204, 206, 207, 208, 209, 216
문화층 36, 37, 111, 138
미송리식토기 159, 177, 197
밀개 38, 74, 75, 76, 77, 87, 132
밀양 고례리 75, 76, 77, 80, 81, 86, 87, 92
밀양 금천리 29, 167, 210, 212

ㅂ

반달형 돌칼 165, 166, 203, 204, 212
반량전 239, 303
발굴조사 27, 29, 37, 44, 45, 46, 47, 49, 50
방격규구사신경 237, 246, 280, 289, 302
방사성탄소연대법 19, 40
방제경 222, 224, 252, 266, 279, 281, 288, 289, 290, 291, 300, 301, 302, 307
방패형 동기 170, 179, 192, 214
벽구 166, 250, 251, 254, 274
보령 관창리 29, 107, 167, 210, 250, 258
보령 교성리 165, 167, 199
보시기 272, 283
봉니 242, 244, 245
봉산 지탑리 103, 128, 148, 242, 244, 248
부뚜막 166, 244, 250, 251, 253, 254, 272, 273, 293, 294
부산 동삼동 103, 133, 134, 135, 136, 137, 138, 139, 140, 142, 145, 146, 147, 148, 150, 154, 174
부산 범방 111, 118, 142, 143, 146
부산 복천동 296, 297
부신장 113, 116
부안 대동리 258
부여 구봉리 29, 184, 187, 188, 200, 210
부여 송국리 168, 169, 170, 174, 175, 182, 184,

187, 202, 208, 210
부여 합송리 176, 183, 185, 189, 190, 193, 194, 195, 208, 215, 249
분구묘 250, 260
뷔름빙기 60, 63, 65, 96, 98
비파형동검 158, 162, 170, 172, 177, 179, 181, 182, 183, 184, 186, 187, 188, 193, 202
비파형청동투겁창 177, 183, 184
빗살문양토기 103, 114, 125, 135
빙하 60, 61, 62, 98
뼈작살 113, 117, 135
뼈화살촉 206, 274

ㅅ

사가패총 135, 143
사격자문 103, 125
사로국 272, 289
사유경 289, 302
산청 묵곡리 167, 208, 212, 214
삼각거치문 187, 188
삼각집선문 115, 124, 125, 127
삼각형점토대토기 262, 272, 273, 274, 280, 281
삼부위문양대 103, 123, 124, 125
삽입형 귀걸이 140, 141
새기개 74, 75, 76, 132
새모양토기 221, 257, 260, 261, 272, 278, 279, 283, 295, 296
서단산문화 236
서산 기지리 264, 269, 305
서울 가락동 165, 198, 260
서울 암사동 103, 105, 110, 118, 125, 130
서울 풍납토성 38, 249, 251, 252, 303
서차구유적 237, 288
서천 당정리 258
서천 오석리 170, 174, 250, 255, 256, 260, 266, 280, 295
석개토광묘 170, 175

석관묘 159, 169, 170, 171, 175, 177, 182, 184, 186, 187, 191, 192, 193, 197, 201, 208, 215
선봉 서포항 103, 105, 108, 110, 124, 130, 135, 152, 206, 207, 208, 209
선사고고학 17, 21
성운문경 289, 302
성현리토성 242, 244, 245
세문경 179, 184, 188, 268
세형동검 158, 162, 170, 172, 175, 176, 177, 179, 180, 182, 183, 185, 187, 193, 199, 214, 223, 243, 245, 246, 268, 277, 288
세형동검문화 188, 193, 224
세형청동투겁창 184, 185
소명경 246, 277, 289, 302
송국리식토기 159, 162, 164, 174, 196, 198, 199, 211, 261
송국리형 주거지 166, 167, 170
송풍관 266, 285
송화강 161, 162, 199, 200, 236, 237, 239, 240, 288, 302
쇠괭이 194, 220, 234, 237, 239, 252, 265, 292
쇠격창 195
쇠끌 176, 194, 195, 237, 252, 256, 257, 265, 274, 276, 286
쇠낫 175, 176, 194, 203, 220, 231, 234, 237, 245, 246, 252, 253, 255, 256, 257, 258, 265, 274, 276, 277, 280, 281, 286, 292, 299
쇠도끼 176, 194, 234, 246, 255, 256, 257, 258, 265, 277, 280, 286, 299
쇠새기개 194, 195
쇠손칼 239, 245, 246, 252, 253, 257, 258, 265, 274, 276, 281, 299
쇠솥 239, 246, 276, 279, 287, 288, 291, 301, 306
쇠스랑 220, 234, 278, 286, 287, 292
쇠투겁창 184, 194, 195, 220, 224, 231, 234,

237, 239, 246, 255, 256, 257, 258, 264, 277, 284, 285
쇠호미 194, 234, 292
수혈식 적석총 225, 226
순장 239, 273, 278, 297
순천 대곡리 250, 254, 283, 300
순천 월평 75, 76, 77, 81, 86, 92
순천 죽내리 71, 80, 82, 86
슴베찌르개 74, 79, 80
승석문 262
승석문토기 221
시굴조사 44, 45, 46
시중 노남리 233, 234
시흥 오이도 103, 125, 130, 265, 301
십자일광문 190, 191, 192, 215
쌍두령 176, 189, 190, 215
쌍코뿔이 62
쓰시마 101, 134, 135, 138, 143, 144, 154, 155

ㅇ

아산 갈매리 250, 270
아산 남성리 179, 182, 187, 188, 192, 199, 215
아산 명암리 165, 250, 256, 257, 258, 260, 264, 295
아산 용두리 255, 265, 270
압날문 124
압날점열구획문토기 102, 126
압인문 128
앙와신전장 89, 101, 111, 113, 114, 116
야외 화덕자리 117, 118, 119, 120
야요이시대 175, 179, 203, 206, 307
야요이토기 222, 253, 273, 281, 284, 285, 300, 301, 303, 306, 307
양구 상무룡리 74, 77, 81, 85, 86
양날돌도끼 128
양양 가평리 107, 110, 126, 293, 294
양양 오산리 102, 103, 107, 108, 110, 117, 118,

126, 132, 138, 151
양양 지경리 110, 118
양이부호 250, 263, 278, 299, 307
양평 병산리 71
어형 화살촉 126, 132
얼음쐐기층 61
여러면석기 16, 38, 64, 70, 73, 84, 85
여수 돌산송도 107, 127, 138, 143
여수 안도 111, 134, 137, 139, 143, 145, 147
여수 적량동 184, 202
여자형 주거지 251, 252, 253
여주 흔암리 165, 204, 210, 212
여천 오림동 182, 208
역사고고학 21, 22, 23, 39
연기 용호리 250, 264, 285
연나라 161, 193, 194, 223
연천 삼거리 105, 110, 265, 269
연천 삼곶리 259, 266
연천 원당리 73, 85
연천 전곡리 41, 71, 72, 73, 82, 84, 85
연천 학곡리 259, 263, 269, 283, 300, 305
영광 군동 250, 258, 260, 262, 295
영광 수동 266, 267, 269, 289, 291, 296, 302, 305
영변 세죽리 166, 193, 194, 204
영선동식토기 112, 127
영암 내동리 250
영월 금굴 92
영종도 는들 118
영종도 송산 103, 118, 125, 130, 134
영주생활 158, 164
영천 어은동 191, 270, 276, 289, 302
예산 동서리 179, 182, 188, 189, 192, 193, 200, 215
오녀산성 226, 228, 230, 231, 232
오수전 231, 237, 239, 277, 278, 299, 303
오스트랄로피테쿠스 64

오창 송대리 250
옥저 220, 223
옥천 대천리 98, 104, 107, 108, 111, 148, 149
온돌 226, 231, 252
온천 궁산 103, 128, 141
옹관고분 258
옹진 소연평도 103, 125, 130
와질토기 176, 220, 221, 272, 273, 275, 276, 277, 278, 280, 281, 283
완도 여서도 132, 135, 143, 145, 147, 151
완주 갈동 175, 176, 194, 249
완주 신풍 175, 176, 190
외반구연호 159, 199, 200, 263
왜계토기 284, 306
요령식 동검 177
용담산성 237, 240
용유도 남북동 118, 119
용인 상갈동 249, 256, 264, 269
우경 22, 292, 297
운성리토성 242, 244, 245
울산 검단리 168, 285
울산 달천 274, 284, 285, 306, 307
울산 무거동 옥현 29, 210, 211
울산 반구대 암각화 136, 146, 154
울산 세죽 134, 143, 151
울산 신암리 140, 151
울진 후포리 111, 116, 141, 142
웅기 굴포리 82, 85
웅기 송평동 141, 196
원개형 동기 179, 192, 193, 214, 215
원저단경호 221, 253, 255, 256, 257, 263, 272, 283, 299, 300
원형점토대토기 159, 162, 165, 166, 167, 196, 258, 281
위만조선 161, 193, 194, 223
유공충 96, 98
융기문토기 39, 102, 103, 112, 126, 127, 135, 140
의주 미송리 187, 207
의주 신암리 196
이중구연토기 119, 127
이화학적 방법 40
익산 간촌리 260, 295
익산 다송리 170, 188, 191
익산 사덕 250, 254
익산 영등동 250, 258
인천 운서동 118, 258
인천 중산동 118, 132
일광경 239, 246, 277, 289, 302
임실 하가 80, 86

ㅈ

자귀 128, 130, 187, 205, 268
자돌문 127, 128, 198
장란형토기 250, 254, 263, 274, 293, 299
장수 남양리 183, 184, 189, 194, 195, 199, 200, 208, 249, 269
장흥 신북 76, 77, 86, 87, 92
재갈 228, 229, 235, 256, 276, 278, 287, 288
저습지 유적 25, 119, 120, 145
저장구멍 38, 48, 105, 119, 121
적색마연토기 159, 165, 172, 197, 198, 211, 214
적석목관묘 159, 169, 175, 176, 275
적석분구묘 220, 221, 249, 258, 300
적석유구 51, 112, 116, 119
전국시대 161, 179, 183, 187, 271, 304
전실묘 241, 242, 243, 244, 246, 248
전주 송천동 86, 250, 254, 260, 262, 293, 295
전주 여의동 175, 186, 187, 188
전한경 221, 266, 289, 300, 302
점뼈 216, 221, 250, 274, 277, 296, 300, 303
점열문 103, 124, 127, 140
정선 아우라지 165, 197

정주생활 101, 105, 121, 158
제주 고산리 87, 102, 126, 132
제주 삼양동 167, 199, 265, 301
제천 점말 85, 88, 91, 92
제천 창내 71, 76, 77
조개팔찌 112, 113, 117, 133, 135, 140, 142, 143, 144
조문경 170, 179, 188
조문청동기 296
조족문 263, 307
조합식쌍두령 189, 190, 215
좀돌날 69, 75, 78, 81, 83, 86, 87, 126, 132
좀돌날기법 66, 78, 87
좀돌날문화 65
죠몬시대 135, 141, 153
죠몬인 135
죠몬토기 39
주구토광묘 220, 221, 250, 254, 255, 256, 257, 258
주구토기 250, 263, 299
주머니호 221, 272, 274, 276, 283, 289
주먹도끼 16, 38, 64, 65, 70, 71, 72, 73, 84, 85, 86
주먹찌르개 38, 70, 73, 84, 85
주조철기 193, 223, 305
주조철부 194, 195, 231, 246, 266, 276, 305
중국식 동검 183
중도식토기 262
지방산분석 25, 40, 51, 119
지석묘 159, 169, 171, 172, 173, 175, 182, 184, 186, 201, 202, 208, 217
지탑리토성 242, 244, 246, 248
지표조사 44, 45
진안 갈머리 51, 118, 119, 133
진안 진그늘 77, 80, 86, 87, 92, 107, 118
진주 내촌리 71, 86
진주 대평리 148, 166, 167, 168, 169, 174, 204, 208, 212
진주 상촌리 101, 108, 109, 111, 115, 148, 158, 165, 197, 204
진천 산수리 262, 266
진천 석장리 266
집안 225, 226, 227, 228, 229, 230, 231, 232, 235
찍개 38, 64, 70, 71, 72, 84, 85, 86, 132

ㅊ

창녕 비봉리 13, 120, 150, 154
창원 남산 275
창원 다호리 183, 194, 195, 201, 271, 275, 276, 277, 286, 287, 289, 291, 302, 304
창원 삼동동 260, 280, 281, 307
창원 서상동 167, 168, 169
채문토기 159, 172, 196, 198, 214
천안 용원리 251, 254, 262
천안 청당동 255, 256, 264, 265, 269, 270, 271, 304, 305
철검 195, 220, 224, 231, 237, 239, 246, 255, 258, 264, 276, 277, 279, 284, 285, 288, 291, 301
철경동촉 221, 246, 252, 265, 300, 301, 306
철원 장흥리 80, 85
철자형 주거지 251, 252, 253
청도 오진리 108, 143
청동꺾창 176, 179, 180, 185, 193, 199, 222, 223, 246, 275, 288
청동끌 170, 176, 179, 180, 187
청동단추 170, 191, 237, 239, 289, 305
청동도끼 176, 179, 180, 186, 187, 199, 239, 289
청동새기개 187
청동세발솥 234, 246, 266, 290, 302, 306
청동솥 234, 237, 239, 246, 280, 290, 302
청동종방울 170, 176, 190, 191, 224, 266, 267, 277, 278, 305
청원 두루봉동굴 16, 62, 85, 91, 92

청원 두루봉 홍수굴 88, 89, 93
청원 소로리 86
청원 송대리 255, 256, 264, 265, 266, 267, 269, 270, 304
청주 봉명동 74, 86, 250, 266, 267, 270
청주 송절동 250, 256
청진 농포동 124, 150, 152
초기철기시대 161, 162
촉각식 동검 239, 288, 302
촉각식 철검 264, 280, 302
춘천 교동 114, 116, 141, 142
춘천 천전리 29, 167, 210, 213
춘천 하중도 251, 253
층위학적 방법 36, 37, 40
침선문 127, 128, 198
칼자루끝장식 176, 181, 182
큰꽃사슴 93

ㅌ

탄화미 25, 104, 210, 293
태선집선문 126
털코뿔이 62, 92
토기 가마 254, 261, 262
토우 150, 151, 152, 298
톰센 17, 18, 19, 20
톱니날석기 74, 85, 132
통나무배 41, 121, 154, 155
통영 상노대도 134, 135, 136, 138, 145
통영 연대도 112, 113, 116, 137, 141, 142, 143, 145, 146, 147
통영 욕지도 134, 136, 151
투박조개 113, 135, 142, 143, 147

ㅍ

파문 268
파주 금파리 71, 72, 73, 75, 85
판상철부 224, 274, 276, 279, 286, 291, 292

판축기법 36, 38, 240
팔주령 176, 189, 190, 215
패각조흔문 127
팽이형토기 159, 197, 198, 203, 206
편년체계 33, 35, 40, 83
평북 위원 용연동 161, 193, 194, 270, 304
평양 금탄리 105, 187, 206
평양 남경 105, 108, 128, 148, 184, 210, 212
평양 만달동굴 66, 92
평양 석암리 183, 241, 243, 247, 271, 304
평양 승리산동굴 86
평양 왕광묘 241, 247
평양 용곡동굴 84, 91, 92, 97
평양 정백동 241, 243, 247, 260, 280, 287, 290, 301, 302, 305
포천 자작리 252
포탄형 123, 190
포항 옥성리 285, 286, 287, 291, 305
플랜트 오팔 25, 28, 210, 292

ㅎ

하고성자토성 226, 230
하남 미사리 118, 125, 165, 167, 197, 249, 251, 252, 265, 266, 270, 289, 302
하지키 284, 306, 307
한국식 동검 177
한사군 221, 223, 241, 272, 300
함평 만가촌 260, 264
함평 소명 250, 284, 307
함평 중랑 250, 254
함평 초포리 183, 184, 186, 187, 189, 190, 199, 208, 209
합구식 옹관 254, 260, 261, 281
합장 101, 112, 113, 116, 117, 278
합천 봉계리 108, 118
해남 군곡리 167, 250, 262, 269, 270, 284, 291, 296, 297, 300, 303, 305, 307

해수류 25, 135, 136, 145, 146, 149
해운대 중동 76, 77
현악기 269, 277, 298
형광X선분석법 53, 137
형식학적 방법 18, 31, 32, 33, 36, 37, 40
호모사피엔스 65, 66, 86
호모에렉투스 64, 65, 66
호모하빌리스 64, 70
호형띠고리 276, 289
홈날석기 85, 132
홈자귀 170, 172, 199, 205, 206
홍천 하화계리 80, 86
화덕자리 25, 38, 42, 48, 51, 92, 105, 107, 108, 109, 110, 112, 118, 165, 166, 251, 252, 272, 274, 293, 294
화로모양토기 221, 272, 273, 278, 283
화분분석 16, 24, 25, 37, 53, 62, 89, 96
화분형토기 221, 243, 245, 246, 252, 263, 280, 283, 300, 301, 306
화산재 12, 37, 39, 41
화석규조 52, 96

화석규조분석 40, 52
화성 기안리 249, 263, 266
화성 발안리 249, 251
화순 대곡리 176, 182, 187, 189, 190, 199
화순 대전 92
화순 효산리 172
화장 101, 115, 117
화천 239, 299, 300, 303
환도산성 225, 226, 230, 231, 232, 235
환인 225, 226, 228, 230, 232, 235
환형유리 175, 176
환호 21, 158, 165, 167, 168, 169, 254, 275
회도기법 22, 262, 283
회령 오동 193, 202, 204, 206, 207
횡주어골문 124, 125, 126, 127
후빙기 87, 96, 98
후한경 222, 266, 289, 300, 302
흑도장경호 159, 170, 175, 176, 199
흑색마연토기 233, 258
흔암리식토기 159, 162, 196, 198